Hans-Dieter Mutschler

Physik – Religion – New Age

Hans-Dieter Mutschler

Physik
Religion
New Age

echter

CIP-Titelaufnahme der Deutschen Bibliothek

Mutschler, Hans-Dieter:
Physik, Religion, New Age / Hans-Dieter Mutschler. –
Würzburg : Echter, 1990
   ISBN 3-429-01322-4

Mitglied der Verlagsgruppe »engagement«

© 1990 Echter Verlag Würzburg
Umschlag: Ernst Loew
Gesamtherstellung: Echter Würzburg
Fränkische Gesellschaftsdruckerei und Verlag GmbH
ISBN 3-429-01322-4

Inhalt

Vorwort   7

1. *Der Gegensatz zwischen Physik und Religion* . . .   13
   Eine strikte Trennung von Physik und
   Religion verbietet sich   13
   Die Welt unter komplementären Aspekten:
   Sinnhaftigkeit und Berechenbarkeit   24
   Die dreifache Perspektive von Sinnerschließung,
   Gesetzlichkeit und Sinnerfüllung: Philosophie als
   »missing link« zwischen Physik und Religion . . .   33
   Galileis Fallgesetz als praktisches Beispiel für das
   Zusammenspiel der dreifachen Perspektive   42

2. *Der wissenschaftliche und der*
   vorwissenschaftliche Naturbegriff   51
   Einleitung   51
   Aristoteles: Natur als Selbstbewegung   54
   Die Stoa: Natur als Gesamtzusammenhang   63
   Galilei und das Grundproblem der
   modernen Naturwissenschaft   68
   Die Entwicklung nach Galilei und das weithin
   ungelöste Problem   79

3. *Die existentielle Verengung durch Wissenschaft*
   und die Wachträume der Physikalisten   87
   Die Dialektik von Zweck und Zufall und der
   Versuch der Chaostheorie, diese Dialektik zum
   Stillstand zu bringen   87
   Ilya Prigogine und der Pseudoaristotelismus 106
   Hermann Haken und die physikalistisch
   mißbrauchte Stoa 119

4. *Fritjof Capra, David Bohm*
   und die Quantenmystik 125
   Der existentielle-religiöse Druck
   durch Totalverwissenschaftlichung 125
   Die ontologisch angereicherte Natur 133
   $E = mc^2$ und die dynamische Natur des Weltalls:
   Heisenbergs Unschärferelation und die Identität
   von Sein und Nichtsein 145
   Physik und Mystik: Mystifikation und der Durst
   nach religiöser Symbolik 152

5. *Das erkenntnistheoretische Grundproblem von*
   »New Age« 163
   Die versteckte Metaphysik der Alltagssprache . . . 163
   Die alltagssprachlich interpretierte Mystik 172

6. *Carl-Friedrich von Weizsäcker, die Weltformel*
   und der Irrationalismus in der Philosophie 183
   Die Weltformel als Horizont allen Denkens 183
   Die prätendierte Geschichtlichkeit des Seins . . . 195
   Die Doppeldeutigkeit des westlichen und
   östlichen Philosophiebegriffs 200

7. *»New Age« und die Lücke in der Theologie* 207
   Einleitung 207
   Katholische Theologie: Stephan N. Bosshard . . . 217
   Evangelische Theologie: Claus Westermann 225
   Versuch einer Synthese: Teilhard de Chardin . . . 232

Literatur 246

Vorwort

Als vor 400 Jahren Galilei zum Generalangriff auf das herkömmliche Naturverständnis ansetzte, leitete er zugleich die Geschichte einer 400 Jahre dauernden, wachsenden Entfremdung zwischen Naturwissenschaft und Glaube ein. Es schien, als sei mit diesem Akt die sublime Hinordnung des Menschen auf Natur oder auch die Hinordnung der Natur auf Gott zerstört. In der Zeit vor Galileis Revolution war Natur dem Menschen noch ein umfassender Sinn- und Zweckzusammenhang, ein Buch voll Weisheit, das im letzten auf Gott als seinen Urheber verwies. Was im Buch der Natur nicht zu lesen und von Gott nicht zu erschließen war, das enthielt nach traditionellem Verständnis das Buch der Offenbarung, nämlich die Bibel als ein Kompendium von Antworten auf jene Fragen, die die Natur offengelassen hatte.

Durch die Revolution von Galilei, Newton und den anderen wissenschaftlichen Aufklärern wurde Natur jedoch zum berechenbaren, rein funktionalen Zusammenhang, sie wurde zur bloßen Weltmaschine und Gott bestenfalls zum Konstrukteur, der sich nach beendeter Ingenieursarbeit von seinem Schaffen zurückzog, um die Welt ihrer eigenen Dynamik zu überlassen. Kein Wunder, daß das 19. Jahrhundert diesen restringierten, deistischen Gott des 18. Jahrhunderts vollständig abschaffte, war er doch fern, unlebendig, vor allem aber unfähig, in dieser Welt irgend etwas auszurichten, da er sich zu Beginn der Zeit an die Gesetze seines eigenen Universums ausgeliefert hatte. Die Welt ist vollständig aus sich selbst erklärbar: So schien die materialistische Konsequenz aus den Fortschritten der Physik zu lauten. Die Religion andererseits, insofern sie vom materialistischen Evangelium des 19. Jahrhunderts nicht einfach erdrückt wurde, zog sich daraufhin weitgehend in die christliche Innerlichkeit zurück, pflegte die Seelen und überließ Natur den Ingenieuren und Wissenschaftlern, die sie entsprechend behandelten. So entstand eine völlig entzauberte Welt, als bloßes Objekt unserer Berechnungen und Manipulationen auf der einen Seite, der auf der anderen Seite das ernüchterte, skeptisch, ja nihilistisch gewordene Subjekt entsprach, und diese Spaltung schien dem wissenschaftlich-technischen Fortschritt als unwiderrufliches Opfer gebracht werden zu müssen.

Wenn in dieser nüchtern gewordenen Welt der religiöse Glaube überhaupt noch eine Rolle spielen durfte, so höchstens auf der Ebene privater Innerlichkeit, etwa als sittliche Motivationshilfe, persönliche Sinnstiftung, als Trost und Mittel gegen die eigenen Ängste oder als Platzhalter von letzten Hoffnungen angesichts der Unvermeidlichkeit des individuellen Todes.

Selbst die Politisierung des Religiösen, der Ausbruch christlicher Innerlichkeit ins offene Feld gesellschaftlicher Kämpfe hat in den letzten 20 Jahren daran nicht viel geändert, denn der Glaube blieb weiterhin auf den Menschen (jetzt als Gattungswesen) beschränkt, und jene Entfremdung von der Natur, die Galilei vor 400 Jahren einleitete, wirkt nach wie vor und ungemindert fort.

Um so überraschender ist es, daß in den letzten Jahrzehnten gerade von den fortgeschrittensten Disziplinen der Physik aus versucht wird, den Graben zu überbrücken und jene Entfremdung zu überwinden, an die sich Naturwissenschaftler und Gläubige inzwischen so weit gewöhnt hatten, daß sie sogar anfingen, sich zu tolerieren (so ähnlich wie zwei Streithähne, die keine Möglichkeit sehen, sich gegenseitig aus der Welt zu schaffen).

Ausgerechnet die Physik war es nun, die plötzlich vorgab, Gott wiederentdeckt zu haben. Es scheint geradezu, als lasse sich neuerdings ein Gottesbeweis rein physikalisch formulieren, als sei es inzwischen möglich, aufgrund modernster Theorien die Welt als verstehbaren und ganzheitlich strukturierten Sinnzusammenhang zu begreifen. Das, was die Verwissenschaftlichung zerstört hatte, die sublime Hinordnung der Natur auf Gott und die Hinordnung der Natur auf den Menschen, scheint nun aufgrund derjenigen Wissenschaft greifbar zu werden, von der man es am wenigsten erwartet hätte, stand sie doch am Ursprung dieser ganzen Geschichte wachsender Entfremdung und Verunsicherung. Wenn man Fritjof Capra, David Bohm, Ilya Prigogine und anderen Physikern glauben darf, ist das Zeitalter der Trennungen, das Zeitalter des Materialismus endgültig vorbei. Eine neue Zeit, das »New Age« bricht an, und es bringt die Versöhnung des Menschen mit der Natur und damit zugleich die Versöhnung der Menschen untereinander. Damit sollen auch die Spannungen zwischen Naturwissenschaft und Glaube endgültig der Vergangenheit angehören, dadurch, daß sich die neueste Physik mit jahrtausendealten mystischen Traditionen Ostasiens verbindet, um eine Weltanschauung der Zukunft zu bilden, die sowohl die traditionellen Religionen als auch die herkömmliche Wissenschaft weit hinter sich läßt.

Der ideologische Charakter dieser »New Age«-Extrapolationen ist ziemlich leicht zu durchschauen. Es ist auch nicht schwer, zu zeigen, daß die Hoffnungen der Physiker, ganze Weltanschauungen aus ihren Theorien abzuleiten, nur aufgrund von Analogieschlüssen und ungerechtfertigten Extrapolationen möglich ist, die einer ernsten Prüfung nicht standhalten.

Keine physikalische Theorie ermöglicht religiöse Sinnstiftung oder auch nur die Rechtfertigung einer Metaphysik der Natur. Quanten- und Relativitätstheorie, Synergetik, Chaostheorie, Laserphysik, vereinigte Feldtheorie: Keine dieser Theorien ist imstande, den Graben zwischen Subjekt und Objekt zu überbrücken. Keine kann sinnvollerweise vorgeben, den Menschen mit der Natur zu versöhnen oder jene religiöse Grunddimension zu vermitteln, die durch die Verwissenschaftlichung verschüttet wurde. Insbesondere gibt es keine wissenschaftlich exakte Fundierung von Glaubenssätzen oder philosophischen Wesensaussagen, so sehr auch das Bedürfnis danach in der Öffentlichkeit wächst. Physiker, die vorgeben, solche Bedürfnisse aufgrund ihrer Wissenschaft befriedigen zu können, täuschen sich und andere. Von daher gesehen sind die physikalischen Extrapolationen von Capra, Bohm oder Prigogine Tranquilizer für eine an der Wurzel gefährdete Epoche. Physikalische Extrapolationen gaukeln uns eine Weltenharmonie vor, die es in der Wirklichkeit nirgends gibt. Je zerrissener unsere Welt, desto stimmiger und »ganzheitlicher« die Zukunftsvorstellungen von »New Age«.

Doch mit Kritik allein ist es hier noch nicht getan, denn selbst die Wachträume von »New Age« haben ihre Wahrheit, wenn es auch nicht die Wahrheit ist, die die Träumenden mit ihren Illusionen verbinden. Im Fall von »New Age« und den Extrapolationen der Synergetiker, Selbstorganisations- oder Chaostheoretiker soll in diesem Buch gezeigt werden, daß solchen physikalischen Wachträumen die Wahrheit einer verdrängten Historie zugrunde liegt.

Die Verwissenschaftlichung hat ältere, qualitative Formen des menschlichen Naturverständnisses an den Rand gedrängt oder vollständig außer Kurs gesetzt. Was etwa bei Aristoteles Ganzheit, Zweck- und Sinnzusammenhang war, was in der Stoa den Menschen als Norm und Natur zugleich umgab, was in der Bibel dem Menschen in überwältigender Symbolkraft entgegenleuchtete: All dies, was Natur dem Menschen einstmals bedeutet hat, wurde durch die Monokultur des Physikalismus auf die schiere Funktionalität, Zweckrationalität oder Berechenbarkeit reduziert.

Doch dabei können wir auf keinen Fall stehenbleiben: Es gilt, die Artenvielfalt des geschichtlichen Naturverhältnisses zurückzugewinnen. Von daher gesehen kann man die unkritischen, weltanschaulichen Extrapolationen neuerer Physiker als Ahnung eines umfassenden menschlichen Naturbezugs deuten, in dem auch Religion wieder ihren legitimen Ort haben wird.

Dies gilt vor allem, weil die akademischen Diskurse von Schöpfungstheologie und Naturphilosophie gerade dort ihre schwersten Defizite aufweisen, wo die neueren Physikalismen einströmen. Dem akademischen entspricht außerdem ein doppeltes, existentielles Defizit: Die Praxis des Glaubens hat sich von der symbolischen Vermittlung moderner Naturerfahrung losgerissen. Selten findet sich in der kirchlichen Verkündigung ein technisches oder wissenschaftliches Datum in symbolischer Transformation, die doch dem Glauben. am angemessensten wäre. Statt dessen ist immer nur von den »Schafen«, dem »Senfkorn« oder anderen agrarischen Symbolen die Rede, die in der modernen Lebenswelt nicht mehr vorkommen. Auch die profane Naturerfahrung selber ist stark ausgedünnt. Der lebensweltliche Naturbezug des modernen Stadtbewohners macht leicht den Eindruck, den auch unsere Stadttauben machen: grau, instinktlos und überreizt. Dem ist mit Physik allein nicht abzuhelfen. Doch erinnern uns die Wachträume der Physikalisten an die Fülle und Farbigkeit, die unserem Naturbezug abhanden kam.

Es ginge darum, das postmoderne Chaos von metaphysischen, theologischen und naturwissenschaftlichen Sprachspielen, das den Inhalt von »New Age« ausmacht, zu ordnen, sinnvolle Beziehungen systematischer und historischer Art herzustellen, allezeit der Tatsache bewußt, daß weltanschauliche Modetorheiten nur dort in Kirche und Gesellschaft einströmen können, wo sie das entsprechende Vakuum vorfinden.

1. Der Gegensatz zwischen Physik und Religion

Eine strikte Trennung zwischen Physik und Religion verbietet sich

Vor kurzem schrieb der berühmte Physiker Stephen W. Hawking ein Buch über die Entstehung des Kosmos. In diesem Buch versucht er zu zeigen, daß das Weltall keinen Anfang und kein Ende hat, Gott also zu seiner Erklärung nicht nötig ist. Vor Hawking hatte man allgemein angenommen, das Weltall sei aus einem »Urknall« entstanden, einer Zusammenballung unendlicher Materie- und Energiedichte. In diesem singulären Punkt unendlicher Dichte würden die physikalischen Gesetze nicht mehr gelten, so daß man keine Möglichkeit hätte, hinter den Uranfang zurückzurechnen. Es bliebe dann nur noch der Ausweg, einen Gott als Schöpfer des ersten Anfangs vorauszusetzen. Indem Hawking statt des Urknalls ein in sich zurücklaufendes Universum annahm, schien er zugleich Gott widerlegt zu haben.
Solche »Widerlegungen« sind nicht neu; sie werden immer wieder unternommen, seit es die Naturwissenschaften gibt. Newton z. B. konnte mit seiner Gravitationstheorie die Planetenbewegungen ableiten, aber er konnte nicht erklären, warum alle Planeten im selben Umlaufsinn die Sonne umrunden und warum ihre Bahnen in ein und derselben Ebene liegen. Um auch dies noch zu erklären, nahm er seine Zuflucht zu einem Gott, der das Planetensystem eben so wunderbar und symmetrisch eingerichtet habe.
Kurze Zeit später entwickelte Laplace eine Weltentstehungstheorie, nach der auch diese speziellen Eigenschaften der Planetenbewegungen mechanistisch abgeleitet werden

konnten. Als ihn Napoleon angesichts des sternenübersäten Nachthimmels fragte, ob er nicht an einen Schöpfer all dieser göttlichen Pracht glaube, antwortete er lakonisch: »Ich habe diese Hypothese nicht nötig.« Hängt die Existenz Gottes vom Fortschritt der Wissenschaft ab, kann sie mit den Mitteln der Wissenschaft erwiesen oder widerlegt werden?

Glaubte das Mittelalter an die Bibel, so die Neuzeit an die Physik. Glaubte das Mittelalter aufgrund der heiligen Schriften über physikalische Wahrheiten wie das heliozentrische oder geozentrische Weltbild entscheiden zu können, so bildet sich die Neuzeit umgekehrt ein, aufgrund physikalischer Konstruktionen Gott beweisen oder widerlegen zu können.

So sagt etwa der Physiker Paul Davies: »Es mag seltsam erscheinen, aber meiner Auffassung nach bietet die Naturwissenschaft einen sichereren Weg zu Gott als die Religion. Ob unsere Antworten richtig oder falsch sind, die Naturwissenschaft hat mittlerweile den Punkt erreicht, von dem aus ehedem religiöse Fragen auf wissenschaftlich haltbare Weise untersucht werden können.«[1] Davies untersucht dann die »ehedem religiösen Fragen« und kommt zu dem Schluß, daß Gott nicht existieren könne.

Zum gegenteiligen Schluß (aufgrund derselben physikalischen Theorien) kommt Fritjof Capra, einer der »Kirchenväter« der »New Age«-Bewegung. Er ist überzeugt, daß die Physik unseres Jahrhunderts die Einsicht alter Mystik beweise, wonach diese Welt nur das Oberflächenphänomen eines Allgeistes sei, der die eigentliche Substanz des Wirklichen ausmacht.

Was wird heute nicht alles aus der Physik abgeleitet: Hermann Haken, der in der Laserphysik bahnbrechende Entdeckungen gemacht hat, deduziert aus dieser Physik eine Rechtfertigung liberaler Wirtschaftspolitik, gibt Rat-

---

[1] Davies, S.15

schläge, wie man sich in partnerschaftlichen Problemen zu verhalten habe, oder stellt Formeln in Aussicht, nach denen soziale Revolutionen gesteuert (oder verhindert) werden können. Überhaupt ist ihm – wie den alten Stoikern – die Natur eine Quelle von Weisheit.

Ganz ähnlich verhält es sich mit Ilya Prigogine, dem Begründer der »Synergetik«. Prigogine entwickelt aus seiner »Nichtgleichgewichtsthermodynamik« einen neuen Zeitbegriff, der so allgemein sein soll, daß er die Brücke zu den Geisteswissenschaften schlägt. Während bisher die physikalische Zeit lediglich ein Parameter innerhalb eines mechanischen Kalküls gewesen sei, sei – so Prigogine – die Zeit jetzt geschichtlich, anthropomorph, mit Inhalt gefüllt, eine Zeit der wirkenden Kraft, der inneren Spontaneität. Natur sei nicht mehr jenes mechanische Uhrwerk, das, einmal aufgezogen, nach unabänderlichen Gesetzen ablaufe, Natur sei vielmehr schöpferisch, dem menschlichen Geist durchaus ähnlich. Sie sei ein dynamisches Ganzes, nicht mehr die atomistische Zusammenstückelung starrer, isolierter Seinsklötzchen. All dies folge rein aus den Formeln der Physik, ohne jede metaphysische Spekulation. Kein Wunder, wenn die »New Age«-Anhänger sich auf Prigogine berufen und ihr spiritualistisches Weltbild mit der Dynamik seiner Selbstorganisationsphänomene rechtfertigen.

Der Glaube an die Leistungsfähigkeit der Physik scheint unbegrenzt. Ich gestehe jedoch, daß es mir leichterfällt, an die heilige Dreifaltigkeit, die Jungfrauengeburt, die Unfehlbarkeit des Papstes oder an die Stigmatisation des heiligen Franz zu glauben, als daran, daß die Physik religiöse oder weltanschauliche Probleme lösen kann. Indes gilt, wer heute noch an die Wunder Jesu glaubt, als Phantast, wer aber der Meinung ist, daß die Physik dem Leben Sinn verleihen könne, gilt als aufgeklärt und auf dem neuesten Stand der Erkenntnis. Dazu wieder der Physiker Davies, der befriedigt feststellt:

»Eine wachsende Zahl von Menschen glaubt, daß neuere Fortschritte in der Grundlagenforschung mit größerer Wahrscheinlichkeit den tieferen Sinn des Daseins ergründen werden, als die traditionelle Religion das könnte.«[2] Die Werke »philosophierender Physiker« haben Konjunktur. Hat ein Physiker erst einmal den Nobelpreis oder ist er auch nur nobelpreisverdächtig, so erwartet die Öffentlichkeit, daß er sich zu allem äußere. Sozialethische, religiöse, ästhetische oder philosophische Fragen: auf alles erwartet man eine Antwort von ihm. Albert Einstein war mit Sicherheit einer der größten Physiker, die jemals gelebt haben. Beschäftigt man sich allerdings mit seinen Schriften zu religiösen oder historischen Fragen, so wird man rasch bemerken, daß er in dieser Hinsicht nicht nur keinen besonderen Scharfsinn aufwies, sondern sich durch allzu große Schlichtheit auszeichnete. Was Wunder! Einstein war der Meinung, daß der Kosmos durch die physikalischen Gesetze vollständig determiniert sei. In einem solchen Kosmos wäre die menschliche Geschichte oder die geschichtliche Religion nur ein Oberflächenphänomen, von Interesse nur für diejenigen, die die Illusion geschichtlicher Veränderungen noch nicht zugunsten physikalischer Gesetzmäßigkeiten durchdrungen haben. Hat sich Einstein durch seinen rein physikalistischen Ansatz den Zugang zu geschichtlichen Formen des Verstehens verbaut, so schmälerte dies nicht im geringsten den *Glauben* der Zeitgenossen, der Schöpfer der Relativitätstheorie müsse sich auch kompetent zu Fragen von allgemeinem philosophischen Interesse äußern können. So entstand der »Mythos Einstein«, an den Einstein schließlich selber glaubte. Auf diese Weise wird der Physiker rasch zum Hohenpriester einer wissenschaftsgläubigen Gesellschaft. Carl-Friedrich von Weizsäcker nannte einmal »das Vertrauen auf die Naturwissenschaft ... die einzige universale

---

[2] Davies, S. 26

Religion unserer Zeit.« Aufgrund dieses Vertrauens »rückt der Wissenschaftler ungewollt in die Rolle eines Priesters dieser säkularen Religion ein. Er verwaltet ihre Geheimnisse, ihre Prophetie, ihre Wunder.«[3]

Stand im Mittelalter eine Nonne im Rufe der Heiligkeit, so pilgerten die Menschen in Scharen herbei, um sie um Rat zu fragen oder um Hilfe für ihre Gebrechen zu erbitten. Was wir heute durch psychologische oder medizinische Techniken selbst erledigen würden, erwartete man damals durch die Fürsprache der Heiligen bei ihrem Gott. Steht heute ein Physiker auch nur im Ruche des Nobelpreises, so bedrängen ihn die Massen mit Fragen, für die er nicht die geringste Kompetenz hat. Manche Physiker geben diesem Erwartungsdruck nach. Welche psychologischen Mechanismen sich dabei abspielen, hat in unnachahmlicher Naivität der Physiker J. E. Charon geschildert: Charon sollte vor 20 Jahren im Fernsehen über seine neuesten Forschungen berichten. Zu seinem Erstaunen befragte ihn der Interviewer fast nur nach »metaphysischen Problemen«. Charon wandte sich daraufhin diesen »metaphysischen Problemen« zu und versuchte, sie mit rein physikalischen Mitteln zu lösen. Die Schriften mit diesen »Lösungen« fanden reißenden Absatz, so daß Charon zu einem der wesentlichen Vertreter der sogenannten »neognostischen Physik« wurde. Diese Denkrichtung (man sollte eher »Gefühlsrichtung« sagen) geht davon aus, daß der Geist bereits in den Elementarteilchen sitzt und daß dies physikalisch bewiesen werden könne. Die Physik, sagt Charon, sei »die für die Klärung metaphysischer Fragen geeignetste Wissenschaft«[4]. Selbst ein philosophisch so gebildeter Physiker wie Carl-Friedrich von Weizsäcker hegt Erwartungen in die Quantenphysik, von denen man schwerlich glauben kann, daß sie sich jemals erfüllen sollten:

[3] von Weizsäcker (4), S. 260
[4] Charon, S.16

re Zeiten hatten ein anderes Verhältnis zur Natur als
. Natur war etwa den Menschen des Mittelalters oder
er Antike nicht primär ein gesetzlicher, mathematischer
Zusammenhang oder eine Rohstoffquelle für technische
Manipulationen, Natur war diesen Menschen in erster Linie Form, Gestalt, Aussage. Natur war damals keine wertfreie, neutrale Folie, sondern sie war das sprechende Symbol göttlicher oder menschlicher Eigenschaften, der Fuchs ein verkörpertes Laster, der Adler ein Sinnbild hehrer Erkenntnis.

In der Alchimie war diese Symbolik der Natur noch nicht vom Experiment getrennt. Der Alchimist suchte nicht nur Gold als jenes begehrte Metall, das die Weltgeschichte umgetrieben hat; der Alchimist suchte zugleich jenes »Gold« der menschlichen Identität, die endlich ihr wahres Selbst gefunden hat. Der äußere, alchimistische und der innere, seelische Prozeß waren eine untrennbare Einheit, wie es uns Carl-Gustav Jung wieder in Erinnerung gerufen hat.

Nun ist sich Carl-Friedrich von Weizsäcker als Wissenschaftler natürlich im klaren darüber, daß die Physik ihre Exaktheit nur dadurch erreichen konnte, daß sie die Symbolik der Natur vom Tisch fegte, um vom alchimistischen Experiment nur noch die quantitative Seite zurückzulassen. Seitdem ist die Natur entgöttert. Jedoch erwartet von Weizsäcker von einer umfassenden Formulierung der Quantentheorie, daß sie jenes Moment von Natursymbolik wiedereinbringen könnte, das in der bisherigen Physik ausgegrenzt werden mußte. Nach ihm werden wir durch konsequentes Fortschreiten auf dem Weg wissenschaftlicher Aufklärung wieder mit jenen geisterfüllten Naturkonzeptionen zusammentreffen, die es einmal vor Entwicklung der Naturwissenschaft gegeben hat. Die Welt wird wieder voll von Gott sein.[5]

Was soll man von diesen Grenzüberschreitungen von der

[5] von Weizsäcker (4), S.152ff

Physik zur Theologie halten? Im Prinzip könnte man das Problem sehr schnell lösen und hätte mit dieser »Lösung« vielleicht gar nicht so unrecht: Man könnte von der plausiblen Annahme ausgehen, daß Gott überhaupt nicht Objekt physikalischer Theorien werden kann, eben weil er kein Objekt ist, sondern Subjekt, das absolute Subjekt, also Person. Man müßte von ihm annehmen, daß er die »omnitudo realitatis«, der Inbegriff aller Realität ist, während alle physikalischen Begriffe immer nur Ausschnitte von Realität darstellen können. Gott physikalisch erklären oder widerlegen zu wollen, wäre demnach so, als versuchte man, die Luft in einem Sieb zu fangen. Würde einer behaupten, »die Luft existiert« (denn es gibt ja Luft im Sieb), so könnte ein anderer mit demselben Recht die Existenz von Luft mit dem Argument bestreiten »die Luft existiert nicht, denn sie bleibt nicht im Sieb, wenn man das Sieb hin und her bewegt«. Siebe sind keine geeigneten Auffanggeräte für Luft, die Frage nach der Existenz von Luft kann mit ihrer Hilfe nicht beantwortet werden. In der Bibel wird Gott zuweilen als »pneuma«, d. h. als Lufthauch bezeichnet. Dieses »pneuma« wäre also gleichsam zu fein, um in den groben Filtern physikalischer Begriffe hängenzubleiben. An sich könnten wir dieses Buch hiermit als beendet, das Problem als gelöst betrachten. In diesem Sinn hat z. B. der Experimentalphysiker Edgar Lüscher die Frage nach dem Verhältnis von Physik und Theologie behandelt. Er weist in einem Artikel zwingend nach, daß physikalische Theorien keine Objekte enthalten können, wie sie die »New Age«-Physiker voraussetzen. Damit ist die Sache für ihn erledigt.

Mit einer gewissen Erleichterung pflegen sich Theologen solchen Grenzziehungen anzuschließen, denn Abgrenzungen von dieser Art haben für sie den Vorteil, daß keine Streitigkeiten mehr aufkommen können: Die Welt ist eingeteilt in zwei heterogene Bereiche, jeder hat sein terrain, keiner kommt dem andern ins Gehege.

Wir könnten also hier auf Lüschers Schrift verweisen und die Akten schließen, wäre da nicht ein kleiner Haken, der es nicht gestattet, sich mit dieser simplen »Lösung« zufriedenzugeben. Denn gesetzt, wir würden Gott auf die eine Seite, sagen wir auf die »religiöse Seite«, die Physik aber auf die andere Seite, sagen wir die »Seite der Natur« stellen, so hätten wir die Realität mitten durchgeschnitten (und damit uns selbst). Wir könnten dann z. B. nicht mehr behaupten, Gott sei der Schöpfer der Natur, denn die Natur hätten wir der Physik überlassen, und die redet ex definitione nicht von Gott. Wir könnten dann auch nicht mehr behaupten, Gott sei in Christus Mensch geworden, denn als Mensch ist Christus ein Stück Natur und genau in diese Natur könnte er nicht mehr eingehen, wenn die Natur ausschließlich Objekt der Physik wäre. Nicht nur das: Auch uns selbst würden wir in vollständig heterogene Bereiche zerteilen; wir hätten eine »Innerlichkeit«, ganz jenseits aller physischen Welt, eine »Seelenspitze«, die in ihrer spirituellen Einsamkeit mit Gott kommuniziert (ein recht einsames Gebet), und wir hätten andererseits eine seelenlose, manipulierbare und berechenbare Natur, in der zwar Atomkraftwerke und Motorräder, aber keine Spatzen und Lilien vorkommen könnten, die Jesus als das Symbol des Gottvertrauens pries. Aber es ist eigentlich noch viel schlimmer: Würde die einsame Seele in ihrem Innersten mit Gott kommunizieren, so würde sie mit ihm über irgend etwas reden müssen, z. B. über den Nächsten, den es ja auch noch gibt.

Doch der Mitmensch ist Teil der physischen Welt, er wäre somit durch die Gesetze dieser physischen Welt bestimmt, und wenn Gott dem Gläubigen durch den Mitmenschen begegnen wollte, müßte er jedesmal die physikalischen Gesetze durchbrechen. Wir hätten dann einen Gott, der zuerst die Spielregeln des Universums festlegt, um sie anschließend je nach Bedarf zu suspendieren. Iwan der Schreckliche pflegte Gesetze zu erlassen, deren Befolgung er von seinen Untertanen mit drakonischen Maßnahmen einforderte, die er aber beliebig durchbrach, wenn eine Angelegenheit Anstalten machte, zu seinem Nachteil auszugehen. Wollte man eine solch unwürdige Vorstellung von Gott zurückweisen, so würde man zu der Schlußfolgerung gedrängt, daß Gott in der Welt nichts verändern kann. Aber dann würde das Gebet des frömmsten Menschen versiegen, denn dieses Gebet könnte nur noch die Wiederholung von Leerformeln sein, wie »Gott ist Gott« oder ähnliches, es dürfte sich in keiner Weise mehr auf Realität beziehen. Solche Extrempositionen sind im Ernst vertreten worden. Einstein z.B. glaubte an die Determination aller Ereignisse durch physikalische Gesetze (»Gott würfelt nicht«). Dementsprechend schien ihm ein »persönliches« Verhältnis zu Gott undenkbar. Er setzte im Sinne Spinozas ein absolutes Weltprinzip, um die Gültigkeit von Naturgesetzen in einem intelligiblen Grunde zu verankern, aber sein Gott war so unlebendig und untätig wie Spinozas »Substanz«. Wenn Physiker von »Gott« reden, meinen sie meistens nicht den geschichtlich-handelnden Gott der jüdisch-christlichen Offenbarung, sondern ein solches pantheistisches Weltprinzip. Max Planck zum Beispiel identifiziert schlechterdings »die Weltordnung der Naturwissenschaft und den Gott der Religion«[6].

Will man diese pantheistischen Konsequenzen vermeiden, so muß man die scharfe Unterscheidung einer gottlosen Welt und eines weltlosen Gottes relativieren, um Überschneidungsphänomene in den Griff zu bekommen, Fälle, bei denen Gott in seinem Weltbezug oder weltliche Angelegenheiten in ihrer Beziehung zu Gott betrachtet werden *müssen*.

Mit diesen »Überschneidungsphänomenen« ist es so ähnlich wie mit der »psychophysischen Ganzheit« des Menschen: Analysiert man den Menschen rein naturwissen-

[6] Planck, S.331

schaftlich, so kommen Begriffe wie »Vernunft«, »Wille«, »Gefühl« usw. nicht mehr vor. Man hat sich, im Gefolge von Descartes, angewöhnt, diese Begriffe in einer eigenen, »höheren« Region anzusiedeln, eine Art »freischwebender Geistsubstanz«. Aber diese Verteilung menschlicher Erfahrung auf zwei distinkte Welten und Erklärungsmuster bringt die Schwierigkeit mit sich, daß ihr die simpelsten Körpererfahrungen widersprechen. Was ist z. B. ein Händedruck bei der Begrüßung? Ein physikalischer Vorgang, bei dem Energie und Impuls übertragen werden, oder ein »geistiger« Akt der Kommunikation, bei dem sich Gefühle und Stimmungen übertragen? Auf eine schwer durchschaubare Art ist dieser Akt sowohl geistig als auch sinnlich, und das säuberliche Aufteilen in eine »geistige« und eine »physische« Sphäre ist offenbar nur ein Notbehelf, um etwas zu erfassen, was uns ständig entgleitet.

Also sollten wir, so würde man vielleicht schließen, diese dualistischen Unterscheidungen erst gar nicht vornehmen. Wir sollten von unserer personalen Identität ausgehen und die entsetzliche Trennung von Subjekt und Objekt von vornherein erst gar nicht zulassen. In bezug auf die religiöse Frage hieße dies, daß wir Physik und Theologie erst gar nicht auseinanderreißen dürften. Aber was würde das wiederum heißen? Können wir die Quantenphysik in die Gleichnisse Jesu oder die klassische Elektrodynamik in die Reden Buddhas umrechnen?

Es gab eine Zeit, da waren Physik und Theologie noch nicht getrennt, zum Beispiel in den griechischen Schöpfungsmythen. Wenn dort das Chaos sich in die Urgötter Gaia und Uranos differenzierte und aus der Verbindung dieser Götter die Titanen, Zeus und Demeter entsprangen, nicht zu vergessen Poseidon, der Gott des Meeres, so waren diese recht menschlichen Akte der Schöpfung zugleich religiös, personal *und* physikalisch; denn diese Mythen hatten nicht nur sozialethische Funktionen, sondern sie dienten zugleich dazu, die physische Welt zu »erklären«.

Diejenigen, die heute dauernd von »Ganzheit« und »Überwindung der Trennung« zwischen Naturwissenschaft und Religion sprechen, sollten achtgeben, daß sie nicht auf diese undifferenzierte Stufe der Kultur zurückfallen. In der »New Age«-Bewegung gibt es einen Trend, die alten Naturgötter wiederzubeleben. In der englischen Landkommune in Findhorn werden Nymphen, Elfen und Nereiden angebetet. Aber durch eine solche »Einheit des Menschen mit der Natur« verliert nicht nur die Wissenschaft ihren ernsten Charakter, zugleich wird die Religion auf ein Primitivstadium zurückgeworfen, aus dem sich das Christentum einstmals mühsam erheben mußte. Man sieht: Die Trennung einer religiösen von einer wissenschaftlichen Sphäre ist unumgänglich, und dennoch muß es uns, nachdem wir diese Trennung vorgenommen haben, wieder möglich sein, die beiden Welten aufeinander zu beziehen, sonst geraten wir überall dort in Schwierigkeiten, wo sich die Sphären überlappen.

Man hat keinen Grund, sich über das Wiedererstehen der Naturgötter lustig zu machen. Phänomene wie Findhorn signalisieren eine Entfremdung des Menschen von der Natur, die solche Verirrungen überhaupt erst möglich macht. Es stimmt etwas nicht an unserem Naturverhältnis. Unser rein wissenschaftlich-technischer Naturbezug hat offenbar Erfahrungen ausgeblendet, die konstitutiv zum Menschen gehören. Das Wiedererstarken der Götter ist nur der hilflose Gestus einer irre gewordenen Kultur. Man sollte also nicht über diejenigen lachen, die die Sinndefizite der verwissenschaftlichten Existenz mit magisch-esoterischen Mitteln auszugleichen versuchen, sondern angesichts jener trauern, die das Sinndefizit noch gar nicht wahrgenommen haben und die durch ihr unreflektiertes Verhalten den Graben verbreitern, den die Esoteriker mit wenig tauglichen Mitteln zu überbrücken versuchen.

Es ist also nötig, Wissenschaft und Religion erst einmal sauber zu trennen, jedoch nicht ohne sie hinterher wieder aufeinander zu beziehen. Wie eine solche Trennung und ein solches Beziehen sinnvoll gedacht werden kann, soll in diesem Buch näher ausgeführt werden. Es soll als Leitfaden für die Beurteilung der Grenzüberschreitungen zwischen Physik und Theologie dienen, und zwar derart, daß dieser Leitfaden auch einem Nichtphysiker und einem Nichtphilosophen verständlich ist. Ich kenne viele Menschen, die ein Unbehagen angesichts der verwirrenden Behauptungen von Wissenschaftlern auf theologischem Gebiet nicht unterdrücken können. Da sie aber keine Mittel haben, den Knoten zu entwirren, so ziehen sie sich auf einen »Glauben« zurück, der sich gegen neuere Entwicklungen immunisiert. Ein solcher »Glaube« ist jedoch kleinlich, er lebt mit einem schlechten Gewissen gegenüber der Wissenschaft oder in jener abstrakten, weltlosen Gotteinsamkeit, die der Preis für ein Sich-Abkoppeln von der Natur ist.

Die Welt unter komplementären Aspekten:
Sinnhaftigkeit und Berechenbarkeit

Das vorliegende Buch wird sich hauptsächlich auf »New Age«-Physiker wie Fritjof Capra und David Bohm beziehen, im weiteren Sinne aber auch auf andere Physiker wie Hermann Haken, Ilya Prigogine oder Carl-Friedrich von Weizsäcker, also Physiker, die mit ihren fachwissenschaftlichen Entdeckungen zugleich Ansprüche verbinden, die ins Religiöse gehen oder das Religiöse streifen. Im übrigen ist dies ein Buch über das Verhältnis von *Physik* und Religion. Wenn hier oft abkürzend von »Naturwissenschaft« oder noch kürzer von »Wissenschaft« die Rede sein wird, so ist darunter immer die Physik zu verstehen. Dieser abgekürzte Sprachgebrauch legitimiert sich durch die dominierende Rolle, die die Physik innerhalb der Naturwissenschaften spielt. Ob die Physik auf die Dauer wirklich *alle* Bereiche der Natur (also auch das Lebendige) vereinnahmen kann, läßt sich mit Gründen bezweifeln. Fest steht, daß sie heute gerne diesen Anspruch erhebt und daß dieser Anspruch den »harten Kern« des jetzt herrschenden Szientismus ausmacht. Auf ihn beziehen sich meine Überlegungen, wenn von »Wissenschaft«, »Verwissenschaftlichung« usw. die Rede sein wird.

Eine Konfrontation von religiöser und wissenschaftlicher Weltauffassung wird das Gebiet der Philosophie nicht meiden können. Das ist leicht verständlich: Der religiöse Mensch bezieht sich auf das Ganze von Welt, aber mehr auf affektive, gefühlsmäßige Art, das Intellektuelle, Begriffliche ist ihm sekundär. Der Wissenschaftler bezieht sich niemals auf das Ganze. Wenn er dies zu tun glaubt, dann täuscht er sich. Wissenschaft kann immer nur begrenzte Modelle von Wirklichkeit konstruieren. Was das Ganze ist, kann ihr nie zum unmittelbaren Objekt werden. Auf der anderen Seite ist Wissenschaft objektiv, rational, exakt, kontrollierbar. Das Emotionale, das subjektive Empfinden wird in ihr nach Möglichkeit ausgeklammert. Die Philosophie verbindet diese beiden entgegengesetzten Welten: Sie bezieht sich einerseits »aufs Ganze«, andererseits ist sie rational. Freilich ist der moderne Philosophiebegriff nicht mehr eindeutig; vermutlich würden es heute die meisten Philosophen ablehnen, sich das »Ganze« zum Thema zu machen. Ich behaupte jedoch: Wenn die Philosophie nicht mehr über »das Ganze« nachdenkt, so ist sie überflüssig. Die Einzelperspektiven von Welt können die verschiedenen Wissenschaften viel besser abhandeln als die Philosophie, und im übrigen ist ja mit dem Begriff »das Ganze« noch nicht gesagt, wie man sich dieses »Ganze« vorstellen soll. Es könnte z. B. sein, daß der Philosoph »das Ganze« nur als fernen, virtuellen Zielpunkt allen Denkens und Handelns anvisieren kann. Aber auch wenn er dies tun würde, hätte er »das Ganze« zum Thema gemacht. Vielleicht ließe sich der Inhalt des folgenden kurz in einem Vergleich andeuten:

Man könnte (wie man es oft getan hat) die Welt mit einem Buch vergleichen, den Wissenschaftler (was man selten getan hat) mit einem Grammatiker. Wer jemals ein Buch auf grammatische Fehler hin überprüfen mußte, weiß, daß es ihm unmöglich ist, zur selben Zeit den *Sinn* des Gelesenen zu verfolgen. Gerade beim Lesen eines interessanten Textes ist man beständig hin- und hergerissen zwischen einer Lektüre des *Inhalts* und einer Überprüfung seiner grammatischen Struktur. Es verschwindet einem immer das eine über das andere. Irgendwie scheint es im Gehirn eine Art »komplementärer Schaltung« zu geben. Dies zeigt sich auch auf vielen anderen Gebieten: Wer etwa im Konzert die Struktur eines Musikstückes verfolgt, hört auf zu genießen. Wer aber genießt, verfolgt höchstens noch beiläufig die musikalische Struktur. Man hat solche Verhältnisse im Anschluß an die Quantenphysik »komplementär« genannt. In der Quantenphysik gibt es jenen berühmten »Welle-Teilchen-Dualismus«, der es nicht gestattet, ein und dasselbe mikrophysikalische Objekt mittels ein und derselben Modellvorstellung hinreichend zu beschreiben. Man kann dort etwa eine Experimentieranordnung einrichten, die das zugrunde liegende Objekt als Teilchen auffaßt. Damit verschwindet sein Wellencharakter (und umgekehrt). Will man den Gegenstand allseitig begreifen, ist man also genötigt, mit zwei sich logisch ausschließenden Modellen zu arbeiten. Diese eigentümliche Charakteristik der Mikrophysik hat schon Niels Bohr, einen der ersten Quantenphysiker dazu bewogen, den Begriff der »Komplementarität« auf andere Bereiche zu übertragen, wie etwa auf das Verhältnis von subjektivem Lebensgefühl und objektiver Analyse körperlicher Zustände oder auf das Verhältnis der Prinzipien »Liebe« und »Gerechtigkeit« in der Ethik. [7] In allen diesen Fällen läßt die Durchführung des einen Prinzips das jeweils entgegengesetzte verschwinden,

[7] Bohr, S.86ff

obwohl das Objekt nur durch beide Prinzipien zugleich verstanden werden kann. In unserem Verständnis von Sprache scheint nun etwas ähnliches der Fall zu sein: Der Blick auf den Inhalt läßt uns die grammatische Struktur, der Blick auf die grammatische Struktur läßt uns den Inhalt vergessen. Der überwiegende Teil der Menschen (und leider auch vieler Philosophen) geht nicht von einer Komplementarität des Erkennens aus. Die meisten glauben, Erkennen sei ein Akt der Abbildung: Da draußen sei die Welt, fix und fertig gegeben, und ihr gegenüber stehe der Erkennende, der sie abbildet; und wenn die Abbildung korrekt ist, hätten wir eben die Welt erkannt. Demnach wäre das Erkennen eine Art von photographischem Gerät, bei dem es nur darauf ankommt, eine gut geschliffene Linse, einen hinreichend empfindlichen Film und einen leistungsfähigen Autofocus zu besitzen, um alles abphotographieren zu können. Erkennen ist aber kein Abbildungsvorgang. In gewissem Sinn erschafft das Erkennen seine eigene Welt. Freilich gibt es etwas Reales außerhalb von uns. Aber dieses Reale ist uns nicht auf eine ein für alle mal fertige Weise gegeben, sondern es bietet sich einer Vielzahl von Interpretationen dar, die sich überschneiden und zum Teil heftig widersprechen.

Die Kunst, deren Aufgabe es nicht ist, die Welt einheitlich und eindeutig zu machen, sondern gerade in ihrer Vieldeutigkeit stehenzulassen, gibt oft die besten Analogien für die Multiperspektivität des Erkennens ab. Wer jemals das Glück hatte, die Gemälde der Impressionisten im Original zu sehen, kann folgende, höchst lehrreiche Entdeckung machen:

Betrachtet man diese Gemälde aus zu geringem Abstand, was man zunächst tun wird, weil die Museen, in denen diese Gemälde hängen, häufig zu eng sind, so wird man ein etwas verwirrendes Muster von Farbklecksen sehen, durchaus nicht unsympathisch oder komplett chaotisch, vielmehr feinsinnig nach unbekannten Rhythmen geglie-

dert, aber letztlich doch nicht ganz überzeugend. Dies ändert sich schlagartig, sobald man genügend Abstand hat: Auf einmal verschwimmen die distinkten Farbkleckse zu schwebenden Formen, die kontinuierlich ineinander übergehen und in ihrer Gesamtheit eine Realistik der Aussage ermöglichen, die man bei so viel Schweben und luftiger Geistigkeit gar nicht vermutet hätte. Nähert man sich nun wieder den Bildern, um das einzelne zu betrachten, so macht man wiederum eine lehrreiche Entdeckung: Es erweist sich als gänzlich unmöglich, die beiden Perspektiven in eine einzige hineinzuzwingen. Entweder man sieht die großen Linien, dann weiß man nichts mehr vom Rhythmus der Farbkleckse, durch die doch erst die großen Linien zustande kommen, oder aber man befindet sich direkt vor dem Bild, dann sieht man die großen Linien nicht mehr. Mit keinen Mitteln läßt sich ein Übergang zwischen den beiden Perspektiven herstellen, auch wenn man sich bemüht, ganz langsam auf das Bild zuzugehen oder ganz sachte von ihm wegzutreten. Das Erkennen hat offenbar auch hier jene Komplementarität an sich, die sich nicht auf *eine* einzige Perspektive reduzieren läßt. So ist das Erkennen kein simpler Abbildungsvorgang, sondern es hängt stark von Voreinstellungen und frei gewählten Perspektiven ab, die nicht a priori festgelegt sind. Naturwissenschaftliches Erkennen ist nur *eine* mögliche Perspektive auf die Welt. Es gleicht jener Detailanalyse von Farbflecken auf der Leinwand, die sich bei naher Betrachtung dem Blick darbieten, oder jener formalen grammatikalischen Analyse der Sprache, mit der sie zuvor verglichen wurde. Aber wie die Nahperspektive eines impressionistischen Gemäldes seinen Gesamtsinn nicht entziffern kann, so kann auch die Wissenschaft, wenn sie die »grammatische Struktur von Welt« heraushebt, nichts über ihren Inhalt oder über ihren Sinn aussagen.
Glücklicherweise verwechseln nicht alle Naturwissenschaftler ihre eigenen Konstruktionen mit der Realität.

Insbesondere gibt es solche, die sich über die Ausblendung von Sinnperspektiven durchaus im klaren sind. So sagt der Heisenbergschüler H. P. Dürr: »Viele Naturwissenschaftler, so scheint es mir, sind sich der prinzipiellen Beschränkung ihrer Wirklichkeitserfassung nicht bewußt, oder aber sie halten für irrelevant, was prinzipiell nicht wissenschaftlich erfaßt werden kann.«[8] Die »Wirklichkeitserfahrung kann aber durch das wissenschaftliche Denken nicht ausgeschöpft werden: Insbesondere ist das durch dieses Denken erzeugte Abbild der Wirklichkeit wertfrei und nicht sinnbehaftet, da es bei seiner Konstruktion aus dem ganzheitlichen Sinnzusammenhang der eigentlichen Wirklichkeit herausgelöst wurde.«[9]

Wären sich alle Physiker und Physikalisten dieser prinzipiellen Beschränkung bewußt, so wäre ein großer Teil der in diesem Buch beschriebenen Literatur überflüssig. Wie oft wird nicht versucht, das Ausgegrenzte, Verdrängte dennoch in den Modellen der Naturwissenschaft nachzuweisen! Wie oft vergißt der Physiker die Beschränktheit seines Instrumentariums und sucht nach Sinnperspektiven und Ganzheiten, die es vielleicht in der realen Welt, aber sicher nicht in der restringierten Welt seiner Konstruktionen gibt!

Der Naturwissenschaftler hat auf die Sinnperspektive verzichtet. Alles, was mit der Sinnauslegung von Texten verwandt ist, der »hermeneutische« Gesichtspunkt, ist folglich mit seinen Mitteln nicht mehr zu rekonstruieren.

Freilich ist a priori nicht klar, ob die Welt überhaupt ein inhaltlich lesbarer Text im Sinn der Hermeneutik ist, immerhin bezieht sich die Hermeneutik nicht auf Steine, Wolken oder Elementarteilchen. Die überwiegende Zahl der Zeitgenossen würde heute bestreiten, daß die Welt einen hermeneutisch-faßbaren Sinn habe. Sie würde sagen,

[8] Dürr (1), S. 35
[9] Dürr (1), S. 48

daß es uns zwar möglich sei, die Welt zu berechnen und zu manipulieren, daß es aber nicht in unserer Kompetenz liege, ihr einen Sinn zu unterlegen, so daß die Behauptung, die Welt sei ein lesbarer Text, eben nur eine Behauptung sei.[10]

Ich will nun nicht dogmatisch unterstellen, was zuallererst begründet werden müßte, daß nämlich die Welt einen Sinn habe und folglich eine Art von lesbarem Text sei; ich will zunächst nur darauf hinweisen, daß die Behauptung, die Welt habe *keinen* Sinn, nicht aus der Naturwissenschaft gefolgert werden kann. Um bei unserem Vergleich zu bleiben: die grammatikalische Analyse eines Textes kann prinzipiell nichts über Sinn oder Unsinn dieses Textes ausmachen; und wenn der Grammatiker in einem Text alle Regeln seiner Wissenschaft verifiziert hat, wenn ihm darin kein Sinn begegnet ist, so darf er daraus nicht rückschließen, daß es diesen Sinn überhaupt nicht gibt. Trugschlüsse dieser Art finden sich in der wissenschaftlichen Literatur zuhauf: Viele Molekularbiologen, die z. B. die Evolution als Folge bestimmter Gesetzmäßigkeiten und wahlloser Zufälle rekonstruieren, schließen aus ihrer Rekonstruktion auf die Sinnlosigkeit der Evolution. Dazu haben sie keinerlei Befugnis. Ihr Vorgehen ist nicht viel klüger als das jener beiden russischen Astronauten, die aus dem Weltraum zurückkamen mit der Bemerkung, Gott sei ihnen nicht begegnet, womit sie zu beweisen glaubten, daß es Gott nicht gibt. In Wahrheit haben sie nur bewiesen, daß Gott kein Satellit ist, was wir auch vorher schon wußten. Ebenso beweisen jene Molekularbiologen lediglich, daß Gott kein naturgesetzlicher Prozeß ist, was wir uns ebenfalls schon vorher denken konnten. Mit demselben Recht könnte man eine Uhr in ihre Einzelteile zerlegen

---

[10] Einer der wenigen, die die Frage überhaupt noch ernstlich stellen, ist Hermann Krings, z. B. in seinem Artikel: »Kann man die Natur verstehen?«

und aus der Tatsache, daß sie keinen Mechaniker enthält, schließen, daß sie nicht vom Menschen gemacht wurde. Ja, gerade dieses Beispiel macht die Perspektivität unseres Erkennens besonders deutlich: Ein Physiker, der an einer laufenden Uhr alle Gesetze der Mechanik bestätigt finden würde und der dem Wahn verfallen wäre, nur das sei wahre Erkenntnis, was in physikalische Formeln hineinpaßt, ein solcher Physiker könnte noch nicht einmal erkennen, daß er eine Uhr vor sich hat. Der Begriff einer »Uhr« ist nicht von der Art, daß er Bestandteil einer physikalischen Theorie sein könnte. Ein reiner Physikalist könnte keine Uhr *als* Uhr, keinen Kühlschrank *als* Kühlschrank erkennen, er fände überall nur Spezialfälle seiner Gesetze vor. Was aber das Spezifikum technischer Geräte ausmacht, die besondere Weise, wie die physikalischen Gesetze im technischen Gerät vernetzt sind, so würde sie der Physikalist unter dem Stichwort »Zufall« abheften. Das hängt damit zusammen, daß der Zweckbegriff kein physikalischer Begriff ist. Der Mensch verfolgt Zwecke, während sich die physikalischen Prozesse nur ereignen.

Ein technisches Gerät ist jedoch *immer* Mittel zu bestimmten Zwecken und *nur* von daher verständlich. Der Physikalist, der über den Begriff des Zweckes nicht verfügt, kann also auf Grund seiner Perspektive noch nicht einmal entscheiden, ob ein Gebilde bloßer Naturprozeß oder bewußt gestaltetes, technisches Produkt ist: Theorie und Praxis sind auch hier zweierlei.

Man sieht, wie eng die Perspektive einer rein theoretischen Naturwissenschaft ist: Ihre Exaktheit verdankt sie einer Ausblendung praktischer, aber auch ethischer, religiöser oder lebensweltlicher Perspektiven. Trotzdem herrscht der Wahn, man könne mit physikalischen Mitteln über alles entscheiden, selbst über Gott. Die physikalischen Formeln blenden aber alles, was in den Bereich von Sinn und Zweck fällt aus, folglich kann von einem rein physikalistischen Standpunkt über den Sinn der Welt weder positiv noch negativ irgend etwas ausgemacht werden. Wenn der Physiker seine Aufmerksamkeit auf die »Grammatik der Welt« richtet, so verschwindet ihm der komplementäre Aspekt aus dem Blick: Er weiß dann nichts mehr von Sinn und Zweck. Aber daß es diesen Sinn überhaupt nicht gibt, darf er jetzt nicht mehr behaupten. Vielleicht ist der Sinn nur für seinen Blick verschwunden!

Wie läßt sich zeigen, daß die Welt nicht nur die grammatische Struktur wissenschaftlicher Gesetze enthält, sondern daß sie auch Sinn hat, daß das Gemälde der Wirklichkeit nicht nur ein berückendes Muster von Farbklecksen, sondern eine ganzheitliche Form ist? Nur durch Erfahrung! Auch wissenschaftliche Gesetze werden nur durch Erfahrung (in diesem Fall experimentelle Erfahrung) zu mehr als einer rein formalen mathematischen Struktur. Wer also die Welt als sinnvollen Text lesen will und wer damit mehr beanspruchen will als einen beliebigen, privat-spielerischen Gedanken, der muß zeigen, daß die Welt eine hermeneutische Struktur hat. Es müßte also sozusagen eine »hermeneutische Erfahrung« beim Umgang mit der Welt geben, ähnlich der Erfahrung, die man beim Umgang mit lesbaren Texten machen kann.

Ohne Zweifel würde diese Erfahrung sehr verschieden von dem sein, was ein Naturwissenschaftler unter »Erfahrung« versteht. Naturwissenschaftliche Erfahrung ist experimentelle Erfahrung. In ihr wird gerade *nicht* unterstellt, daß die Natur von sich aus redet. Vielmehr wird hier Natur lediglich unter quantitativer Rücksicht als berechenbarer Zusammenhang thematisiert, nicht als Sinnzusammenhang. Anders beim Text: Den will ich nicht berechnen, ich sollte ihn auch nicht manipulieren wollen. Wer nicht eine gewisse Achtung vor dem Text hat, den er verstehen will, der wird ihn nie verstehen können. Welchen Sinn aber sollte es haben, einem Naturwissenschaftler Achtung vor dem Elektron oder einem quantenphysikalischen Prozeß beizubringen?

Es ist also offensichtlich Erfahrung nicht gleich Erfahrung. Es kann Erfahrung auf verschiedenen Ebenen geben. Daher ist es auch kein Argument, wenn Wissenschaftsgläubige behaupten, Gott komme nicht in der Erfahrung vor. Sie müßten erst einmal sagen, von welcher Erfahrung sie sprechen. Daß Gott nicht in der experimentellen Erfahrung vorkommt, kann uns nicht weiter erstaunen; denn wenn er dort vorkäme, wäre er ein physikalischer Prozeß, was wir ihm nicht zumuten wollen.

Die dreifache Perspektive von Sinnerschließung, Gesetzlichkeit und Sinnerfüllung: Philosophie als »missing link« zwischen Physik und Religion

Man kann den Vergleich von Wissenschaft und Grammatik noch ein Stück weitertreiben, um einen vorläufigen Vergleich des Verhältnisses von Physik und Theologie zu gewinnen. Dies ist nicht weiter erstaunlich: Die Sprache ist *das* Medium der Verständigung der Menschen untereinander und der Verständigung der Menschen über die Welt. Wäre die Sprache unfähig, jene Grundverhältnisse zu reproduzieren, die in unserem Welt- und Menschenbezug enthalten sind, so wäre sie prinzipiell untauglich zur Verständigung; wir sind also berechtigt, Sprache als Analogie des Verhältnisses von Sinnstruktur und Gesetzesstruktur zu verwenden.

Die Grammatik hat im Verhältnis zu Inhaltsanalysen von Texten eine Eigenschaft, die sie mit der wissenschaftlichen Analyse teilt: Sie macht die Untersuchung eindeutig, und sie macht sie gesetzmäßig. Eine Untersuchung des Sinnes von Texten ist in großem Maße von subjektiven Voreinstellungen abhängig. Man braucht nur etwa einen Blick auf verschiedene Gedichtinterpretationen zu werfen. Texte sind vieldeutig, sie gestatten Interpretationen in ganz verschiedener Hinsicht, ohne daß deshalb die verschiedenen Interpretationen falsch sein müßten. Ich kann ein Gedicht soziologisch oder existentiell deuten. Diese Deutungen können sich von den Methoden und Ergebnissen her strikt widersprechen und doch beide etwas Richtiges aufzeigen. Anders bei der grammatikalischen Analyse. Hier gibt es Eindeutigkeit. Ob ein Verb exakt konjugiert oder ein Substantiv exakt dekliniert wurden oder ob die Satzstellung stimmt, läßt sich nach klaren Regeln entscheiden. Die Subjektivität der Interpretation hat hier ein Ende, und jeder hat sich den allgemein anerkannten Regeln zu unterwerfen. Auch dem genialsten Schriftsteller verzeihen wir nicht, wenn er die grammatikalischen Regeln aus Unkenntnis durchbricht. Gute Schriftsteller durchbrechen zwar des öfteren die Regeln, aber dann tun sie es offenbar bewußt, denn man sieht wohl, daß sie den Überraschungseffekt ihrer Regelverletzungen genau kalkuliert haben, so daß sie noch im Übertreten der Regel die Regel anerkennen (daher die Fadheit einer Kunst, die keine Regeln mehr anerkennt).

Spielt die Kunst mit Regel und Regelverletzung, so ist in der Wissenschaft alles Regel, und was nicht in die Regeln paßt, wird unter dem Stichwort »Zufall« abgeheftet und damit unschädlich gemacht. Die Kunst auf der anderen Seite spielt sehr mit dem Zufall und gewinnt ihm zuweilen einen überraschenden Sinn ab. Die Wissenschaft aber kümmert sich nicht um Sinn und Zweck und braucht es nicht zu tun. Ihr genügt es, wenn sie die »grammatikalischen Regeln« der Realität herausgefunden hat. Ob sich mit diesen Regeln Sinn verbindet, ist ihr gleichgültig.

Durch die Einheitlichkeit der Regeln macht das wissenschaftliche Denken mit jeder Form der subjektiven Interpretation Schluß, denn das wissenschaftliche Denken konstruiert die Welt nach Regeln, aufgrund deren wirklich etwas bewiesen und widerlegt werden kann, wohingegen das hermeneutische Verstehen mit seiner Vieldeutigkeit aus der Subjektivität niemals herauskommt. Die Entdekkung des wissenschaftlichen Denkens wurde demgemäß als Befreiungstat empfunden. Die Heroen dieses Denkens, wie etwa Galilei, setzten ihre neue Form von Rationalität den herkömmlichen qualitativen Formen entgegen; und je mehr die neue Rationalität ihre Bestätigung in Experiment und technologischer Anwendung fand, um so mehr schien es, daß auf wissenschaftliche Weise die Welt endlich durchsichtig, überprüfbar, manipulierbar, intersubjektiv verstehbar werden würde. Man hoffte, auf diese Weise allen Mythos, Mystik, Trübsinn oder Hexenglauben zugunsten von strahlender Wahrheit überwinden zu können, eine Wahrheit, die zudem technologisch nutzbar sein und also helfen würde, den Bann und die Kargheit der äußeren Natur zu überwinden. Die Natur erschien so bald nur noch als lästiges Hindernis auf dem Weg zum allgemein menschlichen Glück.

Die Verwissenschaftlichung wurde so zur regelrechten Manie, man versuchte alles nach ihrem Muster zu behandeln. Der französische Materialismus etwa des 18. Jahrhunderts betrachtete die Welt als Maschine, komplett analysierbar nach mechanischen Begriffen. Immanuel Kant, der berühmte Philosoph, versuchte, die Strenge und Methodik der Naturwissenschaften auf die Philosophie zu übertragen, um auch in diesem Bereich jene Stringenz und Überprüfbarkeit herzustellen, die man an der Philosophie so sehr vermißte. Seitdem hat die Philosophie nie mehr aufgehört, an der Naturwissenschaft Maß zu nehmen; und ein Wissenschaftstheoretiker wie Karl Popper läßt überhaupt nur eine Erkenntnisweise, eine Art von Erfahrung und eine Art von Theoriebildung zu, nämlich die der Naturwissenschaften. Erkenntnis verfügt nach ihm nicht über verschiedene Perspektiven; insbesondere verfügt die Philosophie über keinen eigenen, von der Wissenschaft abgehobenen Standpunkt.

Man hat so die Verwissenschaftlichung als Befreiung, als bloßen Gewinn angesehen und nicht gesehen, daß diesem

Gewinn ein entsprechendes Defizit die Waage hält. So wie die *ausschließlich* grammatikalische Interpretation eines Textes den eigentlichen Sinn des Textes verbirgt, so hat die Verwissenschaftlichung von Natur den Sinn zum Verschwinden gebracht. Der Eindeutigkeit und Berechenbarkeit entspricht die Sinnleere, und schwerlich hätte in unserem Jahrhundert jenes Gefühl der Absurdität des Menschen in einem sinnlosen Kosmos entstehen können, hätten wir nicht zuvor diesen Kosmos ausschließlich naturwissenschaftlichen Methoden unterworfen. Daraus folgt natürlich nicht, daß wir auf die wissenschaftlichen Methoden verzichten sollten, sondern lediglich dies, daß wir sensibler für die Defizite werden müßten, die in der Ausschließlichkeit eines wissenschaftlichen Naturumgangs liegen. Die ökologische Bewegung hat inzwischen auf die Defizite eines rein technisch-manipulierenden Naturbezuges aufmerksam gemacht. Das Entsprechende müßte in bezug auf die theoretischen Erklärungsmodelle der Naturwissenschaft geleistet werden.

Es wurde oben gesagt, daß zwar eine Aufteilung der Bereiche Physik und Theologie zunächst nötig ist, daß es aber hinterher wieder möglich sein muß, diese Bereiche aufeinander zu beziehen, weil sonst eine große Menge von »Interferenzphänomenen« unerklärbar wird. Auch diese »Interferenzen« haben ihr Analogon in einem Vergleich des Verhältnisses von Physik und Theologie mit Sprache und Grammatik. Zunächst scheint es so, als sei die grammatikalische Struktur einer Sprache völlig indifferent zum Inhalt eines Textes, der in dieser Sprache ausgedrückt wird. Es ist immerhin möglich, grammatikalisch exakte Texte zu entwerfen, die nur Unsinn enthalten, wie z.B. den Satz: »Der Dilsrot verschrimpfte den Kolkratz ünzlich, wobei er ihn dränlich zalpte.«

Des näheren betrachtet, gibt es jedoch eine ganz bestimmte Korrelation zwischen grammatikalischer Struktur und Sinnstruktur, zwar nicht derart, als könnte man aus der Grammatik den Sinn eines Textes erschließen, aber doch so, daß die beiden aufeinander hingeordnet sind. Es wäre auch sehr seltsam, wenn Form und Inhalt der Sprache nicht irgendwie aufeinander hingeordnet wären.

Bereits Aristoteles hat in seiner »Kategorienschrift« aus der grammatikalischen Form der Sprache eine »Ontologie« d. h. eine »Lehre vom Sein« entwickelt. Er geht von der Subjekt-Prädikat-Struktur indogermanischer Sprachen aus und fragt danach, was denn eine solche Sprachstruktur für die Wirklichkeitserfassung bedeute. Er kommt dann zu dem Schluß, daß das eigentlich Reale in der Welt »Substanzen« seien, ontologische Realitätspunkte, an die sich die begrifflichen Bestimmungen anheften lassen, sozusagen Fixpunkte im ewigen Fluß der Dinge, aufgrund deren wir überhaupt erst Veränderungen wahrnehmen (wo sich alles ändert, ändert sich eben deshalb nichts). Dem Gleichbleibenden der Substanz sollten wechselnde »Akzidentien« entsprechen von der Art: »Das Haus ist groß« (es könnte auch klein sein), »meine Fingernägel sind lang« (vielleicht sollten sie kurz sein).

Was Aristoteles so aus der grammatikalischen Struktur von Sprache erschloß, war nicht etwa ein kompletter, sinnhaft verstehbarer Text, sondern die *Möglichkeit* von Sinn, sozusagen das »Sinngerüst« der Wirklichkeit. Die Subjekt-Prädikat-Struktur von Sprache hat ja etwa zur Folge, daß wir alles aufteilen in Substanzen und in Prozesse, die von Substanzen bewirkt werden. Dies ist etwa auch in dem oben genannten Unsinnsatz der Fall. Der »Dilsrot« (was immer das sein möge), scheint, so legt es der Satz nahe, über die Tätigkeit des »Verschrimpfens« zu verfügen, eine Tätigkeit, die er auf »ünzliche«, wahrscheinlich aber auch auf »unünzliche« Weise ausführen kann, wobei man sich des weiteren ohne jede Schwierigkeit vorstellt, daß der Kolkratz den Dilsrot weder ünzlich noch unünzlich, sondern überhaupt nicht verschrimpft, was dem Dilsrot das Verzalptwerden ersparen würde usw. Das heißt, ohne daß wir eine Ahnung haben, was »verzalpen« eigentlich bedeutet, unterstellen wir dem Unsinnssatz a priori eine gewisse Sinnstruktur. Es ist also gar nicht so einfach, das reine Chaos zu produzieren, denn die Sprache eröffnet schon allein durch ihre grammatikalische Struktur einen bestimmten Sinnhorizont. Eröffnet die Sprache prinzipiell einen Sinnhorizont, so verschließt oder erschwert sie ihn aber auch zuweilen. Dort, wo z. B. ein Prozeß die Substanz wesentlich verändert oder wo der Prozeß fundamentaler ist als die Substanz, kommen wir mit unserer Sprache nicht mehr klar. Darauf beruhen nicht wenige Witze, die ja immer, wenn sie gut sind, eine philosophische Pointe haben, z. B. jener Witz von dem hundert Jahre alten Bauern, der gefragt wurde, ob es denn einen Gegenstand gebe, der ihn durch sein ganzes Leben hindurch begleitet habe. Der Bauer deutete auf einen Spaten, der völlig neu aussah. Auf die Frage, wie es komme, daß dieser Spaten so neu aussehe und doch so alt sein soll, antwortete der Bauer: »Ich habe eben an diesem Spaten immer das ausgetauscht, was verbraucht war, einmal den Schaft, dann wieder den Griff usw.«. An solchen Fällen wird blitzartig die Absurdität einer grammatikalischen Form deutlich, die darauf besteht, Substanzen von Prozessen säuberlich zu trennen. Noch absurder wird die Sache dort, wo die Substanz eigentlich nur im Prozeß besteht, wie etwa in jener Kinderfrage: »Was macht der Wind, wenn er nicht weht, oder der Donner, wenn er grad nicht donnert?«

Es ist also ersichtlich, daß die Grammatik nicht nur objektive Regeln des richtigen Redens vorgibt, sondern daß sie zugleich die Möglichkeit von Sinnerschließung, aber auch Sinnverbergung bereitstellt. In dieser Qualität der Sprache liegt jenes verbindende Glied der eigentlichen Ebene des Sinnverstehens und einer rein grammatikalischen Ebene der Regelbefolgung. In bezug auf die grundsätzliche Frage nach dem Verhältnis von Physik und Theologie, für das der Vergleich von Sprache und Grammatik ja nur eine

Analogie bilden soll, könnte man sagen, daß die philosophische Reflexion gerade jene vermittelnde Ebene dargestellt. Alle physikalischen Gesetze lassen sich nicht nur exakt berechnen, sie haben zugleich *Bedeutung* für uns und sind damit in einen hermeneutischen Zusammenhang eingegliedert. Der Energieerhaltungssatz z. B. hat zur Folge, daß wir kein perpetuum mobile bauen können, woran wir sehr interessiert wären. Der Entropiesatz hat zur Folge, daß die Menschheit nicht ewig existieren kann, woran wir zumindest dann interessiert sind, wenn wir nicht an die Auferstehung des Fleisches glauben.

Alle physikalischen Gesetze sind auf diese Weise Bedingungen der menschlichen Existenz. Weil diese Existenz mit praktischen Interessen unlösbar verkoppelt ist, seien es Interessen der wirtschaftlichen Sicherung, seien es sogenannte »höhere Interessen« – wie etwa die Unsterblichkeit der Seele, der Gattung usw. –, weil also das praktisch-menschliche Interesse nicht suspendierbar ist, sind wir *genötigt*, die physikalischen Gesetze im Hinblick auf unsere Interessen zu interpretieren und damit hermeneutisch »aufzuladen«. Auf eine solche Interpretation können wir in keiner Weise verzichten, sowenig wie wir imstande sind, unsere praktischen Bedürfnisse einfach abzuschaffen. Das heißt aber: Wir sind noch nicht am Ende, wenn wir ein physikalisches Gesetz aufgestellt haben. Das praktische Interesse nimmt dieses Gesetz aus der Hand des Physikers und interpretiert es von seinem Standpunkt aus neu. Deshalb und weil die physikalische Welterkenntnis keine Werterkenntnis ist, sind die physikalischen Gesetze für uns *nur Möglichkeiten* von Sinnerschließung. H. P. Dürr, mit dessen philosophischer Interpretation der Physik ich mich weitgehend identifizieren kann, spricht deshalb von einem »Beitrag naturwissenschaftlichen Denkens zu einem möglichen Gesamtverständnis unserer Wirklichkeit.«[11]

[11] Dürr (1), S. 26

Dürr ist einer der wenigen, die die Physik als Horizont *möglicher* Sinnstruktur gedeutet haben, d. h. die davon ausgehen, daß wir noch nicht am Ende sind, wenn wir ein physikalisches Gesetz aufgestellt haben. Nicht das Lehrbuch ist das Ende und der Zweck eines physikalischen Gesetzes, sondern die Interpretation des Gesetzes vom Standpunkt des praktischen Interesses aus, seine Einbindung in den Horizont menschlicher Gesamtinteressen. Diese Interessen werden weniger vom Fachphysiker als von der Öffentlichkeit wahrgenommen. Daher kommt es, daß alle wesentlichen Entdeckungen in der Geschichte der Physik von der Öffentlichkeit diskutiert wurden. In dieser Diskussion ging es nicht um innerwissenschaftliche Fragen, sondern um die Einordnung des neuen Wissens in den philosophisch-praktischen Horizont des menschlichen Selbstverständnisses. Der Mensch ist eben keine bloße Registriermaschine. Er wertet, gewichtet, deutet. Und indem er deutet, deutet er sich selbst. Die Wissenschaftler nennen diesen Bereich des Deutens »subjektiv« und koppeln ihn von der eigentlichen, »objektiven« Wissenschaft ab. Aber warum sollten physikalische Prozesse »objektiver« sein als unsere Bedürfnisse? Wer legt diese Ordnung der Dinge fest und mit welchem Recht? Man könnte genausogut die Wissenschaft als »subjektiv« bezeichnen, weil sie eine künstliche Einrichtung ist, nach Prinzipien, die bloß von menschlichen Subjekten erfunden wurden, während der Hunger, die Suche nach Sinn, der Drang, sich zu bewähren, oder der affektive Bezug zur Welt von Natur aus im Menschen vorkommen, also in diesem Sinn »objektiver« sind.

»Der Schimmer der Farben, die ohne jede Trübung von ihren Blüten leuchten, ein Windhauch, der den Duft der Rose zu uns herüberträgt, berührt das Innerste unserer Seele. Das ist wohl ein objektiver Tatbestand, so wie irgendein Tatbestand der Naturwissenschaft.« Dies sagt nicht etwa ein gefühlvoller Dichter, der neidisch ist auf den überwältigenden Erfolg der Physik, sondern ein Physiker, der es fertigbrachte, auch jene Bereiche anzuerkennen, die seiner Wissenschaft prinzipiell verschlossen sind: Werner Heisenberg.[12]

Ich will hier nicht die »Objektivität« der Wissenschaft in Frage stellen (das wollte auch Heisenberg nicht), ich will nur darauf aufmerksam machen, wie sehr es eine Frage der Definition ist, was wir als »subjektiv« und was wir als »objektiv« ansehen und daß es nicht selbstverständlich ist, wenn wir die physikalischen Gesetze für objektiver halten als unser affektives Betroffensein von der Welt oder als die Deutung physikalischer Gesetze vom Standpunkt menschlicher Interessen aus. Es gibt Interessen, die nicht suspendierbar sind. Sie begleiten uns wie ein Schatten und sind so unhintergehbar und »objektiv« wie die physikalischen Gesetze.

Man müßte also, um das Verhältnis von Physik und Theologie richtig zu begreifen, eine dritte, vermittelnde Ebene einführen, die der Philosophie entspricht, und hätte dann:

1. die Ebene der Erklärungen durch physikalische Modelle und Berechnungen (= die Ebene der »Gesetzlichkeit«);

2. die Deutung dieser Erklärungen von umfassenderen philosophisch-praktischen Perspektiven her (= die Ebene der »Sinnerschließung«);

3. die Beziehung dieser Deutungen auf umfassende religiöse Horizonte hin (= die Ebene der »Sinnerfüllung«).

In der »New Age«-Literatur werden diese verschiedenen Perspektiven von Theologie, Philosophie und Naturwissenschaft wahllos vermischt. Fritjof Capra z. B. leitet aus seiner Quantenphysik zunächst eine holistische Philosophie und dann eine pantheistische Theologie ab, ohne zu bemerken, daß er beständig die Ebenen wechselt. Die Sehnsucht nach der Einheit des Menschen mit dem Kosmos ist so groß, daß sie einfach hergestellt wird, ohne jede

[12] Heisenberg (1), S. 130

kritische Reflexion, rein aus dem drängenden Bedürfnis heraus. Wenn es stimmt, was oben gesagt wurde, daß nämlich die Verwissenschaftlichung von Natur den Sinnzusammenhang zerstört, so ist diese erneute Suche nach Sinn psychologisch sehr verständlich. Nichtsdestoweniger muß vor den »New Age«-Kurzschlüssen gewarnt werden. Denn diese »New Age«-Bewegung verheißt ja einen Ausweg aus den Problemen der modernen Gesellschaft; sie will uns vom Ballast alter Philosophien und religiöser Dogmen befreien, verheißt uns eine erfüllte Zukunft ohne Kriege und Umweltzerstörung, eine Zukunft der Einheit der Menschen untereinander und der Einheit des Menschen mit der Natur. Doch bei der heutigen Gefährdung und Kompliziertheit der Verhältnisse können wir es uns nicht leisten, mit völlig unzureichenden Methoden an Probleme heranzugehen, die uns über den Kopf gewachsen sind. Hier hilft nur ein behutsames, überlegtes Vorgehen, das nicht aus der Physik eine nebulose Mystik, aus der Theologie eine Spielwiese für Phantastereien und aus der wissenschaftlichen Vernunft einen Selbstbedienungsladen für dringliche Psychobedürfnisse macht.

Galileis Fallgesetz als praktisches Beispiel für das Zusammenspiel der dreifachen Perspektive

Um den Kurzschluß, aber auch die Berechtigung der »New Age«-Physik zu verdeutlichen, möchte ich den Vergleich zwischen Sprache und Theologie, Physik und Grammatik durch ein elementares Beispiel aus der Schulphysik konkretisieren. Zunächst zur Erinnerung:
Wir hatten die Physik mit der Grammatik verglichen, weil auch die Grammatik eindeutige Gesetze enthält, weil ferner die Physik so wenig wie die Grammatik Aussagen über Sinn und Inhalt machen kann. Wir hatten die Theologie mit der Interpretation eines Textes verglichen, weil auch

die Theologie den Anspruch erhebt, den Sinn der Welt zu erschließen. Wir hatten drittens eine vermittelnde philosophisch-hermeneutische Ebene postuliert, nämlich die Interpretation der Grammatik als *Möglichkeit* von Sinnerschließung. Grammatikalische Regeln sind nämlich nicht nur Exerzierfelder für pädagogisch minderbemittelte Schullehrer, sie sind zugleich Vorgaben von Sinnstrukturen, die mit ihrer Hilfe ausgedrückt werden können. In gleicher Weise sind auch physikalische Gesetze niemals nur Objekte für den mathematischen Scharfsinn aufstrebender Nachwuchsphysiker; als Naturgesetze bestimmen die physikalischen Gesetze unsere Welt und geben dem menschlichen Leben einen Rahmen vor, innerhalb dessen sich dieses Leben abspielen *muß*. Eine Reflexion auf die Bedeutung physikalischer Gesetze ist aber offensichtlich in den Formeln selber nicht enthalten, sondern betrifft einen eigenen Standpunkt, den wir hier den »philosophisch-hermeneutischen« genannt haben.

Nun zu dem elementaren Beispiel aus der Physik: Das erste physikalische Gesetz, das jemals entdeckt wurde, ist das Fallgesetz, das Galilei am Schiefen Turm von Pisa experimentell verifiziert haben soll: $s = \frac{1}{2}gt^2$ lernt man folglich als erstes Gesetz im Physikunterricht der Schule. Es besagt, daß im freien Fall die Fallhöhe dem Quadrat der Fallzeit proportional ist. Ein Körper wird also im freien Fall beschleunigt. Wäre nämlich sein Fallweg nur proportional zur ersten Potenz der Zeit, also zu t, dann würde seine Geschwindigkeit im freien Fall konstant bleiben. Man versuche einmal, sich die Welt vorzustellen, wenn sie nach diesem Gesetz funktionieren würde! Es würde z. B. nach diesem Gesetz die Geschwindigkeit eines Menschen, der von einem 30 cm hohen Hocker herunterspringt, gleich der eines Menschen sein, der sich von einem 200 Meter hohen Fernsehturm herunterstürzt, d. h. wir könnten uns an allen höheren Gebäuden die Geländer und Sicherungen sparen; wir bräuchten Fahrstühle nur noch aufwärts; das Gehen insgesamt wäre weniger, wie jetzt, ein verhindertes Fallen, sondern eher ein vollelastisches Schweben; die Kinder hätten keine aufgefallenen Knie mehr, und die Vögel hätten kurze Stummelflügel (wie jetzt die Weltraumraketen oder die Pinguine).

Man müßte sogar die Bibel umschreiben! Von der »Hinfälligkeit des Menschen« könnte nicht mehr gesprochen werden, denn kein Mensch würde verstehen, was das heißen sollte. Ebenso hätte ein Begriff wie »Sündenfall« keine wirkliche Bedeutung mehr, denn ein Teufel, der nicht beschleunigt, sondern gleichmäßig schwebend zur Hölle fährt (sacht, wie eine Schneeflocke im Winterwald), ein solcher Teufel wäre kein Teufel mehr und seine Höllenfahrt würde keine Schrecken mehr verbreiten. (Man sieht hier sofort, warum die Engel mit Flügeln dargestellt werden: Die Aufhebung der Schwerkraft durch das Schweben vernichtet die Assoziation des Sturzes und seiner Schrecken. Der Teufel wird freilich auch zuweilen mit fledermausartigen Flügeln dargestellt. Aber der Teufel schwebt nicht, er flattert.)

Ich habe soeben ein und dasselbe Phänomen, nämlich die Gravitationswirkung der Erde, unter den drei Aspekten der Gesetzlichkeit, der Sinnerschließung und Sinnerfüllung beschrieben, nämlich:

1. vom Standpunkt des Physikers aus;
2. vom Standpunkt des menschlichen Selbstverständnisses aus;
3. unter religiöser Hinsicht.

Ich behaupte nun, daß sich keiner dieser Standpunkte rein logisch aus irgendeinem anderen ergibt. Weder lehrt mich die Höllenfahrt Luzifers das Galileische Gesetz, noch läßt sich die Existenz des Teufels aus $s = \frac{1}{2}gt^2$ beweisen, noch auch läßt sich aus $s = \frac{1}{2}gt^2$ rein logisch ableiten, daß Menschen nicht gerne hinfallen usw. Jede dieser Hinsichten eröffnet eine eigene Sphäre, obwohl sie sich alle auf dasselbe Phänomen beziehen.

Es gibt aber einen *logischen* Zusammenhang zwischen diesen Ebenen, der für unser Problem sehr bedeutsam ist. Zwar läßt sich keine der drei genannten Hinsichten aus einer oder zwei anderen ableiten, aber die religöse Deutung (Punkt drei) setzt die philosophische (Punkt zwei) voraus. Niemals kann sich eine religiöse Deutung direkt auf eine naturwissenschaftliche Theorie beziehen. Dies liegt an der mathematischen Formulierung. In keinem Gebet, keinem Psalm, in keiner Liturgie kommt jemals eine mathematische Gleichung vor. Die religiöse Sprache kann immer nur an Vorstellungen anknüpfen, die bereits anthropologisch geladen sind. Das ist zum Beispiel auch dort der Fall, wo Mathematik als Weg zum Göttlichen begriffen wird, etwa bei den Pythagoreern. Erst wenn sie die Zahlen als Symbole anthropologischer Gegebenheiten gedeutet haben, d. h. erst wenn sie die mathematischen Gegenstände aus ihrer mathematischen Verknüpfung herausgenommen und in eine qualitative Sphäre transponiert haben, erst dann eignet sich deren Symbolgehalt zu religiöser Interpretation. Demgemäß war den Pythagoreern die Vier Symbol der Gerechtigkeit, die Fünf Symbol der Hochzeit (fünf gleich drei plus zwei: die Drei galt als erste männliche und die Zwei als erste weibliche Zahl), die Sechs war das Symbol der Seele, die Sieben das Symbol des Verstandes usw. Erst durch diese auf den Menschen bezogene Deutung eignen sich mathematische Symbole dafür, in einem zweiten Schritt religiös interpretiert zu werden.
Ist dies richtig, so sind alle Versuche, aus der Physik als Theorie irgendwelche religiösen Schlüsse zu ziehen, von vornherein unsinnig. Man sieht aber, daß es einen Bezug dann geben kann, wenn physikalische Modelle in einen größeren philosophischen Rahmen hineingestellt, zusätzlich von einer religiösen Perspektive her gedeutet werden. Solche Deutungen sind möglich, aber nicht notwendig. Kein Physiker ist gezwungen, wie das J. E. Charon glaubt, den göttlichen Geist bereits in die Elementarteilchen zu

versetzen. Seine Grundthese, die er für wissenschaftlich bewiesen hält, lautet: Bereits die Elementarteilchen sind voll aktuierte »Träger der geistigen Bestimmung des Universums«[13]; im Anfang ist bereits das Ende vollständig enthalten. Richtig ist hingegen, daß man auch aus einer materialistischen Grundeinstellung heraus gute Physik treiben kann.

Auf der anderen Seite kann es keinem religiösen Menschen verwehrt sein, die Inhalte seiner Theorien *auch* im Lichte seiner religiösen Erfahrung zu sehen, d. h. nicht nur zu rechnen, sondern auch religiös-symbolisch zu deuten. Aber damit beweist man keinen Gott, man hat sich nur seines Glaubens versichert.

Mir scheint, daß dies der positive Sinn von Capras »Tao der Physik« ist. Capra täuscht sich, wenn er aus der Physik eine Metaphysik extrapoliert, und er täuscht sich nochmals, wenn er aus der Metaphysik eine Mystik abzuleiten versucht. Die Stufen sind jeweils zu hoch, als daß er sie mit einem einzigen Schritt überspringen könnte. Abwärts geht's! Was Capra wirklich macht, ist dieses: Er setzt seine religiöse Erfahrung voraus und deutet von diesem Standpunkt aus die Welt als Gesamtzusammenhang (im Sinne einer Naturmetaphysik). *Dann* sucht er nach Analogien zu diesem Gesamtzusammenhang in der Quantenphysik. Bei der Suche nach solchen Analogien hat er oft eine glückliche Hand: Er erfaßt intuitiv Entsprechungen, die *so* vor ihm kein Mensch gesehen hat. Dies macht die Plausibilität seines Unternehmens aus. Dabei kommt ihm zugute, daß sich die religiöse Sprache seit Jahrhunderten von der wissenschaftlichen Sprache abgekoppelt hat, daß also eine schmerzhafte Sprachlosigkeit entstanden ist, unter der vor allem der religiöse Mensch leidet.

Mit einer gewissen amerikanischen Unverfrorenheit, vollständig unbelastet von irgendwelchen theologischen oder

[13] Charon, S. 100

philosophischen Traditionen, durchbricht Capra die religiöse Sprachbarriere und versetzt sich mit seiner Quantenphysik direkt ins Herz der Welt. Dort vibrieren ihm die Elemente und fundamentalen Kräfte im Rhythmus des göttlichen Tanzes, den Shiva seit ewigen Zeiten aufführt. Capra konjugiert diesen Tanz durch die Kategorien der Quantenphysik hindurch und läßt in der kristallinen Welt mathematischer Gleichungen die Dynamik des Weltprozesses neu erstehen. Seine Deutung der Physik verhält sich zur reinen Wissenschaft wie Gleichnisse Jesu zur Molekularbiologie: Das unscheinbare Senfkorn, das zum riesigen Baum wird, ist für Jesus das Symbol für Gottes Reich (und Reichtum), für den Molekularbiologen ist es vielleicht nur der Sonderfall eines synergetischen Prozesses. Beide Perspektiven treffen sich zufällig im selben Objekt. Doch für den religiösen Geist gibt es keinen Zufall: Ihm verschmilzt die wissenschaftliche und religiöse Perspektive zur Einheit. Solange die christlichen Theologen und Dichter die Inhalte der Naturwissenschaft unberücksichtigt lassen und ihre religiösen Natursymbole ausschließlich aus agrarischen Zeiten beziehen (»das Lamm Gottes«, »das Salz der Erde« usw.), hat Capra recht, wenn er unverfroren in die Quantenphysik hineingreift, um der religiösen Sprachlosigkeit ein Ende zu bereiten. So gesehen, ist die »New Age«-Physik nicht nur zu kritisieren, sie ist umgekehrt auch Kritik am klassischen Christentum. Es genügt nicht, mit dem Finger auf die gedanklichen Lücken von »New Age« hinzuweisen, man sollte auch zur Kenntnis nehmen, daß »New Age« den Finger auf die existentiellen und religiösen Defizite in Praxis und Theorie der Kirchen legt.

Ich habe dieses Kapitel mit Hawking begonnen, ich würde es auch gerne mit Hawking beenden: Dieser Mann ist nicht nur ein bedeutender Physiker, er ist zugleich wie das Symbol des Physikalismus, den er vertritt.

Hawking ist gelähmt. Er sitzt im Rollstuhl, kann sich nicht mehr bewegen, kann nicht mehr sprechen; die einzige Verbindung zur Außenwelt ist ein Spezialcomputer, der es ihm gestattet, seine hochabstrakten Theorien der Welt mitzuteilen.

Ich frage mich, wie es kommt, daß gerade er zum Symbol des genialen Physikers wurde. Erkennen wir uns in seiner Krankheit wieder? Fasziniert uns diese zerfallende Gestalt, weil sie auf symbolische Weise das ausdrückt, was wir im Klartext nicht ertragen würden? Bei aller Vorsicht, die bei solchen psychologischen Deutungen nötig ist, und bei allem Mitleid, das man spontan für einen solchen Menschen empfindet: Ist nicht Hawking die exakte Realisation des Physikalismus? Keine unmittelbare Verbindung zur Welt der Sinne, fast keine Körpererfahrung, nur noch theoretisch-reflektierender, abgehobener Geist. Die einzige Verbindung zur Außenwelt: eine Computermaschine. Rechnen und Herstellen, Kalkül und Technik, Theorie und Mechanik: Gegensätze, zwischen denen die organische Natur zerrieben wird, die organische Natur der Welt und die des Menschen. Gerade jene vermittelnde »dritte« Ebene, die wir hier immer wieder gefordert haben, tritt hier sogar rein physisch außer Kraft, denn sie wäre bedeutungslos, ein bloßes Hindernis auf dem Weg zum formal-mathematischen Denken. Es gibt nur noch den abstrakten Gedanken und die Realisation dieses Gedankens durch die Maschine. Ansonsten ist die Welt leer, bedeutungslos.

Wie verständlich, wenn Hawking in diese Leere hinein die Überzeugung ausspricht, er sei dem Gedanken Gottes auf der Spur. Was sonst könnte dieses Leiden rechtfertigen? Der Physiker, der die Welt der Sinne, der die Welt *des Sinnes* hinter sich gelassen hat, der in die Abstraktheit des allerersten Anfangs zurückgestiegen ist, sechs Milliarden Jahre vor unserer Zeit, der Physiker, der seine farbige Welt dem rein formalen Denken geopfert hat, wie könnte er die Einsicht ertragen, daß sein Gedanke Menschengedanke, nicht der Gedanke Gottes sei: »Letztlich ist es das Ziel der Wissenschaft, eine einzige Theorie zu finden, die das gesamte Universum beschreibt.«[14] Diese Theorie wäre nach Hawking »der endgültige Triumph der menschlichen Vernunft – denn dann würden wir den Plan Gottes kennen.«[15] Was so viel gekostet hat, *muß* auch sehr viel wert sein. Manche Formen von Ersatzreligion, sei es diese Hawkingsche Verabsolutierung der Erkenntnisweise der Physik, sei es der »New Age«-Versuch, auf dem Grunde der Physik eine Mystik zu finden, scheinen mir die Kompensation einer Leere zu sein, die durch ausschließliche Anwendung physikalischer Modelle erst entstanden ist. Der religiöse oder pseudoreligiöse Unterton im Physikalismus ist oft genug die Kompensation einer Angst, der wir uns ernstlich zu stellen hätten.

[14] Hawking, S. 25
[15] Hawking, S. 218

2. Der wissenschaftliche und der vorwissenschaftliche Naturbegriff

Einleitung

Die Verwissenschaftlichung hat dermaßen Gewalt über unsere Vorstellungen erlangt, daß wir uns häufig nicht mehr klarmachen, wie die Welt für einen Menschen ausgesehen hat, der noch nicht über unsere wissenschaftlichen Perspektiven verfügte. Es ist uns z. B. heute fast unmöglich, das Deutschland der Goethezeit zurückzuholen, mit seiner Postkutschenromantik, dem Klang der Waldhörner, mit »O Täler weit, o Höhen ...« mit »Über allen Wipfeln ist Ruh ...«. Denn »über allen Wipfeln« ist längst keine »Ruh« mehr, sondern der Lärm von Düsenjets und Hubschraubern, und über die »Täler weit und Höhen« führen vielfach sechsspurige Autobahnen, die den Klang eventueller Waldhörner beträchtlich übertönen würden, während Postkutschen nur noch als Reminiszenz bei Kitschhochzeiten der »upper class« vorkommen.

So wie die Technisierung unser Naturverhältnis, so hat die Verwissenschaftlichung unseren Naturbegriff verändert, und zwar derart radikal, daß wir auch hier Mühe haben, uns in Zeiten zu versetzen, in denen es noch keine Naturwissenschaften gab. Die Mühe, sich in solche Zeiten zu versetzen, lohnt sich jedoch, denn es wird sich zeigen, daß in der Tradition des Naturbegriffs Vorstellungen lebendig waren, die wir zu Unrecht vergessen und verdrängt haben. »New Age« gräbt einen beträchtlichen Teil dieser vergessenen Anschauungen wieder aus, und wenn man dieses neuartige Phänomen richtig deuten will, so hat man sich der historischen Voraussetzungen bewußt zu werden, die es möglich machen, daß heute Formen von Naturmetaphysik wiedererstehen, von denen wir geglaubt hatten, sie seien endgültig passé.

Blickt man von unserem heutigen Standpunkt auf ältere Formen des Naturverständnisses zurück, so erscheinen uns diese Formen samt und sonders als »anthropomorph«, um nicht zu sagen als »animistisch«. In vorwissenschaftlichen Zeiten hatte man keinerlei Hemmungen, typisch menschliche Eigenschaften in die Natur hineinzulegen. So wie der Mensch schien auch Natur zu streben. So wie der Mensch Ziele verfolgt und die entsprechenden Mittel auswählt, schien auch die Natur zweckmäßig vorzugehen und die ihr gemäßen Mittel zu wählen. Und so wie der Mensch in seinem Handeln Werte verwirklicht, wie er Werte verkörpert und Wert verleiht, so sollte es auch in der Natur immanente Werte geben. Des weiteren waren sittliche oder religiöse Verhältnisse in der Natur symbolisch vorgebildet. Die Ameise war »fleißig«, die Elster »diebisch«, die Fledermaus ein Höllentier, die Taube sanft (wie der Heilige Geist).

Was wir heute allenfalls als »subjektives« Symbol gelten lassen, und auch dies nur in mittelmäßigen Gedichten, das hielt man einstmals für Naturerkenntnis, und es wurde so ernst genommen wie etwa heute die Gesetze der Physik. Insgesamt erschien Natur den Altvorderen nicht als gesetzlicher Zusammenhang und nicht so sehr als Substrat technischer Manipulationen, sondern Natur war ihnen ein Gesamtzusammenhang, in den sie sich natürlicherweise eingebettet fühlten. Freilich war dieses »Bett« zuweilen hart, kurz oder kalt. Man sollte sich nämlich keine zu romantischen Vorstellungen vom Naturverhältnis vorwissenschaftlicher Zeiten machen. Natur, das war auch Hagelschlag, Überschwemmung, Dürre; Natur, das waren auch Wölfe, Bären und Skorpione, Hitze und Kälte, Sand- und Eiswüste. Der Braunbär, inzwischen Symbol für Gemütlichkeit, zum Kinderspielzeug geworden, kann in freier Wildbahn höchst ungemütlich sein, sehr zum Schrecken moderner Abenteuerurlauber, denen er in Kanadas Wäldern noch heute leibhaftig entgegentritt.

Wenn also »Natur« für Generationen des vorwissenschaftlichen Zeitalters ein umgreifender Zweckzusammenhang, eine ganzheitliche Sinnstruktur war, so darf man sich diesen Zusammenhang wiederum nicht zu idyllisch vorstellen. Auch die Monarchen vor der Französischen Revolution fühlten sich wie »Väter der Nation« und nannten ihre Untertanen »Landeskinder«. Dieser paternalistische Ton war zwar prinzipiell der Ton intimer Familienverhältnisse, aber man weiß, wie tyrannisch Monarchen sein konnten (und wie tyrannisch manche Väter sind). So war auch die Natur in vorwissenschaftlichen Zeiten dem Menschen familiär, intim, aber sie hatte zugleich tyrannische, manchmal ausgesprochen grausame Züge. Ich sage dies im Hinblick auf »New Age«. »New Age« versucht, aus einem bestimmten Verständnis des naturwissenschaftlichen Weltbildes heraus Natur als Gesamtzusammenhang zu begreifen, in den wir hineingebettet sind. Aber der ganzheitlichen Natur von »New Age« fehlt die Härte. In ihr kommen keine Skorpione und Bären oder Überschwemmungen vor, sondern diese »Natur« ist eine gnostische Idylle, ein Refugium für unsere Sehnsüchte, kein Stachel, keine Gefahr, keine wie auch immer geartete Herausforderung. Nach Trevelyan ist unsere Erde »eine wahre Mutter«, und wir sind ihre geliebten »Kinder«.[1] Keine Rede davon, daß diese »Mutter« zugleich eine Rabenmutter ist, wenn sie uns Seuchen und Überschwemmungen sendet, oder eine Hexe wie die hinduistische Naturgöttin Kali, die ihre Kinder gebiert und gleich wieder frißt. Natur ist, wie Kali, nicht nur Schoß, sondern auch Sarg, nicht nur schöpferische Kraft, sondern auch blinde Zerstörungswut.

Aus den traditionellen Formen des Naturbegriffs möchte ich nun zwei besonders herausgreifen; sie enthalten beide

---

[1] Trevelyan, S.136

Eigenschaften, die in der »New Age«-Bewegung wieder modern geworden sind, nämlich den Naturbegriff des Aristoteles und den der Stoa.

Aristoteles: Natur als Selbstbewegung

Aristoteles (4. Jh. v. Chr.) hat den Naturbegriff nahezu 2000 Jahre lang geprägt. Nach dem Entstehen der modernen Physik ist man übereingekommen, seine Philosophie für überholt zu erachten, aber ich bin der Meinung, daß uns Aristoteles immer noch bevorsteht. Im 17. Jahrhundert hat man ihn ganz einfach zum alten Eisen geworfen, weil er sich in bezug auf mechanische Zusammenhänge irrte; man hat aber nicht gesehen, daß sein Naturbegriff einen Bestimmungsreichtum enthält, von dem wir heute noch zehren.

Um sich den aristotelischen Naturbegriff näher zu bringen, muß man sich all unserer Vorstellungen von »Naturgesetzen« entledigen. Naturgesetze im Sinn der modernen Physik kannten die Griechen nicht und konnten sie nicht kennen. Ihre Perspektive auf Natur war von vollständig anderer Art, als wir es heute gewöhnt sind. Heute ist jedem Kind die Tatsache vertraut, daß in der Materie mathematisch formulierbare Gesetzlichkeiten wirken. Den Griechen, insbesondere Aristoteles, wäre dies völlig absurd erschienen. Betrachtet man die Materie von einem lebensweltlichen Blickwinkel und nicht von dem eingeschränkten Blickwinkel des physikalischen Labors aus, so ist dies durchaus verständlich. Der Tischler z. B., der einen Tisch herstellt, kann eine völlig präzise Vorstellung seines Tisches im Kopf oder auf dem Papier haben. Inwiefern er seinen Tisch realisieren kann, hängt vom Material ab, das ihm zur Verfügung steht. Das Material wird im Einzelfall immer gewisse Eigenschaften haben (z. B. Astlöcher), die ihn hindern, die Idealgestalt in seinem Kopf exakt zu realisieren. »Materie« ist also von diesem Standpunkt her gesehen das Unvorhersehbare, Zufällige, gerade nicht das Gesetzliche. Notwendigkeit, Gesetzlichkeit hingegen lag für Aristoteles nur in der »Form«, der ganz konkreten Form etwa, die der Handwerker seinem Produkt verleiht. Im Prinzip gilt dieser Gedanke heute noch, auch unter den Bedingungen technisierter Produktion. Auch eine computergesteuerte Werkzeugmaschine wird immer etwas unexakte Produkte herstellen, je nachdem, wie sich das verwendete Material der maschinellen Formung widersetzt oder auch nicht: Materialfehler können niemals ausgeschlossen werden. »Materie« ist, so betrachtet, das Prinzip der Zufälligkeit, das »Unberechenbare«. Blickt man rein phänomenologisch auf die Natur, so scheint sich das zu bestätigen: Der Wind, die Gesteine, organische Endprodukte, alles was wir heute zur »anorganischen Natur« zählen würden, liegt eher chaotisch durcheinander und hat selten jene mathematische Gestalt, die wir an Kristallen schon auf den ersten Blick wahrnehmen. Daß z.B. ein schräg nach oben geworfener Stein immer eine Parabelbahn durchläuft, ist rein phänomenologisch nicht zu erkennen, da im konkreten Fall Reibung und Windeinflüsse die Bahn so verfälschen, daß ihre Parabelform sich nicht deutlich ausprägen kann. Eine echte Parabelbahn würde ein schräg geworfener Stein nur dann beschreiben, wenn er im reinen Vakuum flöge. Aber Vakuum kommt in der Natur normalerweise nicht vor. Folglich gibt es die Bedingungen, unter denen gesetzliche Regelmäßigkeit in der anorganischen Natur betrachtet werden kann, eigentlich nur in der künstlichen Welt des Labors. In der Natur selbst kommen regelmäßige, gesetzliche Bewegungen noch am ehesten bei Gestirnen vor. Der unvoreingenommene, lebensweltliche Blick erkennt hier unschwer die Realisation geometrischer Formen, besonders die Kreisbewegung. Da der Himmel aber sehr hoch über der Menschenwelt ist, für die Antike unerreichbar hoch, assoziierte man diese Kreisbewegungen mit dem Göttlichen und schied sie von der irdischen Sphäre. Als Grenze wählte man die Mondbahn. Oberhalb der Mondbahn war alles Ordnung, göttliche Ordnung (mit Ausnahme der Planeten, die zu deutsch eigentlich »Irrläufer« heißen müßten, von griechisch »planasthai« = »irren«). Der Mond selbst ließ zwar eine regelmäßige Bewegung erkennen, war aber durch seine sich ändernden Mondphasen zugleich der Übergang zu der ständig veränderlichen Welt irdischer Natur. Natürlich ist diese Perspektive heute überholt, aber sie macht deutlich, weshalb die Griechen nicht auf die Idee kommen *konnten*, Mathematik auf die irdischen Verhältnisse anzuwenden. An sich hatten sie das handwerkliche Niveau, um die elementaren Experimente der mechanischen Physik durchzuführen, aber es kam ihnen erst gar nicht in den Sinn, Mathematik anzuwenden, Meßgrößen einzuführen und so eine mathematische Naturwissenschaft zustande zu bringen. Sie begriffen die Welt der Materie als das Zufällige, Zerstreuende, der Tendenz nach Chaotische, das Mathematische aber als den Weg zum Göttlichen: »Kein der Geometrie Unkundiger trete hier ein«, soll über Platos Akademie gestanden haben. Für Plato, Aristoteles' Lehrer, war die Mathematik das Eingangstor zur Philosophie, und diese beschäftigte sich mit dem »Ewigen«, nicht mit den veränderlichen »irdischen« Dingen.

Aristoteles erkannte, daß »Materie« kein einheitlicher Begriff ist. Das griechische Wort für Materie, »hyle«, heißt zu deutsch »Holz«. Bevor der Tischler das Holz zu einem Tisch formt, hat es bereits eine Form, nämlich die des Baumes. Und obwohl diese Baumform beim Fällen und Entrinden zerstört wird, wird sie doch nicht schlechthin zerstört, denn das Holz behält z. B. seine Maserung, es behält die Stellen, an denen die Äste herauswuchsen usw. Alle Materie ist auf diese Art bereits »geformte« Materie, und eine Materie ohne Form wäre bloß die reine Möglichkeit, geformt zu werden, also gewissermaßen noch nichts. Es ist von Interesse zu sehen, daß wir heute die Materie möglichst auf diese reine Potentialität reduzieren. Je bestimmungsloser der Stoff, desto geeigneter für unsere Zwecke. Zwar schätzen wir z. B. an manchen chemischen Verbindungen die eine oder andere Eigenschaft, aber am liebsten bringen wir diese Eigenschaften selbst hervor; daher das Bemühen der Chemiker, Stoffe nach Maß zu synthetisieren. Finden sich in der Natur Stoffe, die eine starke Eigenstruktur haben, wie z. B. gerade das Holz, so zerstören wir diese Eigenstruktur gerne durch Raspeln, stellen Preßspan her und geben dem Holz dann die von uns gewünschte Form. Dasselbe geschieht mit dem Beton: Natursteine werden zermahlen und nach unseren Vorstellungen synthetisiert. Je bestimmungsloser die Materie desto besser, denn desto eher ist sie unseren Zwecken dienstbar. In gewisser Hinsicht mag dies ganz sinnvoll sein, in anderer Hinsicht ist es barbarisch. Sinnvoll ist es dort, wo es nur auf Massenproduktion ankommt, barbarisch dort, wo man die immanente Schönheit des Stoffes willkürlich zerstört, um ein gleichgültiges, langweiliges Produkt herzustellen. Die Griechen hatten gewissermaßen Achtung vor dem Stoff. Seine immanente Form verlieh ihm einen Wert, der unabhängig war von der menschlichen Bearbeitung. Die menschliche Arbeit hatte auf diesen Wert Rücksicht zu nehmen, sie war gleichsam »im Gespräch mit dem Stoff«, eine Haltung, die uns fast vollständig verlorengegangen ist. Weil der Stoff für Aristoteles niemals ohne immanente Form war und weil sich auch die Natur durch immanente Formen bestimmte, war für Aristoteles das technische Handeln niemals in Konkurrenz zur Natur, vielmehr stellte er sich den technischen Akt als einen schöpferischen Akt vor, der das vollendet, was die Natur insgeheim schon intendiert hat.[2] Dieses Verständnis des technischen Handelns findet sich heute fast nur noch bei Künstlern, die ihren Stoff lie-

---

[2] Aristoteles, Physik B 8, 199a 15ff

ben oder bei Handwerkern, die in nicht automatisierbaren Bereichen arbeiten, wie z. B. beim Geigen- oder allgemein beim Instrumentenbauer. Wo die Künstler die Hoffnung verloren haben, durch ihre stille Liebe zum Stoff die Form zur Geltung zu bringen, reagieren sie oft aggressiv auf die technologische Zerstörung des Eigenwerts der Materie: Sie vernichten dann selber die künstlerische Form und kehren die Materialität penetrant hervor. So deute ich z. B. Josef Beuys mit seinem Filz, Fett und Kupfer. So verrückt wie die Zerstörung der Form und das unkeusche Hervorkehren bloßer Materialität in der bildenden Kunst auch ist, diese Kunst paßt glänzend in unsere technokratisch bestimmte Zeit.

Wenn wir uns durch den Verwissenschaftlichungs- und Technisierungsprozeß bemühen, Materie auf bloße Bestimmungslosigkeit zu reduzieren, so hält auch die künstlerische Form nicht mehr. Man versuche einmal, sich vorzustellen, der Moses des Michelangelo sei aus Plastik! Welch ein Ungedanke, der einem beinahe das Schädeldach abhebt! Das Bestimmungslose, weithin Charakterlose des Plastikmaterials hält offenbar eine so gewichtige Form nicht aus. Was Wunder, wenn die Künstler aus Protest die Form zerstören, um auf die krude Materialität aufmerksam zu machen, die vor aller menschlichen Formung liegt und die wir in ihrem Eigenwert vergessen haben! Denn de facto hat Materie immer eine Eigenstruktur, wenn wir auch wissenschaftlich und technisch möglichst davon absehen, um allein unsere Zwecke zu verwirklichen.

Im Mittelalter wurde das göttliche Wirken vom menschlichen dadurch unterschieden, daß man von Gott glaubte, er werde durch die immanente Form des Stoffes nicht beeinträchtigt, weil er fähig ist, den Stoff zugleich mit der Form hervorzubringen.[3] Man könnte das wissenschaftlich-technische Naturverhältnis als den Versuch des Menschen

---

[3] So z. B. bei Thomas von Aquin, S.Th. I, q. XLVI, art. 1, ad 6

betrachten, die Rolle Gottes bei der Hervorbringung von Stoff *und* Form zu spielen. Vielleicht ist dies ein Schlüssel zum Verständnis gewisser titanischer, hypertropher Eigenschaften des Technisierungsprozesses.

Am aristotelischen Materiebegriff war wesentlich der Eigenwert, die immanente Form. Materie war für Aristoteles sozusagen »hierarchisch gestaffelt«. Wir stellen uns heute die Materie als eine Art von flacher Ebene vor. Für uns ist also nicht etwa die Materie eines Frosches eine andere als die Materie einer Wolke oder die einer Kuckucksuhr. Materie ist folglich »demokratisiert«: überall dieselbe, so wie Holz gleich Holz ist, wenn es zu Preßspan zerraspelt wurde. Für Aristoteles wäre heutzutage die »Materie« eines Radioempfängers die eingelöteten Spulen, Widerstände, Transistoren oder integrierten Schaltkreise. Da diese Bauelemente ihrerseits wieder »geformt« sind, ließe sich hier – auf einer Hierarchiestufe tiefer – etwa als »Materie« einer Spule Kupferdraht und Eisenkern ausmachen, als »Materie« des integrierten Schaltkreises die aufgedampften Halbleiter und Kondensatoren. Der Eisenkern seinerseits wäre z. B. wieder »geformte Materie« und so weiter »in infinitum«. Streng genommen geht aber diese Analyse nicht »in infinitum«. Hierarchische Ordnungen von der Art dieser Form-Materie-Relationen haben nämlich nach oben und nach unten immer einen eindeutigen Abschluß. »Nach unten« ist es der Grenzbegriff der »prima materia«, der bloßen Möglichkeit zu allen Formen. Diese »prima materia« existiert nicht im eigentlichen Sinn, denn alles, was existiert, muß Form haben. Aber die »prima materia« ist als Grenzbegriff der Form-Materie-Analyse sozusagen das äußerste Nichts, auf das alles gegründet ist. »Nach oben« liegt der Abschluß der Form-Materie-Hierarchie im Zweck, der als letzter das Wesen einer Sache definiert. Bei Artefakten ist dieser Zweck leicht zu bestimmen. Beim Radio z. B. ist der Zweck evident, und die entsprechende Verdrahtung ist eben so angelegt, daß dieser Zweck erfüllt werden kann.

Bei Naturprodukten oder beim Menschen ist die Bestimmung eines immanenten Zwecks problematischer. Was ist der Zweck eines Hirsches, was der Zweck eines Veilchens oder der eines Menschen? Beim Menschen hätte Aristoteles als höchsten Zweck die Glückseligkeit angegeben und als Inhalt der Glückseligkeit die philosophische Kontemplation. Beim Hirsch hätten wir größere Schwierigkeiten, einen Zweck zu finden.

Wirkt eine solche Hierarchie übereinandergestaffelter Form-Materie-Verhältnisse etwas statisch, so gibt es doch in Aristoteles' Naturkonzeption zugleich dynamische Momente. Eigentlich war der Vergleich dieser Form-Materie-Architektonik mit einem Radiogerät nicht nur historisch, sondern auch sachlich abwegig: Die Spulen, Widerstände und Transistoren, die die »Materie« eines Radiogerätes ausmachen, sind nämlich innerlich unbewegt, sind sie ja feste Teile mit klar umrissenen Funktionen. Bei Aristoteles hat aber die Materie einen inneren Drang zur Form. Sie ist also nicht rein passiv, wie wir das heute gerne sehen. Auf allen Stufen ihrer Organisation hat die aristotelische Materie den immanenten Drang, Gestalt zu werden. Zwar kann ich im voraus nicht wissen, welche Gestalt welche Materie einmal annehmen wird, aber ich kann doch wissen, daß nicht alles aus allem werden kann. Aus einem Eichensamen wird keine Palme und aus einem Holzpflock kein Messer. Materie hat also die *Möglichkeit* zur Form, und diese *Möglichkeit* ist bereits schwanger mit Realität. Realität ist folglich nach Aristoteles wie eine Knospe, die eben im Begriff ist, aufzubrechen. Dieser Aspekt von Realität ist in der Verwissenschaftlichung der Natur verlorengegangen. »New Age« hat ihn wieder aufgegriffen. Aber ich frage mich, ob dieser Aspekt so aufgegriffen werden kann, wie es die »New Age«-Anhänger versuchen. Meines Erachtens läßt sich dieser dynamische Aspekt *nur* in einer Naturphilosophie vom Typ »Aristoteles« sinnvoll begründen, jedoch nicht von der modernen Physik her, beruht doch diese Physik gerade auf einer Ausblendung jener Qualität, die das Spezifikum der aristotelischen Natur ausmachte: der immanenten Form.

Dem Drang des Stoffes zur Form entspricht die innere Wirkkraft der Form selbst, die Aristoteles »Entelechie« nannte. Durch dieses immanente Prinzip war das Naturprodukt nicht nur aus sich selbst bewegt, sondern auch eine dynamische Ganzheit, jedenfalls mehr als die Summe seiner mechanisch zusammengefügten Teile. Die »Entelechie« verlieh dem Seienden seine zweckmäßige Struktur und ermöglichte so die zweckmäßige Einbindung einzelner Seiender in den Gesamtzusammenhang von Natur. So war nicht nur jedes einzelne, sondern das Weltall insgesamt eine untrennbare Ganzheit.

All diese Vorstellungen kehren heute in der »New Age«-Bewegung wieder, ohne daß sie allerdings mehr wären als eine nostalgische Rückprojektion vergangener Verhältnisse in die moderne Physik, deren Nüchternheit wir offenbar nicht ertragen können. Wie sich Aristoteles seinerzeit die Ganzheit des Kosmos im einzelnen dachte, wäre an sich ohne Belang, da seine Lehre von den Gestirnen heute überholt ist. Von Interesse ist diese Lehre aber insofern, als sie zu einer »Sinnspitze« des kosmologischen Gebäudes hinführt, die mit der »Sinnspitze« der menschlichen Werte nicht übereinstimmt. Die Philosophie des Aristoteles hat gewissermaßen zwei verschiedene Gipfel: Einmal kann man die Hierarchie der Werte von seiten der Natur durchlaufen. Dann steigt man über die Stufenleiter der Wesen empor, gerät über die Sphäre des Mondes in die Sternenwelt mit ihrem ewigen Kreisen. Oder aber man steigt die Hierarchie seelischer Werte empor, wozu Aristoteles bereits den Freßtrieb der Tiere zählen würde, aber dann auch die Triebe der Menschen: Geld verdienen wollen, Ehre haben wollen usw. bis hin zu eigentlich sittlichen Werten wie »Großmütigkeit«, »Tapferkeit« usw. Wie immer diese Wertehierarchie im einzelnen aussehen mag:

Sie führt zu einem höchsten sittlichen Wert, letztlich zum »Denken des Denkens« als einer kontemplativen Höchststufe. Diese ist aber nicht ohne weiteres identisch mit dem »unbewegten Beweger«, der noch hinter dem Kreisen der Gestirne als einer Erstursache liegt. Diese Dualität ist auch sonst im Werk des Aristoteles zu finden; z. B. haben die Gestirngötter zugleich einen personalen und einen kosmologischen Aspekt, wobei unklar bleibt, wie man sich das Verhältnis dieser Aspekte zu denken hat.

Man könnte Inkonsequenzen dieser Art auf sich beruhen lassen, würde ihr nicht ein Grundproblem entsprechen, das bis heute nicht befriedigend gelöst wurde. Es handelt sich um das spannungsreiche Verhältnis von Mensch und Kosmos, Natur und Sittlichkeit. Im Gefolge von Immanuel Kants Pflichtethik hat man sich angewöhnt, Sinnlichkeit und Sittlichkeit, Ethos und Natur, Freiheit und Notwendigkeit scharf voneinander zu scheiden. Aber dieser scharfe Schnitt entspricht nicht unserer Erfahrung. Nietzsche und Freud haben uns auf naturale und psychologisch-triebhafte Vorbedingungen unseres Handelns aufmerksam gemacht, Bedingungen, die wir nicht einfach überspringen können. Und doch: Ist nicht die Sittlichkeit eine eigene Welt? Steht sie nicht der Natur fremd gegenüber? Haben nicht die größten Lehrer der Sittlichkeit einen scharfen Schnitt zwischen der Natur und dem eigentlichen Humanum gemacht? »Liebet eure Feinde«: Was ist das anderes als die Verneinung aller naturhaften Triebe? Es scheint eine Zweideutigkeit im Menschen selber zu geben: einerseits sein Eingebundensein in die Natur als Gesamtzusammenhang, andererseits sein Herausfallen aus der Natur, die »Vertreibung aus dem Paradies«, die Isolation der Verantwortung, die Einsamkeit der Entscheidung. Vielleicht hat die Welt ganz einfach »zwei Gipfel«, und ihre Identität wäre nur einem Gott erkennbar.

Wie dem auch sei: Dieses alte Problem taucht jetzt in der »New Age«-Philosophie wieder auf, als sei es niemals verschwunden. Die »New Age«-Mystik verschmilzt das Humanum derart mit der Natur, daß man nicht mehr sieht, wo denn der andere Gipfel, die Sittlichkeit, geblieben ist. Gerade in der Literatur, die an die moderne Physik anknüpft, wird immer wieder versichert, diese Physik sei »ganzheitlich«, sie lasse uns den Kosmos als Gesamtzusammenhang erkennen, einen Gesamtzusammenhang, in den wir uns nur einzuordnen hätten, und dann wäre alles gut. Der Einzelne verschmilzt pantheistisch mit dem All. In diesem Verschmelzen ist kein Moment von Sittlichkeit mehr enthalten; es handelt sich um ein rein naturales Geschehen, das niemandem weh tut, eine Art von »Mystik der Erschlaffung«.

Die Stoa: Natur als Gesamtzusammenhang

Das pantheistische Verschwinden aller Gegensätze im Gesamtzusammenhang von Natur ist vielleicht am deutlichsten in jener philosophischen Richtung zutage getreten, die »die Stoa« genannt wurde.

Die Stoa war eine begleitende, zum Teil herrschende philosophische Richtung der Antike vom späteren, hellenistischen Griechentum bis hinein in die ersten Jahrhunderte der Römerzeit. Das frühe Christentum wurde durch diese Philosophie teilweise unmittelbar beeinflußt.

So wie sie die alte aristotelische Naturlehre vom Tisch fegte, hat die Naturwissenschaft der Neuzeit auch mit dem Naturbegriff der Stoa aufgeräumt. Allerdings erleben wir in unseren Tagen eine Art Renaissance des stoischen Naturbegriffs, und dies ist der Grund, warum er hier nachgezeichnet werden soll.

Die Natur war bei Aristoteles gekennzeichnet durch eine innere Spannung zwischen Form und Materie, Wirklichkeit und Möglichkeit, Substanz und Akzidenz. Die Stoiker heben diese Gegensätze auf, indem sie die ganze Natur als eine Art Identität fassen, in der das Materielle zugleich geistig, das Geistige materiell ist. Überall im Kosmos seien »logoi spermatikoi« verteilt, keimhafte Geistpartikel, bereit, aufzubrechen. Die Stoiker waren zugleich große Logiker und entwickelten die formale Logik in beträchtlichem Maße weiter. Allerdings war ihnen die Logik (wie sich das gehört) nur eine Vorbedingung des Philosophierens. Sie verglichen die Philosophie mit einem Obstgarten: Die Logik sei der Zaun, die Physik die Bäume und die Ethik die Früchte. Dieser Vergleich zeigt sehr schön, wie die Stoiker die Ethik nicht außerhalb der Natur denken konnten. Dementsprechend war einer ihrer sittlichen Grundsätze die Forderung, »gemäß der Natur zu leben«. Im Grunde war den Stoikern alles Natur. Selbst eine so dezidiert menschliche Hervorbringung wie die Sprache, zu der es bei den Tieren höchstens entfernte Analoga gibt, war ihnen bloßes Naturprodukt, fast wie Äpfel und Birnen.

Wird der Naturbegriff so allgemein gefaßt, so droht er jeden spezifischen Inhalt zu verlieren. Was heißt es, »gemäß der Natur zu leben«? Sollen wir wie die Wölfe heulen und fressen, was wir kriegen, sollen wir uns verhalten wie ein wildgewordenes Rudel? Die Stoiker waren gewiß nicht dieser Meinung. Das Ideal des stoischen Weisen hat stark asketische Züge. Aristokratische Zurückhaltung gegenüber der Gesellschaft wird ebenso gefordert wie massive Zurückhaltung gegenüber den eigenen Begierden. Für ein solches Ideal gibt es eigentlich in der Natur kein Vorbild, weder in unserer eigenen natürlichen Vitalität noch in der äußeren Natur. Das heißt: Wenn »Natur« so allgemein gefaßt wird, daß sie auch noch die Sphäre der Sittlichkeit umgreift, wird ihr Begriff so unbestimmt, daß er keinerlei Kriterien mehr enthält, um zwischen natürlich und unnatürlich, sittlich und unsittlich unterscheiden zu können.

Etwas ähnliches geschieht in bezug auf die Religion: Wo die Transzendenz zur Immanenz wird, wo der Geist zugleich Materie ist, da verschmilzt Gott derart mit dem Kosmos, daß man nicht mehr weiß, ob ein Pantheismus oder

einfach nur ein kruder Materialismus vorliegt. Dieses In-
einanderübergehen der äußersten Gegensätze von Materialismus und Spiritualismus hat seine Entsprechung im pre-
kären Verhältnis von Naturnotwendigkeit und Freiheit.
Auf der einen Seite lehren die Stoiker einen strengen,
überall gültigen Naturzusammenhang, in den auch der
Mensch eingefügt ist. Auf der anderen Seite soll der
Mensch gerade dadurch frei werden, daß er sich in den Naturzusammenhang einfügt und mit freiem Willen tut,
wozu er sonst nur gezwungen wäre. Das Höchste ist so für
den Stoiker das Aufgehen des Einzelnen im Allgemeinen,
das Einswerden mit dem Kosmos, die Naturalisierung des
Humanen.
Zu all diesen Charakteristika des stoischen Naturbegriffs
gibt es in der »New Age«-Bewegung direkte Pendants. Es
scheint, daß diese Bewegung nicht nur alle zu Unrecht verdrängten und vergessenen Naturbezüge des Menschen wieder hervorholt, sondern daß sie auch alle Absurditäten reproduziert, die in der Geschichte des Naturverhältnisses
jemals eine Rolle gespielt haben. Bevor im folgenden auf
den neuen Naturbegriff eingegangen wird, der sich bei Galilei und später bei Newton herauskristallisiert hat, sollen
nochmals schematisch die Spezifika des aristotelischen
und des stoischen Naturbegriffs wiederholt werden:
Das Charakteristische eines aristotelischen Naturbegriffs
wäre demnach das, was das Wort »Natur« eigentlich bedeutet. Im Lateinischen bedeutet »natura« das Hervorgehen,
die Geburt; das zugehörige Verb »nascor« heißt auch
»wachsen«, »entstehen«.
Griechisch entspricht dem das Wort »physis« von »phy-
esthai« = »wachsen«. »Natur« wäre demnach dasjenige,
was von sich aus strebt, wächst, gedeiht, dasjenige, was
den Ursprung der Bewegung in sich hat, wie Aristoteles
sagt. [4] Natur enthält folglich ein inneres Prinzip des Stre-

---

[4] Aristoteles, Physik 192b15

bens, sie enthält Finalität, »Entelechie«; denn das Streben geht immer auf ein Ziel, es verwirklicht keimhaft vorgegebene Möglichkeiten, die aber nicht beliebig sind, da nicht alles aus allem werden kann. Natur verwirklicht sich so in ihrem Höherstreben, d. h. sie enthält Wertstufen. So wird die Materie gleichsam von einem inneren Drang hinaufgerissen, das heißt, es gibt Materie auf ganz verschiedenen Niveaus der Organisation. In diesem Prozeß des Höhersteigens bringt die Natur Ganzheiten hervor, die Aristoteles »Substanzen« genannt hat. Diese Ganzheiten sind mehr als die Summe ihrer Teile. Sie sind zweckhaft aufeinander hingeordnet und damit zu einem ganzheitlich begriffenen Kosmos zusammengefügt.

Für die heutige Position erscheint ein solcher Naturbegriff sehr »anthropomorph«, da er wesentliche Qualitäten enthält, die eigentlich nur für den Menschen spezifisch sind: Die Natur enthält demnach Ziele, Werte, Zwecke, Hierarchien, sie strebt und stirbt. (In unserer heutigen Physik stirbt nichts mehr; es gibt aber auch kein Streben in ihr – vielleicht gerade deshalb.)

Man hat Aristoteles wegen seiner »anthropomorphen« Naturphilosophie verworfen. Aber sein Naturbegriff ist unverzichtbar. Wenn der Mensch mit all seinen Qualitäten aus der Natur hervorgegangen ist, so sieht man nicht, warum die Natur nicht bereits den Anfang zu diesen Qualitäten gemacht haben sollte, *bevor* sie den Menschen hervorbrachte. Ansonsten stünde ja der Mensch analogielos in der Natur, was vielleicht unserer Eitelkeit und unserem Herrschaftsbedürfnis, aber sicher nicht den Realitäten entspricht.

Es gibt also den Menschen »in potentia« bereits in der vormenschlichen Natur. Die physikalische Wissenschaft beruht nun präzise auf der Ausblendung aller anthropomorphen Qualitäten, das heißt gerade auf der Ausblendung dieser versteckten Potentialität. Daraus folgt zwingend, daß die Physik nicht alles ist und daß wir uns in bezug auf Natur mehrere Perspektiven offenhalten sollten. Auch die Physikalisten zehren in Wahrheit von Aristoteles; sie scheinen es bloß nicht zu bemerken.

Die Natur des Aristoteles ist zwar anthropomorph und somit dem Menschen anverwandt, der Mensch fällt aber in gewissem Sinn aus dieser Natur heraus, und zwar charakteristischerweise in bezug auf seine Sittlichkeit. Sowohl Naturprozesse als auch sittliches Handeln spielen sich in einer hierarchischen Sphäre von Werten, Zielen und Zwecken ab, aber das sittliche Handeln ragt doch gewissermaßen aus der Natur heraus, denn es macht z. B. keinen Sinn, zu behaupten, die Natur sei lasterhaft, großmütig oder klug.

Die eigentlich sittlichen Qualitäten stehen also im Gegensatz zur Natur. Dies ändert sich beim stoischen Naturbegriff. Hier wird Natur so umfassend gedacht, daß sie zugleich Norm für den Menschen ist, ja so umfassend, daß sie auch noch die Gottheit in ihrem Begriff enthält. Religion, Sittlichkeit, Natur verschmelzen zu einer einzigen großen, ziemlich undifferenzierten Ganzheit.

Im Gefolge der Ökologiebewegung und der »New Age«-Philosophie wird heute wieder ein solcher Naturbegriff vertreten. Ich halte ihn für sinnlos. Denn dort, wo alles »Natur« ist, hat dieses Wort keine Bedeutung mehr. Wenn die wissenschaftliche Detailanalyse oft die Gefahr mit sich bringt, das Ganze aus dem Blick zu verlieren, so haben solche allzu ganzheitlich-umfassenden Perspektiven den Nachteil, daß ihnen das einzelne bis zur Unkenntlichkeit verschwimmt, so daß sie nichtssagend werden. Welt, Seele, Gott, Stoff und Geist, Natur und Freiheit: hier ist alles eins geworden.

Die deutsche Sprache hat für solche Fälle eine geistreiche Doppelsinnigkeit parat. Sage ich: »Es ist mir alles eins«, so kann das nicht nur die bodenlos tiefe Einsicht aufgeklärter Philosophie bezeichnen, sondern mehr noch die abgeschmackteste Fadheit und Gleichgültigkeit, denn auch dem Gleichgültigen ist »alles eins« (eben weil ihm alles »gleich gültig« ist).

Aus Formen sympathetischen, anthropomorphen Naturverstehens hat sich in einem langsamen, Jahrhunderte dauernden Prozeß die moderne Naturwissenschaft entwickelt. Ernst Cassirer hat diesen Prozeß mit liebevoller Genauigkeit nachgezeichnet. Wir überspringen die Wurzeln naturwissenschaftlichen Denkens in der Renaissancephilosophie eines Giordano Bruno oder in den technischen Phantasien eines Leonardo da Vinci und gehen direkt zu Galilei, aber nur, um das Prinzip zu verstehen, das dem Naturbegriff der Moderne eine vollständig neue Wendung gegeben hat, indem jetzt experimentiert, gemessen, mathematisiert, objektiviert und in gewissem Maße schon technisiert wird. All dies eröffnet eine neue Welt, deren Nachwirkungen wir, so scheint es, bis heute noch nicht verarbeitet haben.

Galilei und das Grundproblem der modernen Naturwissenschaft

Galileis Methode bricht mit Aristoteles. Nicht mehr das von sich her Wachsende, Strebende wird zum Objekt der Physik, sondern das von sich aus Träge, Passive. Nicht mehr die Natur, wie sie vorliegt, wird zum Objekt der Untersuchung, sondern die Natur, wie wir sie hergerichtet haben; nicht mehr der immanente Sinn und Zweck der Natur ist gefragt, sondern ihre quantitativen Verhältnisse, insofern sie sich mathematisch beschreiben lassen.

Damit ist verbunden das Zurücknehmen eines starken ontologischen Anspruchs, den die Aristoteliker noch stellen konnten. Diesen ging es »um das Sein schlechthin«, um Natur, wie sie von sich selbst her ist. Der aufkommenden Naturwissenschaft geht es hingegen um Natur, wie sie uns erscheint, wie wir sie allererst hergerichtet haben.

Kant hat später das naturwissenschaftliche Vorgehen mit einem Gerichtsverfahren verglichen, bei dem der bestallte Richter die Zeugen zur Antwort *nötigt*.[5] Ich denke, daß dieser Vergleich die neue Methode sehr gut beschreibt. Das neue Naturverhältnis ist kein dialogisches mehr, keines, in dem Natur als Partner oder Anverwandter behandelt wird, sondern es ist primär ein Herrschaftsverhältnis. Die Natur wird *genötigt*, auf unsere Fragen zu antworten; hätte Natur sonst noch etwas zu sagen, es würde uns nicht interessieren.

Die Forderung nach experimenteller Überprüfbarkeit und Mathematisierbarkeit macht die neue Wissenschaft allem Bisherigen überlegen, zugleich aber bedeutet sie auch eine prinzipielle Einschränkung des Erklärungswerts. Dies wurde viel zu wenig beachtet und wird auch heute noch nicht genügend berücksichtigt.

Der Vorteil der neuen Methode, insofern sie sich der Mathematik bedient, liegt auf der Hand: Nichts ist rational durchschaubarer als eine mathematische Gleichung. Wenn Aristoteles statt von mathematischen Größen von Wertstufen in der Natur sprach, so konnte er mit diesem Ansatz niemals dieselbe intersubjektive Überprüfbarkeit erreichen, die einen mathematischen Kalkül auszeichnet. Über Werte läßt sich streiten, in der Mathematik aber kann bewiesen werden.

Ebenso ist es mit der Forderung nach experimenteller Überprüfbarkeit. Eine lebensweltlich-phänomenologische »unberührte« Natur, eine Natur, die wir nicht manipulieren, sondern bloß passiv beobachten, eine in Ruhe gelassene Natur wird selten die Seiten zeigen, die unsere Theorien bestätigen oder widerlegen. Hätte Galilei nicht künstlich in die Natur eingegriffen, um die unvermeidlichen Reibungsphänomene zu eliminieren, die Menschheit wäre nie dahinter gekommen, daß Bewegung ein natürlicher

[5] Kant, KrV B XIII

Zustand ist und nicht etwa die Ausnahme. Daß eine Kanonenkugel ohne Reibung und Krafteinwirkung in alle Ewigkeit geradlinig bis zum Rande des Weltalls fliegen würde, diese Einsicht ist aus einer bloß passiv beobachteten Natur niemals abzuleiten: Alle Bewegungen, die wir wahrnehmen, kommen nach einiger Zeit zum Stillstand; und die Meinung des Aristoteles, daß ein fliegender Pfeil durch die Luft beständig angetrieben wird (weil er sonst zu Boden fallen würde), wäre heute noch herrschend, hätten wir nicht gelernt, *künstlich* in die Natur einzugreifen und die Bedingungen herzustellen, unter denen sie quantitativ berechenbar wird.

Ist die Methode Galileis gegenüber den Aristotelikern auf der einen Seite deutlich überlegen, so bedeutet sie auf der anderen Seite eine prinzipielle Einschränkung des Erklärungsanspruchs, die man fast nie ausgesprochen findet. Man liest in den Geschichten der Naturwissenschaft immer nur von den Siegen und Triumphen der neuen Methode, selten davon, daß jeder Erkenntnisgewinn auch bezahlt werden muß.

Die neue Wissenschaft erweitert nicht nur den Blick, sie verengt ihn auch. Alles, was dem Menschen verwandt ist, wird aus der Objektivation der Natur ausgeschlossen. Die Forderung nach Reproduzierbarkeit des Experiments schließt logisch jede wirkliche Neuheit, jedes geschichtliche Element aus, denn alles Neue kann nicht im voraus berechnet werden. Die Mathematisierung entspricht dem genau: Mathematische Schlußfolgerungen sind von der Art, daß sie zu jeder Zeit und an jedem Ort nachvollzogen werden können. In diesem Sinn ist mathematisches Denken geschichtslos.

Geschichte ist andererseits der Ort, wo Freiheit realisiert oder vertan wird. Mathematisierung schließt aber den Freiheitsgesichtspunkt aus. Gäbe es in der Mathematik Freiheit, so wären ihre Beweise ungültig, denn es würden dann aus denselben Voraussetzungen verschiedene Schlüsse gezogen werden können, je nach individuellem Geschmack. Natürlich hat der Mathematiker die Freiheit, seine Voraussetzungen und Regeln beliebig zu wählen (solange sie nicht widersprüchlich sind). Hat er aber einmal die Voraussetzungen und Regeln definiert, so folgt alles übrige nach strenger Notwendigkeit, nicht nach Willkür oder Freiheit. In der Physik hat man nicht einmal die begrenzte Freiheit des Mathematikers, seine Modelle nach Laune zu entwerfen, denn nicht alle mathematisch möglichen Modelle sind in der Natur realisiert. Die Erfahrung gibt vor, welche Kalküle für die semantische Interpretation geeignet sind. Sollte es also in der untermenschlichen Natur Vorformen von Freiheit, sagen wir Spontaneität geben, so könnten sie niemals mit Hilfe mathematischer Methoden erfaßt werden.

Mit dem Ausblenden des Freiheitsgesichtspunktes wird aber zugleich eine große Zahl damit zusammenhängender Kategorien ausgeblendet. Freiheit ist niemals isolierte Freiheit, einsam schwebender focus über einem Meer materieller Determinationen. Freiheit ist immer inkarnierte Freiheit, stoffgewordene, begrenzte, bedingte Freiheit. Freiheit bewegt sich immer in einem Medium von Zwecken, Mitteln, Normen, Werten, gesellschaftlichen Rahmenbedingungen. Würde man Freiheit aus diesen Begrenzungen herausnehmen, so hätte man jene existentialistische Freiheit Heideggers oder Sartres, die mit bloßer Willkür identisch ist. Isoliert man dagegen Freiheit nicht, sondern bettet man sie in das Medium von Norm und Wert, von Sinn und Zweck ein, so wird das Ausblenden des Freiheitsgesichtspunktes durch die Naturwissenschaft auch zur Folge haben, daß diese genannten Gesichtspunkte nicht mehr auf Natur bezogen werden können. Konsequenterweise hat die aufkommende Naturwissenschaft nicht nur auf den Freiheitsgesichtspunkt verzichtet, sie hat auch alles, was mit Begriffen wie »Finalität«, »Ziel«, »Wert«, »Zweck« zusammenhängt, aus der Naturbetrachtung ausgeschlossen.

Um es ganz deutlich zu sagen: Die Naturwissenschaft *mußte* diesen Abstraktionsprozeß vollziehen, *wenn* sie gewillt war, die exakten Methoden der Mathematik anzuwenden. Hierin liegt nichts Negatives. Das Problem entsteht erst dann, wenn man behauptet, Natur sei ausschließlich mittels mathematisch-physikalischer Modelle erkennbar. So behauptet etwa der Physiker James Jeans, »daß die endgültige Wahrheit über ein Phänomen in der mathematischen Beschreibung desselben liegt.«[6] Solche Überzeugungen prägen offen oder unterschwellig die Selbsteinschätzung unserer szientistischen Kultur. Sie sind jedoch zutiefst irrational: Die Klarheit der Mathematik verschleiert hier die Unklarheit des zugrunde liegenden Gedankens. Ein Physiker hat nämlich prinzipiell keinen Zugang zur »endgültigen Wahrheit«, wie Jeans unterstellt, denn der Bereich »endgültiger Wahrheiten« gehört, wenn er uns zugänglich sein sollte, zur Metaphysik, nicht zur Erfahrungswissenschaft. Besteht man jedoch auf der absoluten Gültigkeit der Mathematik, so hat man sich jeder Alternative zur Naturwissenschaft beraubt und ist gezwungen, den Freiheitsgesichtspunkt zur bloßen Illusion zu machen; man muß dann behaupten, es gebe keine Werte, keinen Sinn, kein Ziel und keinen Zweck in der Natur, all dies seien nur anthropomorphe Projektionen, die vor der Wahrheit der Wissenschaft verschwinden.

Man gerät dann allerdings in unlösbare Widersprüche hinein und muß ganz offenkundige Erfahrungen abstreiten. Was ist es, wenn ein Hund auf mich zuläuft, mit dem Schwanz wedelt und offenbar spazierengehen will? Da es keine Strebungen, Ziele und Zwecke in der Natur gibt, bin ich gezwungen zu behaupten, der Hund wolle eigentlich gar nicht spazierengehen, es sehe für mich nur so aus, seine Gene seien entsprechend programmiert. Nehme ich noch die Voraussetzung hinzu, daß auch ich genetisch pro-

---

[6] nach Dürr (2), S. 58

grammiert bin, dann gehen nicht etwa Herr und Hund miteinander spazieren, sondern zwei »Epiphänomene« makromolekularer Strukturen sind zufällig so programmiert, daß es so *aussieht*, als würden sie miteinander spazierengehen. Dies ist nicht etwa ein schlechter Witz, sondern die dezidierte Meinung der sogenannten »Soziobiologen«. Solche Absurditäten sind unvermeidlich, wenn die Naturwissenschaft ihre Konstruktionen mit der Realität verwechselt.

Auch im ethischen Verhalten des Menschen gegenüber der Natur entstehen dann die gröbsten Verirrungen; z.B. könnte ich mir die eigenen Hemmungen ausreden, die mich hindern, meinen Kanarienvogel zu vergiften, wenn sich die Nachbarin weigert, ihn in den Ferien zu pflegen. Eine rein »wissenschaftlich« begriffene Natur enthält keine Werte, also auch keine Werte, auf die ich Rücksicht nehmen muß. Eine so begriffene Natur enthält vor allem keine Wertehierarchie, so daß z.B. zwischen dem Mähen einer Wiese und dem brutalen Abschlachten von Millionen von Bisons zu Zeiten des berüchtigten »Buffalo Bill« kein qualitativer Unterschied wäre. Für die Naturwissenschaft ist alles gleichermaßen nur ein Ding, bloßes Material zu unseren Zwecken. Doch es kommt noch schlimmer: Gibt es nur physikalisches Wissen von der Natur, so ist auch der Mensch als Leib *nur* Objekt. Dann *sind* wir eine hydraulische Maschine; dann hat die rein somatische Medizin recht, wenn sie psychische und soziale Ursachen von Krankheiten ignoriert und den kranken Menschen nur wie eine defekte Maschine an die entsprechenden Schläuche anschließt. Man sieht: Die Verabsolutierung der naturwissenschaftlichen Methode hat Verengungen zur Folge, die nicht nur die Natur, sondern letztlich auch uns selbst betreffen.

All dies hindert aber die Wissenschaftsgläubigen nicht, ihre Methode für die einzig wahre auszugeben. Die Wissenschaftstheoretiker, diese Schleppenträger des Physikalismus, dehnen ihre Methoden auf alles aus: Sie behandeln Rechtssprechung, Gedichtinterpretation, soziologische Analysen, Psychotherapie, schlechterdings alles, nach dem Strickmuster physikalischer Erklärungsmodelle. Sie werden es noch so weit bringen, daß die Welt, die sie beschreiben, wirklich existiert. Denn die Welt ist, was wir aus ihr machen. Wenn wir uns einreden, nur das sei real, was sich mathematisch berechnen läßt, wird die Welt zum mathematischen Rechenexempel werden. Wenn wir hingegen der Überzeugung sind, die Welt sei ein Kunstwerk, werden wir uns entsprechend verhalten und alles künstlerisch überformen. Diese Überformung wird unsere Überzeugung festigen, daß die Welt ein Kunstwerk sei usw. So stellen wir selber die Welt her, die wir dann für »objektiv« halten.

Um es nochmals deutlich zu sagen: Naturwissenschaftliche Theorien sind von sich aus nicht negativ oder menschenfeindlich, so wenig wie technische Geräte. Sie werden es erst in dem Augenblick, wo man die Naturwissenschaft verabsolutiert und jeder anderen Form von Weltzugang die Dignität eines wirklichen Wissens abspricht. Der »Sündenfall« des Physikalismus ist jene Überzeugung, die Carl-Friedrich von Weizsäcker so ausdrückte: »Die Grenze der Physik müßte demnach die Grenze des begrifflichen Denkens sein.«[7] Dieser Wahnglaube widerlegt sich übrigens von selbst, denn das Axiom, wonach die Grenze der Physik die Grenze des begrifflichen Denkens sei, ist selbst kein physikalischer Satz, hat also die eigene Demarkationslinie bereits überschritten.

Naturwissenschaftler fühlen sich oft bedroht, wenn man sie auf die Grenzen ihrer Rationalität aufmerksam macht. Sie unterstellen dann leicht, daß man hinter ihre Einsichten in ein finsteres Mittelalter zurück will; sie glauben, daß man ihre Aufgeklärtheit durch Wiederverzauberung

[7] von Weizsäcker (1), S. 318

der Natur rückgängig machen möchte, daß man anstelle von wirklichen Erklärungen psychische, erdichtete Kräfte oder Götter und Geister annehmen werde, kurz, sie fürchten sich vor Findhorn mit seinen Pangöttern, Nymphen und Nereiden.

Es hat während der ganzen Geschichte der Naturwissenschaft immer wieder Mahner gegeben, die davor gewarnt haben, Natur nur als Korrelat mathematischer Formeln zu begreifen. Manchmal wurden konkrete Alternativen aufgestellt, wie man Natur *auch* sehen könne. Alle diese Alternativen wurden vom mainstream der Wissenschaft mit unglaublicher Intoleranz an den Rand gedrängt. Die Wissenschaft ist wie ein Gott, der keine anderen Götter neben sich duldet.

Erwin Schrödinger spricht in bezug auf den Wissenschaftlichkeitswahn von einer »partiellen Elefantiasis«. Es seien durch diesen Verabsolutierungswahn »andere Entwicklungsrichtungen der Kultur, der Erkenntnis, des okzidentalen Gehirns, oder wie man es nennen will, vernachlässigt, ja mehr als es früher der Fall war, verwahrlost worden. Ja, fast scheint es, als sei ein ganz direkt schädigender, rückbildender Einfluß von dem *einen* gewaltig sich entwickelnden Organ auf jene anderen ausgeübt worden.«[8] Wohlgemerkt, dies sagt nicht etwa ein konservativer Kulturkritiker, der nicht darüber hinwegkommt, daß die Intelligenzia Quantenphysik statt Homer oder Hesiod studiert; dies sagt der Schöpfer der Quantentheorie selbst!

Um 1800 gab es in Deutschland eine Gruppe von Philosophen und Dichtern, die die Natur grundsätzlich anders sah als die quantitativ arbeitenden Physiker. Zu ihnen gehörte der Dichter Goethe, auch Novalis, der Philosoph Schelling, der Physiker Oersted und viele andere mehr. Diese lose verbundene Gruppe, die man später unter dem Stichwort »romantische Naturphilosophen« zusammen-

[8] Schrödinger, S. 16f

faßte, hat einen alternativen Naturzugang konzipiert. Alles, was die klassische Physik an Subjektanalogien aus der Natur entfernt hatte, wurde von dieser Gruppe in einem alternativen Entwurf stark gemacht. Für sie war Natur eine Ganzheit, sie nannten sie »natura naturans«, die »aus sich wirkende Natur«. Natur enthielt nach diesen »romantischen Naturphilosophen« Wertestufen, Sinn, Symbole, Wahrheit. Ihr Naturbezug war nicht objektivierend wie bei Galilei oder Newton, sie hatten vielmehr einen affektiven, intuitiven und »sympathetischen« Naturzugang. Sie versuchten dann, ihre Intuitionen begrifflich und intersubjektiv verständlich auszusagen. Aber die ausschließliche Herrschaft quantitativer, physikalistischer Modelle hat alle diese Alternativen zurückgedrängt.

In unserem Jahrhundert haben die Antroposophen versucht, den goetheschen Ansatz wieder ins Gespräch zu bringen. Die Wissenschaftsgläubigen haben darüber nur gelacht und sind zur Tagesordnung übergegangen. So haben sie mit ihrer Intoleranz alles an den Rand gedrängt, was irgendwie nach Alternative aussah. Es *durfte* nur einen Weg geben, um die Geheimnisse der Natur zu entschleiern: Experiment und Mathematik.

James Jeans hielt Gott für ein Art von kontemplativen Mathematiker. Er sei zur Überzeugung gekommen, »daß das Weltall von einem reinen Mathematiker erdacht worden zu sein scheint«.[9] Damit hat Jeans die versteckte Metaphysik des Physikalismus preisgegeben. In der Tat: Wenn Gott Mathematiker ist, ist nur derjenige auf dem Weg des Heils, der quantitative, mathematisierte Theorien entwirft. Jeder, der wie Goethe oder die Anthroposophen einen qualitativen Naturzugang behauptet, der mehr ist als eine Vorstufe zu quantifizierbaren Theorien, liegt dann ipso facto schief. Er verhält sich zur Wahrheit wie ein verstockter Heide nach dem Erscheinen Jesu Christi. Wenn

[9] nach Dürr (2), S. 52

Gott Mathematiker ist, dann gilt in der Tat: »extra mathe-
maticam nulla salus.« Aber woher wissen wir so genau, daß
Gott ein Mathematiker ist und nicht etwa ein Dichter?
Wie borniert Wissenschaftler sein können, wenn sie auf
die Grenzen ihrer Methode gestoßen werden, möchte ich
am Beispiel des Physikers Erich Zimmer zeigen. Zimmer
hat ein Buch geschrieben mit dem Titel »Umsturz im
Weltbild der Physik«. In diesem Buch kommt er auf die
Naturtheorien der Anthroposophen zu sprechen und versucht, sie mit einem Argument zu widerlegen, das in
Wahrheit überhaupt kein Argument, sondern nur die Wiederholung der ursprünglichen Behauptung ist. Wenn Wissenschaftsgläubige mit alternativen Naturauffassungen
konfrontiert werden, so pflegen sie diese an ihren eigenen
Standards zu messen und dann abzulehnen. Sie verhalten
sich wie jener muselmanische Feldherr, der nach der Er-
oberung Alexandrias im Jahre 642 eine der berühmtesten
Bibliotheken des Altertums zerstörte mit dem Argument:
»Entweder ist der Inhalt all dieser Bücher im Koran enthalten, dann sind sie überflüssig, oder aber er ist nicht im Koran enthalten, dann sind sie schädlich, also ist die Bibliothek in jedem Fall zu vernichten.«
Exakt nach dieser unbestechlichen, allerdings völlig leer-
laufenden Logik »widerlegt« Zimmer die Naturtheorien der
Anthroposophen. Es würden sich, so beklagt er, in diesen
Theorien keine Voraussagen zukünftiger Ereignisse oder
keine Vorwegnahmen zukünftiger Entdeckungen finden,
keine meßbaren Größen, kein Hinweis auf gesetzlich-ma-
thematische Strukturen usw. Aus diesen Gründen könne
es sich nicht um eine sinnvolle Naturtheorie handeln, sondern um unfruchtbare »Scholastik«.[10]
In dieser Argumentation steckt eine ungeklärte Voraussetzung: *Muß* denn eine Naturtheorie unbedingt all die genannten Bestimmungsstücke enthalten? Eine Theorie vom

[10] Zimmer, S.14

Typus der Physik muß es. Aber muß es *jede* denkbare Form von Theorie?

Im selben Sinn hatte jener muselmanische Feldherr stillschweigend unterstellt, es könne nur *eine* mögliche Art von Wissen geben, nämlich jene, die sich im Koran findet. Gibt es andere Formen des Wissens, so hängt seine herrliche Argumentation in der Luft.

So ist es bei den Wissenschaftsgläubigen. Sie unterstellen, was man eigentlich erst bewiesen sehen möchte, daß es nämlich nur diejenige Form des Wissens geben *kann*, die in der Physik vorkommt. Liest man die »Argumente« von Wissenschaftstheoretikern wie Popper, Stegmüller, Essler usw. angesichts »alternativer Naturtheorien«, so haben sie samt und sonders die Struktur der Argumentation jenes tiefgläubigen Muselmanen – mit dem Unterschied, daß man heute nicht mehr an Allah und seinen Propheten, sondern an Newton und Einstein glaubt.[11] Der Unterschied ist allerdings nicht so gravierend, wie man vielleicht denken könnte. In beiden Fällen wird dasjenige weggeschoben, was nicht ins enge Konzept paßt; es wäre eben sehr befriedigend, wenn die ganze Weltweisheit zwischen den Deckeln des Koran Platz hätte, ebenso wie es außerordentlich befriedigend wäre, wenn alles, was existiert, sich in physikalische Formeln abspeichern ließe. Könnte man diese Formel des weiteren auf eine einzige reduzieren, so hätte man die Komplexität der Welt auf eine DIN-A-4-Seite reduziert; wir würden mit *einem Blick* zugleich alles einzelne durchschauen. Göttlicher könnte der Mensch nicht werden. So steckt hinter der Suche nach einer »Weltformel« der Göttlichkeitswahn einer Gesellschaft, die nur an der Oberfläche säkularisiert wurde. Wie wissenschaftsgläubige Intoleranz, die Suche nach einer »Weltformel« und der versteckte Göttlichkeitswahn zusammenhängen, soll im 6. Kapitel in bezug auf Carl-Friedrich von Weizsäk-

---

[11] z.B. Essler I, S. 13

ker gesondert behandelt werden, weil sich bei ihm die Motive eines titanischen Wissenschaftsglaubens und einer christlichen Grundüberzeugung auf höchst lehrreiche Weise verschränken und aneinander abarbeiten.

Die Entwicklung nach Galilei und das weiterhin ungelöste Problem

Ich habe, was Galilei anbetrifft, fast nichts von seiner konkreten physikalischen Arbeit erwähnt, nichts von seinen Fallexperimenten, seinen Versuchen an der schiefen Ebene usw. Seine Experimente sind zudem sehr elementar. Jeder Grundschullehrer wiederholt sie im Unterricht. Man wird sich vielleicht auch gewundert haben, daß ich den Physikalismus kritisiert habe, ohne auf die fulminante Entwicklung der Physik nach Galilei einzugehen. War Galilei nicht nur ein allererster Anfang, hat nicht Newton später auf geniale Weise die Keplerschen und Galileischen Entdeckungen in eine umfassende Theorie eingebettet? Hat nicht das 18. Jahrhundert bereits unglaublich fortschrittliche Formulierungen der Newtonschen Theorie in der sogenannten »analytischen Mechanik« entwickelt, und begann nicht eigentlich erst im 19. Jahrhundert die Physik wirklich, sich in die Breite der Phänomenwelt zu begeben: mit der Theorie der Elektrizität, des Magnetismus, der Gase, der Thermodynamik? Welche Explosion des Wissens, welche gravierenden Erweiterungen des Weltbildes brachte nicht das 20. Jahrhundert, insbesondere mit der Relativitäts- und Quantentheorie, in den letzten Jahren mit Synergetik und Chaostheorie! Was haben diese höchst komplexen und außerordentlich weitreichenden Theorien mit jenen Fallexperimenten zu tun, die Galilei vor über 300 Jahren (wie man sagt) am Schiefen Turm von Pisa durchführte? Sehr viel, würde ich meinen, in prinzipieller Hinsicht sogar *alles*. Die Physik hat zwar in ihrer Entwicklung gewaltige *inhaltliche* Umschwünge erlebt, das *Prinzip* ihres Weltzugangs ist nach wie vor dasselbe geblieben. Auch die ausgefeiltesten Theorien der Quantenchromodynamik, von denen der Laie noch nicht einmal den Namen versteht, auch die abstrusesten Versuche, eine »vereinigte Feldtheorie« aufzustellen, haben doch mit Galileis Fallgesetz dies gemein, daß sie auf Experiment und mathematische Formulierung verwiesen sind. Allein diese beiden Charakteristika bestimmen einen Stil des Weltverhaltens, der keineswegs selbstverständlich ist.

Betrachten wir historische Stile, etwa die Gotik oder den Barock, so fallen uns die Charakteristika dieser Stile so überscharf ins Auge, daß wir niemals in Verlegenheit kämen, die Wieskirche im Pfaffenwinkel mit dem Kölner Dom zu verwechseln oder das fränkische Vierzehnheiligen mit der Kathedrale von Chartres. Historische Stile haben, aus dem Abstand von Jahrhunderten gesehen, eine solche unverwechselbare Individualität, daß wir sie auf den ersten Blick identifizieren können, es sei denn, es würde sich um ein seiner selbst nicht mächtiges Jahrhundert handeln wie das neunzehnte, das in sämtlichen Stilen baute, weil es keinen eigenen hatte.

Sticht uns der Stil einer Epoche mit einer gewissen Aufdringlichkeit ins Auge, so sind wir doch gewöhnlich im selben Maße blind für den Stil der eigenen Epoche. Das hängt damit zusammen, daß uns der eigene Stil zu selbstverständlich ist, als daß wir ihn wahrnehmen würden. Was uns heute am Barock befremdlich oder amüsant, bedeutsam oder lachhaft vorkommt – die riesigen Perücken, die abgezirkelten Lebensformen, die außerordentlich widersprüchliche Kombination von sturer Rationalität und gefühlvollem Tiefsinn (man denke an die Werke von Johann Sebastian Bach!) –, all dies, was den Barockstil ausmacht, war den Barockmenschen schwerlich bewußt. Der Barockmensch wußte nicht, daß er im Barock lebt. Kein Scholastiker hätte von sich gesagt: »Wir leben hier in der

Gotik.« So glauben auch wir, in einer Epoche ohne Stil zu leben, aus dem simplen Grund, weil uns die Merkmale unseres eigenen Stils zu selbstverständlich sind, als daß wir sie wahrnehmen könnten.

Es ist schwer, über die eigene Epoche zu urteilen, ich würde aber vermuten, daß die Wissenschaft ihren eigentlichen Charakter ausmacht und daß der Versuch, alles in der Welt nach naturwissenschaftlichen Prinzipien zu behandeln, unseren Lebensstil nachhaltig und bis zum Aberglauben prägt.

Es ist nicht unmöglich, daß es in Zukunft noch Menschen geben wird; ich hoffe jedenfalls, daß diese zukünftigen Menschen die Freiheit haben werden, über unsere Art des Wissenschaftswahns zu lachen, so wie wir heute über die gepuderten Zöpfe und Perücken des 18. Jahrhunderts lachen. Im Augenblick könnte einem das Lachen allerdings vergehen, wenn man an die Gefahren denkt, die durch einen ausschließlich wissenschaftlich-technischen Weltumgang entstanden sind.

Durch die Entwicklung der Naturwissenschaft ist eine Spannung in die Kultur gekommen, die es so zuvor nicht gegeben hat. Es steckt eine gewisse Paradoxie in dieser Entwicklung: Der Mensch schafft Modelle, in denen er sich nicht mehr wiedererkennt; es findet eine bestimmte Art von Entfremdung statt. Schuf der vorindustrielle Handwerker einen Pflug, eine Haustür oder einen Schafstall, so schuf er diese Gegenstände zwar nach Prinzipien, aber nicht nach naturwissenschaftlichen Prinzipien. Seine Prinzipien waren der Erfahrung entnommen, die die Generationen weitervererbten. Die Zwecke, die seine Auftraggeber vorgaben, wurden je nach Bedarf erfüllt, kein Schafstall, keine Tür glich ganz genau der anderen. Durch diese latente Anwesenheit des Individuellen, Geschichtlichen waren die Gegenstände persönlicher, auf den Einzelnen bezogen. Sie luden sich mit symbolischer Bedeutung auf und erzeugten ein Gefühl von »Heimat«. Die standardisierten

Massenprodukte hingegen lassen das Individuelle, Geschichtliche abprallen: Ein VW-Golf ist wie der andere, und der Versuch, Individuelles durch Spoiler, Verkleidungen, zusätzliche Instrumente und PS hereinzubringen, ist lediglich ein Werbetrick, denn diese »individuellen« Zusätze sind genauso massengefertigt wie das ganze Auto.

Die Negation des Individuellen, Geschichtlichen beruht auf der Verwissenschaftlichung der Technik. Sie ist der Preis eines Übergangs von vorindustriellen zu industriellen Produkten. Bereits die wissenschaftlichen Theorien, die die Grundlage für industrielle Produktion sind, negieren durch ihre Form das Individuelle und Geschichtliche. In all dem liegt selbstverständlich nichts Falsches. Gefährlich wird es erst, wenn man die Verwissenschaftlichung zum Totalprogramm und die Technisierung zum Glück der Menschheit hochstilisiert.

Worin besteht genau die Entfremdung und Entäußerung, die durch Wissenschaft in die Welt gekommen ist und zu der es in der Geschichte kaum ein Analogon gibt?

Experiment heißt Reproduzierbarkeit, Wiederholbarkeit an jeder Zeit-Raum-Stelle. Dasselbe beinhaltet die Forderung nach Mathematisierung. Mathematische Modelle sind für jeden zu jeder Zeit und an jedem Ort gleich gültig, ihre Schlußfolgerungen sind stringent oder nicht, sie sind aber vollkommen unabhängig von der geschichtlichen Epoche, in der wir leben: Der Satz des Pythagoras gilt auch noch nach 2500 Jahren. Die Entwicklung nichteuklidischer Geometrien hat daran nicht das geringste geändert, denn der Satz des Pythagoras ist nur innerhalb der euklidischen Geometrie definiert, und da gilt er nach wie vor. An dieser Ungeschichtlichkeit mathematischer Sätze nehmen auch die physikalischen Gesetze teil.

Und wenn sich Natur dennoch ändert? Wenn sich etwa die Gravitationskonstante ändert oder wenn sich die physikalischen Gesetze selber ändern?

Wir können niemals sicher sein, daß wir das letzte, unveränderliche Gesetz der Natur gefunden haben, aber wir betrachten Natur in der Physik immer unter der *idealen* Voraussetzung, daß sie sich nicht ändert. Ändert sie sich doch, so machen wir diese Voraussetzung auf einer höheren Stufe wieder; niemals aber setzen wir als Grund dieser Veränderungen ein Geschichtliches. Unser Zielpunkt ist die unveränderliche platonische Idee. Dies ist der Grund, weshalb es auch unter den modernsten Physikern und Mathematikern nach wie vor Platoniker gibt, obwohl die platonische Lehre von keinem Philosophen mehr aufrechterhalten wird.

Naturwissenschaft ist also durch ihre mathematisch-platonische Form die Negation von Geschichte. Dadurch entsteht eine ungeheure Spannung. Wir selbst sind geschichtliche Wesen durch und durch, die Inhalte der Naturwissenschaft jedoch konstruieren wir, als wären sie ungeschichtlich. Wir selbst sind fühlende, wertende, zwecksetzende Wesen, die Inhalte der Wissenschaft aber sollen unabhängig von unseren Gefühlen gelten, sie sind »wertfrei« und enthalten keine Zwecke. Alles, was das Subjekt ausmacht – Sinn, Wert, Zweck, Norm, Verpflichtung, Geschichtlichkeit – all dies ist aus den *Inhalten* wissenschaftlicher Modelle eliminiert. Auf diese Weise ist, so scheint mir, die vielbeschworene »Subjekt-Objekt-Spaltung« entstanden. Ich hatte oben den »aristotelischen« und den »stoischen« Naturbegriff erwähnt. Innerhalb solcher Naturkonzeptionen gibt es keine »Subjekt-Objekt-Spaltung«, denn die Inhalte dieser Naturkonzeptionen stehen nicht in schroffem Gegensatz zum Humanum. Wenn nach Aristoteles die Natur selber strebt, wenn sie Zwecke verfolgt, wenn es Werte und Sinn in ihr gibt, so ist sie uns anverwandt, ähnlich, durchaus vertraut. Noch vertrauter ist sie, wenn sie wie bei den Stoikern zugleich die umfassende Folie unseres Handelns ist in dem Sinn, daß unsere Ziele bereits in der Natur liegen. Dann müssen wir uns nur ihrer Führung anvertrauen, um das rechte Leben zu leben. Einer der Leitsätze der Stoiker lautete: »Wenn wir nur immer der Natur folgen, so werden wir uns niemals irren.« Hier ist Natur zugleich Heimat und Ziel, und der beruhigte Mensch fällt in keiner Weise aus ihr heraus. Nun hat die Verwissenschaftlichung der Welt diese älteren Formen des Naturverhältnisses zerstört. Die meisten Gebildeten wissen heute schon gar nicht mehr, was Aristoteles, Seneca, Thomas von Aquin oder Giordano Bruno über die Natur gedacht haben; ja selbst die alternativen Naturkonzeptionen der Romantiker, der Lebensphilosophie oder auch nur Nietzsches sind aus dem Bewußtsein der Öffentlichkeit verschwunden. Man glaubt, all dies könne mit Quantenphysik abgegolten werden. Die Physik vermag zwar viel, aber niemals wird sie dem Menschen eine Heimat schaffen können; dazu ist sie einfach nicht in der Lage.

Carl-Friedrich von Weizsäcker hat seine »verallgemeinerte Physik« so angelegt, daß sie die »Subjekt-Objekt-Spaltung« überwindet, so, daß an sich keine Entfremdung mehr zur Natur zurückbleiben dürfte. Aber am Ende seiner Bemühungen gesteht er in seinem letzten großen Werk, das gewissermaßen die Summe seiner Lebensarbeit darstellt: »Eines freilich fehlt dem Menschen in diesem Bild der großen Einheit der Natur: die Behaustheit, die ihm sowohl die ewige endliche Welt des Aristoteles wie der Schöpfungsgarten der Bibel bietet.«[12] Kein Wunder! Eine exakte, mathematisierte Theorie *kann* genau dieses nicht leisten. Wer rechnen will, soll rechnen. Wer aber lieben will, der soll das Rechnen sein lassen. Wir nennen nicht umsonst einen Menschen, der diese beiden Haltungen verwechselt, »berechnend«. Dies ist auch zutreffend in bezug auf die Natur: In eine mathematische Formel gepackt, ist sie nicht mehr liebenswert, und wo sie liebenswert ist, haben wir aufgehört zu rechnen.

Niemand kann im Ernst Interesse daran haben, in vorwis-

---

[12] von Weizsäcker (2), S. 633

senschaftliche Formen des Naturverhältnisses zurückzufallen, denn dann würden wir auch die unstreitigen Vorteile der Wissenschaft verlieren. Aber man müßte sich doch fragen, ob nicht der rein physikalistische Naturzugang relativiert werden muß durch alternative Naturzugänge.

Mit dem Zurückdrängen solcher Alternativen ist es wie mit dem Artensterben. Der einseitige Wissenschaftsglaube hat die Fülle geschichtlicher Naturverhältnisse auf die Monokultur des Physikalismus reduziert. So haben wir auch die Fülle der Naturformen drastisch reduziert, so daß in unseren Breiten bald nur noch Spatzen, Kanalratten und hochneurotische Stadttauben vorkommen werden. Pirole, Eisvögel, Luchse oder Steinadler kann man heute fast nur noch verstaubt und ausgestopft im Museum besichtigen. So ist es auch mit alternativen Naturzugängen. Die Museumswärter der Tradition, die Philosophen, präparieren diese Alternativen für die akademischen Vitrinen zum Zwecke der Erlangung des Doktorgrades oder eines Professorensessels, aber in der Öffentlichkeit sind alternative Naturzugänge nicht mehr lebendig (sowenig wie wir Luchse und Bären in der Großstadt antreffen können).

Wie kommt es, daß wir mit einer solchen Gleichgültigkeit dem Artensterben zusehen oder daß wir es gestatten, wenn alternative Naturzugänge zu bloßen Museumsstücken einer ausgestopften Akademikerkultur werden? Vielleicht weil wir uns schmeicheln, in Wahrheit nichts dabei zu verlieren, vielleicht weil wir glauben, daß wir durch Genmanipulation jene Artenvielfalt künstlich wiedererzeugen können, die wir so leichtfertig dem Fortschritt geopfert haben, oder weil wir glauben, daß alternative Naturzugänge durch Physik ersetzbar sind. Beides scheint mir falsch: Die Evolution hat für die Entwicklung mancher Arten Jahrmillionen gebraucht. Werden wir die sedimentierte Erfahrung dieser langen Zeit in unseren Laboratorien künstlich wiederherstellen können?

Die Entfaltung alternativer Naturkonzepte hat in der Geschichte nicht ganz so lange gedauert, aber werden wir imstande sein, sie zurückzurufen, nachdem wir sie längere Zeit nicht mehr gepflegt haben?

Die Verwissenschaftlichung drängt unser Naturverhältnis in eine fatale Dichotomie hinein: Entweder wir beschränken uns darauf, Natur zu berechnen; dann können wir sie zugleich manipulieren, verlieren aber unsere eigene Verwurzelung in der Natur aus dem Blick. Oder wir leben diese Verwurzeltheit in der Natur, dann können wir aber Natur nicht zugleich so objektivieren, daß sie für uns manipulierbar wird.

Im Prinzip entsprechen dieser Dualität Verhältnisse, die wir aus dem sozialen Bereich gewöhnt sind: Wer z. B. ausschließlich nach wirtschaftlichen Gesichtspunkten verfährt, wird alle Menschen lediglich als Mittel zu seinen Zwecken benützen. Wir werden einen solchen Menschen schwerlich als »guten« Menschen im Sinne der Ethik beurteilen. Umgekehrt wird sich ein Mensch, der immer nur »gut« sein wollte, wirtschaftlich ruinieren, da ihn alle Welt ausnutzen wird. Wie zwischen Liebe und Gerechtigkeit, so besteht auch zwischen zweckrationalem und sittlichem Handeln ein Verhältnis der Komplementarität: Immer verschwindet uns das eine übers andere, und doch brauchen wir beides, wenn wir uns richtig verhalten wollen.

Entsprechend gibt es auch eine doppelte, komplementäre Perspektive auf Natur, nämlich die Perspektive der Sinnhaftigkeit und der Berechenbarkeit. Es wird sich auch hier niemals darum handeln, eine Perspektive der anderen zu opfern, sondern es geht darum, endlich einen vernünftigen Ausgleich zu finden. Das aber wird nur gelingen, wenn wir die verdrängte qualitative Seite der Natur endlich wieder zur Kenntnis nehmen und uns von dem Wahnglauben befreien, nur das sei real, was in den Computer paßt.

3. Die existentielle Verengung durch Wissenschaft und die Wachträume der Physikalisten

Die Dialektik von Zweck und Zufall und der Versuch der Chaostheorie, diese Dialektik zum Stillstand zu bringen

Die Naturwissenschaften haben eine unaufhebbare Entfremdung zur Folge: Alles was das Leben des Forschers ausmacht – Ganzheit, Werte, Ziele, Zwecke, Hoffnungen – gehört nicht zu den *Objekten* seiner Wissenschaft. Statt Ganzheit findet er Kausalketten, statt Werte Meßwerte, statt Ziele und Zwecke funktionale Abhängigkeiten, statt Hoffnungen Meßergebnisse.

Es ist, als bringe der Verwissenschaftlichungsprozeß die Welt zum Gefrieren: Ein glatter See, auf dem es sich gut Schlittschuh laufen läßt, aber es wächst kein Gras mehr, keine Blume, nirgends zappelt ein Fisch.

Goethe hat in seiner »Farbenlehre« die »sinnlich-sittliche Wirkung« der Farben auf den Menschen beschrieben. Für die Naturwissenschaft gibt es keine solche Wirkung. Für den Wissenschaftler sind Farben lediglich Frequenzen einer elektromagnetischen Schwingung, nach Nanometern meßbar. Der Rest ist »subjektiv«. Ist er es wirklich? Geht durch den wissenschaftlichen Objektivierungsprozeß nichts verloren? Die Naturwissenschaft hat im Prinzip nur zwei Kategorien, unter die sie die Welt subsumiert: Notwendigkeit und Zufall. Die Notwendigkeit mathematischer Gesetze ist ihre zentrale Kategorie. Was gesetzlich erklärt ist, *gilt* als erklärt. Weil es aber immer wieder Phänomene gibt, die sich dem gesetzlichen Schema entziehen, hat man den »Zufall« als Gegenkategorie eingeführt. Der »Zufall« ist der Papierkorb der Naturwissenschaft. Ich rate sehr, diesen Papierkorb auf den Kopf zu stellen, gründlich auszuleeren, um einmal in Ruhe zu prüfen, was aus welchen Gründen in diesem Papierkorb gelandet ist.

Die Gesetze dagegen sind der Stolz der Wissenschaft. Hat der Physiker ein Gesetz gefunden, so ist sein Streben ans Ende gelangt. Man versieht das Gesetz mit seinem Namen: »Hooksches Gesetz«, »Ohmsches Gesetz«, »Fermatsches Prinzip« usw. und heftet diese Gesetze und Prinzipien in den Lehrbüchern als festen Bestand des Wissens ab. Eventuell kommt noch ein theoretischer Physiker und verbindet die einzeln gefundenen Gesetze zu einer umfassenden Supertheorie, so wie Maxwell die Entdeckungen mehrerer Physikergenerationen in seinen berühmten Gleichungen zusammengefaßt hat. Auf diese Weise entsteht der Inhalt der Physik-Lehrbücher als das sedimentierte Gesetzeswissen von Generationen. Dies ist der Vorzeigekorb der Wissenschaften, ihr Stolz.

Zugleich wächst aber auch der andere Korb, der wissenschaftliche Abfallkorb mit Namen »Zufall«. Wir wollen etwas in diesem Korb herumwühlen, um zu sehen, ob sich nichts Brauchbares findet. Würde sich auch nur *ein* Blättchen mit sinnvollem Inhalt finden, so wäre bereits bewiesen, daß die Naturwissenschaft mit ihrer Grobgliederung »subjektiven« und »objektiven« Wissens nicht hinreicht, um zwischen sinnvollem und nicht sinnvollem Wissen zu unterscheiden. De facto fällt in den Papierkorb der Naturwissenschaft dasjenige, was *für die Naturwissenschaft* ohne Bedeutung ist. Unter anderer Hinsicht mag aber durchaus wertvoll sein, was für sie keine Bedeutung hat.

Das Problem ist dieses: Der Zufall hat keine eindeutig fixierbare Gestalt. Was in einer Hinsicht Zufall sein mag, kann in anderer Hinsicht sinnvoll und notwendig sein. Diese Eigenschaft rührt daher, daß wir den Zufall immer nur relativ zu einer Erwartung definieren, die durch diesen Zufall frustriert (oder beglückt) wird und daß unsere Erwartungen sehr verschieden sein können. Eile ich z. B.

morgens zu meinem Wagen, um zur Arbeit zu fahren, so begegnet mir *zufällig* Herr XY, der zu dieser frühen Zeit aufs Einwohnermeldeamt hastet, um der erste in einer Schlange zu sein, die sich dort gewohnheitsmäßig bildet. *Für mich* ist dieses Treffen der »reine Zufall«. Für einen Beobachter, der die beiden Herren mit bestimmter Geschwindigkeit und Richtung von einem höheren Gebäude aus beobachten könnte, wäre ihre Begegnung nicht »zufällig«. Er könnte sie aus den Geschwindigkeiten und Richtungen exakt vorhersagen.

Oder etwa, wenn ich bei Bekannten eingeladen bin und mich nach einem fröhlichen Abend auf mein Zimmer begebe, in dem ich nie zuvor geschlafen habe, so werde ich nach dem Öffnen der Tür den Lichtschalter suchen. Ich taste also wahllos in der Nähe des Türrahmens herum, bis ich schließlich den Schalter gefunden habe. Jede meiner Tastbewegungen wird vollständig *zufällig* sein, denn ich weiß ja nicht, wo der Schalter angebracht ist. Trotzdem sind meine Tastbewegungen nicht in jeder Hinsicht zufällig, denn ich verfolge einen bestimmten Zweck. Nehmen wir einen reinen Physikalisten an, der nichts als seine Gesetze im Kopf hat (kein allzu seltener Fall!). Ein solcher Physikalist könnte in meinen Tastbewegungen keine wie auch immer geartete Gesetzlichkeit feststellen. Selbst wenn er bei 1000 Personen beobachtet hätte, wie sie nach dem Schalter tasten, würde er immer nur feststellen, daß die Tastbewegungen aufhören, sobald der Schalter gefunden wurde, das Tasten selbst wäre für ihn nichts als »der reine Zufall«.

Doch den »reinen Zufall« gibt es nicht. Was für die Erwartungshaltung des Physikers, der auf Gesetze aus ist, wie »Zufall« aussieht, ist für den suchenden Menschen ein durchaus sinnvolles, weil geplantes Handeln.

Wissenschaftler pflegen ihre Form des Zufalls zu verabsolutieren. Ist für *ihren* Erwartungshorizont (den der mathematischen Gesetzlichkeit) etwas »zufällig«, so unterstellen sie, daß das für *jeden* Erwartungshorizont so sein müsse. Es gibt allerdings auch rühmliche Ausnahmen. Werner Heisenberg z. B. hat darauf hingewiesen, daß das, was sich »zufällig« in der Natur bildet, von einem anderen Standpunkt aus gesehen, ohne weiteres »Sinn« haben könne.[1]

Doch so doppelbödig wie Heisenberg sind die meisten Naturwissenschaftler nicht: Der Molekularbiologe und Nobelpreisträger Jacques Monod z. B. hat ein bedeutendes Buch geschrieben: »Zufall und Notwendigkeit«. Dieses Buch nennt schon im Titel die beiden Hauptkategorien des Naturwissenschaftlers. Die These Monods in dem genannten Werk ist folgende: Der Weltprozeß ist eine Mischung aus zufälligen Ereignissen und gesetzlichen Verknüpfungen. Es gibt in diesem Prozeß keinen Sinn, keine Ziele und Zwecke, keine Werte. Was das Christentum und auf andere Weise der Marxismus als Sinnstruktur unterstellen, ist reine Illusion, die durch die Wissenschaft widerlegt wird.

Man sieht aber sehr leicht, worin Monods Trugschluß besteht: Für die Naturwissenschaft decken »Zufall und Notwendigkeit« das Spektrum möglicher Weltbezüge ab. Ist aber die naturwissenschaftliche Perspektive nicht die einzige, so kann das, was für die Naturwissenschaft »Zufall« ist, durchaus sinnvoll sein, sobald es in einen anderen Rahmen hineingestellt wird.

Monod geht, wie die meisten Wissenschaftler, von einer naiven Erkenntnistheorie aus. Er glaubt, daß die Kategorien seiner Wissenschaft die Welt so abbilden, *wie sie ist.* In Wahrheit hat er nur einen bestimmten Schnitt durch den Kuchen der Welt gemacht, einen Schnitt, den man auch ganz anders durchführen könnte, denn der Kuchen sagt mir von sich aus nicht, wie ich ihn anschneiden soll.

Naturwissenschaftler pflegen Zweckmäßigkeit durch Zufall zu erklären. Weil nämlich der Begriff des Zweckes

---

[1] Heisenberg (1), S. 95

oder Zieles in naturwissenschaftlichen Theorien nicht vor-kommen *kann* und weil er nicht identisch ist mit mathe-matisch-gesetzlichen Verknüpfungen, ordnet der Wissen-schaftler den Zweck unter die Kategorie des »Zufalls« ein. In diesen Papierkorb fällt automatisch alles, was nicht in die positive Hauptkategorie der Gesetzlichkeit paßt. Rein wissenschaftsimmanent betrachtet ist dies vollkommen in Ordnung, denn die Frage nach Sinn und Zweck der Welt sind nicht Aufgabe des Naturwissenschaft. Nur kann sie dann auch nichts Negatives über Sinn und Zweck aus-sagen. Sie hat sich dieser Fragen zu enthalten. Monod geht über diese Beschränkung hinaus. Er hält seine Kategorien für schlechthin gültig und glaubt, daß das, was nicht in seine Raster hineinpaßt, deshalb auch nicht existiert. Die Kirchenväter, wie z. B. Augustinus, versetzten die Ideen Platos in den göttlichen Geist. Nach ihnen verleiht Gott den Dingen Sein durch das Denken der Ideen. Sein ist also Gedachtsein, reale Existenz nichts außerhalb des göttli-chen Gedankens. So gottähnlich muß sich Monod vor-kommen, wenn er die Perspektiven seiner wissenschaftli-chen Welterfassung mit der Welt selber verwechselt.

Ganz generell kann man davon ausgehen, daß diejenigen, die so genau wissen, daß kein Gott existiert, sich selber für Götter halten *müssen*. Denn woher wollen sie es so genau erfahren haben, daß es keinen Gott gibt? Wir können noch nicht einmal die Existenz einer grün gestrichenen Schraube aus prinzipiellen Gründen verneinen, denn um zu wissen, daß es keine grün gestrichenen Schrauben ge-ben *kann*, müßten wir das ganze Weltall überblicken, was wiederum den göttlichen Standpunkt voraussetzt. Von Gott könnte nur Gott wissen, daß er nicht existiert. Ein echter Wissenschaftler würde sich verhalten wie Bertrand Russell: Dieser ließ die Frage nach Sinn und Zweck der Welt, die Frage nach Gott offen. Er sah sich von seinem wissenschaftlichen Standpunkt aus nicht in der Lage, dazu etwas Positives oder Negatives zu äußern. Angesichts des

Leidens in der Welt schien es ihm unwahrscheinlich, daß ein Gott existieren könne. Aber er betrachtete dies nicht als wissenschaftliches Argument, sondern als private Plausibilität.

Leider vermischen sich mit exakter Wissenschaft oft pseudoreligiöse Attitüden. Jacques Monod hielt nicht nur seinen Atheismus für »wissenschaftlich« begründet, er verkündete ihn zugleich mit dem Pathos eines Propheten, der die absolute Wahrheit gefunden hat. Wenn aber Gott nicht existiert, gibt es auch keine absolut bindende Wahrheit zu verteidigen, und der Anspruch, mit »Zufall und Notwendigkeit« die ganze Welt zu erklären, hängt in der Luft.

Es gibt eine amüsante Geschichte, die sich im Kreis der ersten Quantenphysiker ereignete. Die meisten Physiker, mit Ausnahme von Paul Dirac, waren keine Atheisten. Dirac allerdings war von der Art Monods: kämpferisch, mit jener Kombination von Wissenschaftsgläubigkeit und Atheismus, die manche Marxisten noch heute für zwingend, jedenfalls nach wie vor für zeitgemäß halten (obwohl sie schon vor hundert Jahren überholt war). Dirac hatte im Kreis der Quantenphysiker wieder einmal seine »aufgeklärten« Thesen gegen die Religion verbreitet. Die Religion sei ein Priesterbetrug, erfunden, um die Massen niederzuhalten; aber die Wissenschaft räume mit diesen Ammenmärchen auf, durch Entzauberung der Welt entziehe sie der Religion die Grundlage und führe zu wahrer Einsicht usw. Nachdem er eine Zeitlang in diesem Stil und mit beträchtlichem Pathos gegen Religion und Dunkelmännerei gewettert hatte, entstand eine Stille, in die der Physiker Wolfgang Pauli in ruhigem Ton sagte: »Ja, ja, unser Freund Dirac hat eine Religion; und der Leitsatz dieser Religion lautet: ›Es gibt keinen Gott, und Dirac ist sein Prophet‹.«[2]

Ich halte diesen Satz für außerordentlich tiefgründig. Er beleuchtet mit der Treffsicherheit eines guten Witzes diese

[2] Heisenberg (2), S. 106

eigentümliche Verschränkung von Atheismus und Pseudoreligiosität, die man häufig im Gefolge »wissenschaftlicher Aufklärung« findet. Die Stelle, die einmal Gott eingenommen hat, bleibt nicht leer: Die Wissenschaft nimmt selber Platz auf dem verwaisten Thron (und wirkt dort so verlogen und aufgeplustert wie Wilhelm II. mit seinem prätendierten Gottesgnadentum).

Um auf Monod zurückzukommen: Hätte sich Monod in echt wissenschaftlicher Haltung das Pathos des Propheten erspart, hätte er seine Theorie als das genommen, was sie wirklich ist, nämlich eine begrenzte Erklärung der Welt, dann hätte er sich seine Polemik gegen Marxismus und Christentum sparen können. Er hätte lediglich behaupten dürfen, daß vom Standpunkt *seiner* Kategorien aus ein Sinn von Welt nicht erkennbar ist. Aber dies hätte uns nicht weiter erstaunt, wissen wir doch, daß rein naturwissenschaftliche Kategorien über den Sinn der Welt nichts aussagen können.

Sehr heftig polemisiert Monod gegen den Paläontologen und Theologen Teilhard de Chardin. Teilhard hat die Evolution als sinnvolles Geschehen gedeutet und diese Deutung mit seiner christlichen Grundüberzeugung zu einem geschlossenen Weltbild verknüpft. Man kann gerade am Verhältnis Teilhards zu Monod sehen, wie der Wechsel der Perspektiven gerade *nicht* erlaubt, alle Theorien über Natur in dieselbe Sparte einzuordnen.

Ich habe oben das Beispiel des Tastens nach dem Lichtschalter erwähnt. Dieses Tasten ist für den Blick des von außen kommenden, objektivierenden Wissenschaftlers ein zufälliger, gesetzloser Prozeß. Für die Innenperspektive des Handelnden aber ist das zufällige Tasten bewußtes Mittel zum klar definierten Zweck. Das Wesentliche ist dem Tastenden ja nicht der Zufall, sondern der vorausgesetzte Zweck, und der ist durchaus nicht zufällig, denn nicht zufällig sucht der weinschwere Gast das Bett; er hat es durchaus »nötig«, ins Bett zu kommen.

Was also in der einen Perspektive »der reine Zufall« ist, das ist in der anderen Perspektive durchaus notwendig und sinnvoll. »Zufall und Notwendigkeit« können also bei ein und demselben Prozeß vollkommen Gegensätzliches bedeuten, je nach der Perspektive, von der aus man ihn betrachtet.

Nun hat Teilhard de Chardin gegenüber der Evolution genau diese »Innenperspektive« eingenommen. Er fordert, daß wir die Natur nicht nur als gesetzlichen, objektiven Zusammenhang begreifen, sondern daß wir uns *zugleich* auf den Standpunkt eines Mitbetroffenen stellen, der nicht nur von physikalischen Gesetzen passiv bestimmt wird, sondern der sich selber nach Zielen und Zwecken bestimmt. Von daher dechiffriert Teilhard die Zufälle der Evolution als versteckte Zweckmäßigkeit. (Das Bild des Tastens stammt von ihm). Für Teilhard ist die Evolution ein mühsames, Jahrmillionen dauerndes Tasten oder, wie er es nennt, der »geplante Zufall«.[3] In einem Begriff wie dem »geplanten Zufall« steckt nur dann eine Paradoxie, wenn man den Zufall absolut nimmt, wenn man vergißt, daß »Zufall« immer nur relativ zu einer bestimmten Erwartungshaltung definiert ist. Monod findet im Zweckmäßigen den Zufall, weil er nur die Gesetzlichkeit des Kosmos als sinnvolle Kategorie anerkennt. Teilhard findet im Zufall die Zweckmäßigkeit, weil er das Universum als sich entwickelnde Ganzheit faßt. So kann man ein und dieselbe Natur von verschiedenen Seiten aus betrachten und sieht jeweils verschiedene Aspekte. Es *muß* kein Widerspruch sein, wenn die Szientisten den Sinn der Welt auf den Zufall zurückführen und wenn Teilhard die Zufälle der Welt als Baumaterial für ein sinnvolles Universum verwendet. Mit Recht sagt der Molekularbiologe Alfred Gie-

[3] Teilhard, S. 105

rer: »Der Mensch ist frei, sich als Zufallsprodukt oder Ziel der Evolution aufzufassen.«[4]

Man muß nur unterscheiden, von welchem Standpunkt aus man was tut. Teilhard hat den Anspruch gestellt, mit seiner Deutung von Welt als sinnvollem Geschehen harte Naturwissenschaft zu betreiben.[5] Ich kann ihm hierin nicht folgen. Wer harte Wissenschaft betreibt, soll sich aller Fragen nach Sinn und Zweck entschlagen. Wer hingegen über Sinn und Zweck nachdenkt, befindet sich auf der Ebene philosophischer Grundsatzreflexion; er treibt keine Naturwissenschaft mehr, sondern befindet sich in einer anderen Perspektive mit eigenen Prinzipien und Rechtfertigungsverpflichtungen.

Die Dialektik von Zweck und Zufall (bzw. Gesetzlichkeit) wird von den meisten Naturwissenschaftlern übersehen, weil sie ihre Perspektive für die allein wahre halten. Das war zur Zeit Monods so und ist es noch heute im sogenannten »Molekulardarwinismus«. Für den bekannten Biophysiker Bernd-Olaf Küppers stellen beispielsweise »teleologische Hypothesen lediglich Scheinlösungen dar, die sich auf jeweils aktuelle Erkenntnislücken der Physik und Chemie stützen«[6]. Die Idee, daß teleologische Erklärungen auf einer anderen Ebene liegen könnten als kausalmechanische, kommt Küppers erst gar nicht in den Sinn. Es ist eben in der positivistischen Wissenschaft jene Einsicht in dialektische Zusammenhänge verlorengegangen, die die Philosophie des 18. und 19. Jahrhunderts noch hatte. So ist nach Kant »die Gesetzlichkeit des Zufälligen Zweckmäßigkeit«[7], d. h. Kant unterstellt, daß dasjenige, was vom Standpunkt des Naturwissenschaftlers als bloßer Zufall erscheint, von einem teleologischen Gesichtspunkt als Zweckmäßigkeit interpretiert werden kann. So interpre-

---

[4] Gierer, S. 89
[5] Teilhard, S. 15
[6] Küppers, S. 42
[7] Kant KU, B 244

tierte auch Hegel in seiner Naturphilosophie den Gegensatz von Zufall und Notwendigkeit als Entwicklung vom bloß Gesetzmäßigen zum bereits Zweckmäßigen, indem er von einer rein naturwissenschaftlichen zu einer philosophischen Perspektive überging.[8]

Doch die Naturwissenschaftler haben sich darauf geeinigt, Hegel für einen Begriffsdichter zu halten, damit beschäftigt, statt seriöser Wissenschaft spekulative Schaumblasen zu produzieren, dabei könnte gerade seine Dialektik von Zweck und Zufall dienlich sein, die äußerst verworrenen Grundbegriffe zu klären, die wir brauchen, um die Bedeutung naturwissenschaftlicher Modelle zu verstehen.

Die Flucht vor der Philosophie hilft jedoch nichts. Der Dialektik von Zufall und Notwendigkeit entgehen wir in keinem Fall, auch nicht dadurch, daß wir versuchen, den Zufall als solchen (!) in die Naturwissenschaft einzuführen, wie das von der neuesten physikalischen Disziplin, der »Chaostheorie« versucht wird. Die »Chaostheorie« hat die bedeutende Rolle zufälliger Abweichungen in den Anfangsbedingungen physikalischer Prozesse entdeckt. Sie spricht hier von dem sogenannten »Schmetterlingseffekt«, d. h. eine kleine Ursache wie z. B. der Flügelschlag eines Schmetterlings kann möglicherweise einen Sturm auslösen, denn das Wetter ist ein typisch »chaotisches System«. Nichtsdestoweniger ist auch die Chaostheorie eine Gesetzeswissenschaft wie jede physikalische Disziplin. Nicht das Chaos *als solches* ist ihr Thema, sondern das chaotische Verhalten von Systemen, die durch versteckte Ordnungsparameter charakterisiert sind. Die häufige Rede vom »deterministischen Chaos«, die in jedem neueren Lehrbuch zu finden ist, ist so widersprüchlich, wie sie klingt: Was chaotisch ist, ist *insofern* nicht determiniert und was determiniert ist, wird niemals das Chaos zur Folge haben. Der Zufall ist eben physikalistisch nicht zu bändigen. In Wahr-

---

[8] Hegel, Enzyklopädie, § 248

heit ist er jener vielgestaltige Proteus, der unter jedem Blickwinkel als etwas anderes erscheint: Für den Physiker hat er eine andere Gestalt als für den praktisch Handelnden, für den aufgeklärten Humanisten eine andere als für den religiös-gläubigen Christen. Daher das Bemühen der »Chaostheoretiker«, den Zufall physikalistisch einzugemeinden, um ihn seiner proteushaften Natur zu berauben, denn wenn dies gelänge, könnte der Zufall seine Rolle als Scharnier verschiedener Weltinterpretationen nicht mehr spielen und die Physik wäre die einzige sinnvolle Welterklärung.

Weil die Physik eine Gesetzeswissenschaft ist, hat sie bisher den Zufall und das Chaotische nach Kräften verdrängt. Jetzt, da die Zeichen sich mehren, daß das Universum keine determinierte Maschinerie ist und daß Zufallsschwankungen eine konstitutive Rolle bei sehr vielen Prozessen spielen, treten die Physiker die Flucht nach vorn an und geben vor, den Zufall vollständig »erklärt« zu haben. »Ordnung aus Chaos, Vernunft aus Zufall«[9], so kann ohne weiteres der Titel eines Artikels zur Chaostheorie lauten, als ob das prinzipielle Entstehen von Ordnung ein physikalisches Problem wäre! Als ob die Vernunft ihr Entstehen aus dem Zufall rekonstruieren könnte, ohne sich beständig selbst vorauszusetzen! Sehr deutlich wird die Flucht nach vorn in den Schriften des Chaostheoretikers Mayer-Kuckuk. Dieser erhebt den Anspruch, Gesetzlichkeit *und* Zufälligkeit im Weltprozeß physikalisch erklärt zu haben. Er blickt auf die Welt und fragt sich: »Aber wie konnte diese so wunderbare Ordnung aus dem Chaos entstehen?«[10] Die Frage ist berechtigt, aber sie ist physikalisch nicht zu beantworten. Der Physiker setzt die Gesetzlichkeit der Welt immer schon voraus, sonst könnte er keine Experimente durchführen. Die Überzeugung von der *prin-*

---

[9] So der Titel eines Artikels von Klaus Schulten in: Küppers, S. 243 ff
[10] Mayer-Kuckuk, S. 12

zipiellen Gesetzlichkeit der Natur ist eine transzendentale Voraussetzung von Physik als Wissenschaft. Der empirisch arbeitende Physiker kann dagegen immer nur einzelne Gesetze herausfinden. Gesetzlichkeit schlechthin muß er unterstellen, sonst könnte er seine Wissenschaft nicht hervorbringen. Insbesondere ist die Frage nach dem Hervorgehen von Ordnung aus dem Chaos keine physikalisch sinnvolle Frage, da wir in der Physik a priori Ordnung sogar im Chaos unterstellen *müssen*, weil sonst das Chaos überhaupt kein physikalisch sinnvolles Objekt wäre. Nicht umsonst spricht Mayer-Kuckuk von »einer Reihe von ganz neuen Gesetzmäßigkeiten«,[11] die auch im physikalischen Chaos gelten, ja man kann nach ihm sogar »Unordnungsparameter« für chaotische Systeme definieren[12], d. h. das Chaos läßt sich ohne weiteres quantifizieren. Das heißt: der Blickwinkel des Physikers hat sich auch in der Chaostheorie nicht prinzipiell gewandelt: Das Zufällige, Chaotische als solches ist keineswegs sein Objekt geworden (wie sollte es auch!), sondern die in chaotischen Prozessen herrschende Gesetzmäßigkeit. Deshalb *kann* auch die »uralte Frage des Menschen: Wie konnte die Ordnung der Welt entstehen?«, die früher »in Mythen und Religionen« beantwortet wurde, heute nicht durch die Chaostheorie beantwortet werden, wie Mayer-Kuckuk leichthin unterstellt.[13] Wie in anderen physikalischen Disziplinen, etwa der Synergetik, so überlagert sich auch hier einer neuen wissenschaftlichen Theorie eine höchst unwissenschaftliche Metaphysik, die auf einer Verabsolutierung des eigenen Standpunkts beruht. Vollkommen konsequent schließt Mayer-Kuckuk jede Weltperspektive aus, die über die bloße Physik hinausgeht, also insbesondere die religiöse Weltinterpretation. Wenn man einen Gott als Weltschöp-

[11] Mayer-Kuckuk, S. 183
[12] Mayer-Kuckuk, S. 203
[13] Mayer-Kuckuk, S. 12

fer annimmt, dann »bedürfte es« – nach Mayer-Kuckuk – »überhaupt keiner weiteren Erklärungen mehr, alle Phänomene wären unmittelbar Ausdruck göttlichen Willens«, d. h. die Theologie würde die Physik ersetzen. Statt dessen unternimmt es Mayer-Kuckuk, die Theologie durch die Physik zu ersetzen, denn »heute wird wohl niemand mehr ernstlich einer radikalen theologischen Erklärung der Natur anhängen.[14]« Es ist aber weder möglich, die Theologie durch die Physik zu ersetzen, noch umgekehrt. Theologie und Physik stehen *nicht* im Konkurrenzverhältnis: Sie beziehen sich auf verschiedene Perspektiven von Wirklichkeit. Aber dieser Multiperspektivität beraubt sich derjenige, der die vielgestaltige, proteushafte Natur des Zufalls auf ein einziges Muster reduziert, denn der Zufall ist als bloße Negation das Scharnier oder Einfallstor verschiedener Weltdeutungen. Ich kann die plötzliche Liebe der Physiker zum Chaos nur als Kompensation ihres notorischen Ordnungsdenkens begreifen: Sie haben jahrhundertelang alles Chaotische, Kontingente aus ihrem Weltbild verdrängt und behauptet, der Kosmos sei ein bloßes Uhrwerk. Jetzt, da der Zufall ihnen ins eigene Haus steht, geben sie vor, ihn *vollständig* bewältigt zu haben, um seine lästige, proteushafte Natur loszuwerden, die auch den Physiker daran erinnert, daß er nicht alles erklären kann.

Mit dem Zufall ist es wie mit der Negation: sie sind beide von ihrem jeweiligen Substrat abhängig. Auch hier gibt es, wie oft, einen Witz, der die Sache treffend erhellt: Im ersten Stock eines Moskauer Kaufhauses erkundigt sich ein Käufer nach Schirmen: »Gibt es hier keine Schirme«, fragt er und erhält zur Antwort: »Nein, *keine* Schirme gibt es im dritten Stock. Hier gibt es *keine* Hosen!«

Die Antwort ist exakt: Regale für Schirme sind anders gezimmert als solche für Hosen; auch ihr Leersein ist folglich klar unterscheidbar. So ist es mit dem Zufall: ob der

[14] Mayer-Kuckuk, S. 89

Zufall die Negation einer physikalischen Gesetzlichkeit oder die Negation eines bewußten menschlichen Aktes ist, es handelt sich keineswegs um *denselben* Zufall!

Die Theologie hätte an sich Veranlassung, das Verhältnis von Zufall, Kontingenz, Naturgesetzlichkeit, Ziel und Zweck einer prinzipiellen Reflexion zu unterziehen, denn ihr Ansatz bei Geschichte und Freiheit bringt sie in einen scharfen Konflikt mit dem Gesetzesdenken der Naturwissenschaft. Mir will jedoch scheinen, daß die meisten Theologen dieses Problem überhaupt noch nicht gesehen haben, geschweige denn, daß sie uns diskutable Lösungsmöglichkeiten anbieten würden. Die Theologie hat sich viel um den Gegensatz von Evolution und Schöpfung bemüht, aber der viel härtere Gegensatz von Naturgesetz und Freiheit, von geschichtlicher Kontingenz und naturaler Determination scheint ihr noch nicht bewußt geworden zu sein: die Physik ist ihr offenbar noch nicht zum Problem geworden! Selten finden sich in der theologischen Literatur Grundsatzüberlegungen wie etwa der Artikel des evangelischen Theologen Pannenberg zum Thema »Kontingenz und Naturgesetz«, der charakteristischerweise ebenfalls den Zufall zum Scharnier verschiedener Weltdeutungen macht. Aber Pannenberg hat vor den meisten Theologen dies voraus, daß er die scharfe Trennung zwischen Naturwissenschaft und Glaube nicht für eine endgültige Lösung hält: Man könne sich »bei dieser Kluft nicht beruhigen«[15]. Oder noch schärfer: »Das Bekenntnis zu dem Gott der christlichen Botschaft als dem Schöpfer von Himmel und Erde bleibt leer, bleibt ein bloßes Lippenbekenntnis, solange nicht mit guten Gründen behauptet werden kann, daß die Natur, mit der sich der Naturwissenschaftler befaßt, etwas mit diesem Gott zu tun habe.«[16] Doch gibt es kaum einen Theologen, der a) diese Kluft als wirklichen Skandal einschätzt und der b) über hinreichendes philoso-

[15] Pannenberg, S. 34
[16] Pannenberg, S. 35

phisches Instrumentarium verfügt, um das Gesetzesdenken der Physik mit seinen hermeneutisch-geschichtlichen
Modellen in Zusammenhang zu bringen. Die mir zugängli-
chen Schöpfungstheologien der letzten zehn oder zwanzig
Jahre verlieren jedenfalls kein Wort über diesen Problembereich.

Weil die Abhängigkeit der Begriffe »Zufall« und »Notwendigkeit« von der gewählten Perspektive so fundamental ist,
will ich nochmals mit einem Beispiel zeigen, wie bei diesen Zentralkategorien ein Wechsel in der Perspektive die
Rolle der Begriffe geradezu ins Gegenteil verkehrt:

Man stelle sich einen etwas einfältigen Computerkünstler
vor, der mathematische Funktionen ausplotten läßt und
der die Resultate seines Schaffens für Kunst hält. Z. B.
kann man durch Variieren eines einzigen Parameters
leicht eine Schar Parabeln ausdrucken lassen, die nicht
ohne ästhetischen Reiz sind, den Anspruch eines Kunst-
werks aber schwerlich erfüllen. Nun sei ein solches
»Werk« ins Museum gelangt (man sieht, der Fall ist reali-
stisch). Der »Schöpfer« dieses Werkes wird sein Werk für
ein Produkt »strengster Notwendigkeit« ausgeben, da es
kein Zufallselement enthält, bis auf die periphere Unge-
nauigkeit des Druckers beim Ausplotten. Von einer rein
szientistischen Perspektive aus gesehen hat er recht. Der
Kunstkritiker hingegen wird (hoffentlich!) dem Werk jeden Wert absprechen, weil er von *künstlerischer* Notwendigkeit nicht die Spur wahrnehmen kann. Sollte das
»Werk« einen Rest von Gnade in seinen Augen finden, so
höchstens in der Hinsicht, daß es vielleicht *zufällig* die
herrschende Zeitstimmung ausdrückt, also *in dieser Hinsicht* von Bedeutung ist, was man aber dem Künstler nicht
anrechnen kann. Was dem einen der reine Zufall, ist dem
anderen strenge Notwendigkeit und umgekehrt.

Bei einem Werk der »neuen Wilden« würden sich die Beur-
teilungen gerade spiegelbildlich verhalten. Ein gutes Bild
der »neuen Wilden« würde von einem Kunstkritiker als

notwendiger Ausdruck unserer Epoche gedeutet werden, z. B. weil die verwaltete und durchrationalisierte Welt gerade solche ekstatisch-becchantischen Ausbrüche von Form und Farbe notwendig mache. Der Computerkünstler hingegen würde, von einigen zufälligen Symmetrien abgesehen, eine bloße Zufallsverteilung der Farben und Formen auf der Leinwand feststellen, aber sonst keine echte »Notwendigkeit«.

Vielleicht ist die Natur nicht nur eine Verkörperung mathematischer Ideen, sondern zugleich ein ästhetisches Phänomen (es spricht zumindest sehr viel für diese These), und dann wäre die Dialektik von Zweck, Zufall und Gesetzlichkeit ein durchaus sinnvolles Interpretationsmuster: Der Naturwissenschaftler geht von der Erwartungshaltung einer Naturgesetzlichkeit aus, die er zu finden hofft. Wo er seine Erwartung nicht bestätigt findet, spricht er von »Zufall«. Der Kunstkritiker geht von der Erwartungshaltung aus, das Kunstwerk werde den Zweck erfüllen, Zeitströmungen auf expressive Weise zur Sprache zu bringen. Die Gegenposition zu einer Erwartung von Naturgesetzlichkeit wäre also die Erwartung der Erfüllung eines Zwecks. Für diese Position kann das, was dem Naturwissenschaftler bloßer Zufall ist, durchaus zweckmäßig sein. In diesem Sinn hat Teilhard de Chardin die Zufälligkeit der Evolution als Zweckmäßigkeit einer Gesamtentwicklung interpretiert. Sein Standpunkt ist möglich, wenn er auch nicht der Standpunkt der klassischen Naturwissenschaft ist.

Leider hat Teilhard de Chardin dies nicht mit der nötigen Klarheit ausgesprochen. Er hat oft so getan, als sei seine teleologische *Deutung* der Natur identisch mit exakter Wissenschaft. Er hat es so seinen Kritikern leicht gemacht, nachzuweisen, daß seine Methoden »unsauber« sind.

Ich plädiere dafür, daß die Perspektiven deutlich getrennt werden sollten. Wer Naturwissenschaft betreibt, soll dies nach den anerkannten Regeln tun und er soll die weltanschaulichen Extrapolationen meiden. Wer aber Welt im Sinne einer ästhetischen oder teleologischen Anschauung *interpretiert*, der soll diese Interpretation *philosophisch* rechtfertigen.

Es ist sehr typisch, daß diese beiden Interpretationsebenen heute in aller Regel vermischt werden. Nicht nur Teilhard, auch viele »philosophierende Physiker« und die meisten »New Age«-Anhänger behaupten, rein aufgrund der Naturwissenschaft Ganzheit, Sinn und Zweck erfassen zu können. Man kann leicht zeigen, daß sie sich irren. Die »New Age«-Physiker z. B. werden durch die Ausblendungen, die sie machen müssen, um ihre Wissenschaft zu etablieren, dazu verführt, in einem zweiten Schritt so zu tun, als hätten sie doch noch das Ganze im Griff. Sie sind wie Künstler, die aus Ängstlichkeit einen Brotberuf ergreifen. Wer einem Brotberuf nachgeht, ist in aller Regel kein wirklicher Künstler; seine Kunst degeneriert zur Feierabendschnitzerei. Wer aber wirklich seiner Kunst lebt, ist oft genug brotlos. Dies ist in aller Regel die schmerzliche Alternative, man sollte sich da besser nichts vormachen.

Der Naturwissenschaftler verzichtet mit seiner Methode auf Wesens- und Sinnfragen. Wenn er sie in seiner Freizeit stellt, hat auch dies den Charakter einer Feierabendschnitzerei, denn er ist gewöhnlich nicht philosophisch wirklich *ausgebildet*. Manchmal ist er aber *eingebildet* genug, diese Feierabendschnitzerei für echte Philosophie zu halten. Er schreibt dann dicke Bücher über den Sinn der Welt und des Lebens oder über die Religion.

Aber so wie der Feierabendschnitzer kein Riemenschneider wird, so wird der philosophierende Physiker kein Leibniz, und wie der Brotberuf keine schöne Kunst ist, so ist die Wissenschaft kein Religionsersatz.

Hinzuzufügen bleibt, daß es immer wieder Ausnahmen unter den »philosophierenden Physikern« gibt, bescheidene, ihrer Grenzen bewußte Wissenschaftler. So ließ z. B. Werner Heisenberg sein 1942 geschriebenes Buch »Die

Ordnung der Wirklichkeit« nicht drucken, sondern verteilte es hektographiert an seine besten Freunde. Dabei ist gerade dieses Buch besser als fast alles, was von Physikern über Philosophie und Religion gesagt wurde.

Doch die meisten Physiker sind nicht so. Der Physiker etwa, der von seiner Wissenschaft glaubt, sie sei die bedeutendste (warum nicht Pädagogik, warum nicht Psychologie?), der Physiker, der unter dem Erwartungsdruck der Öffentlichkeit steht, der Physiker, dem sie alles zutrauen, was sie früher dem lieben Gott zugetraut haben, der Physiker sieht seinen Einfluß wachsen, indem er sich zu Fragen der Erkenntnistheorie, Ontologie, zu Fragen der Ethik, Religion und Ästhetik, zu Fragen der Gesellschaft und Politik und vor allem zu Fragen nach dem verborgenen »Sinn der Welt« äußert.

Im folgenden werden wir uns mit zwei Büchern beschäftigen, die besser nicht gedruckt worden wären, da sie der peinlichen Feierabendschnitzerei zweier »philosophierender Physiker« entstammen. Doch diese beiden Bücher haben hohe Auflagenziffern. Die unstreitige Kompetenz der beiden Verfasser in physikalischen Spezialfragen hat sie verführt, sich in Gebieten für kompetent zu halten, für deren Behandlung ihnen die elementarsten Voraussetzungen fehlen. Es handelt sich um Hermann Hakens »Erfolgsgeheimnisse der Natur« und um Ilya Prigogines »Dialog mit der Natur«.

Allein schon die Titel dieser vielgelesenen Bücher machen stutzig: Daß die Natur ihre Geheimnisse hat, vermag man einzusehen, aber daß sie mit ihren Geheimnissen auf »Erfolg« aus ist, sieht man schon weniger ein. Wenn Physik die Natur als gesetzlichen Zusammenhang begreift, unter Ausblendung aller Handlungsperspektiven, dann gibt es auch kein Subjekt, das ihren »Erfolg« anstreben könnte. Unter der Hand hat Haken in seinen Naturbegriff ein aristotelisch-teleologisches Moment hineingeschmuggelt, das in der Physik prinzipiell nicht vorkommen kann.

Dasselbe ist der Fall bei Prigogines »Dialog mit der Natur«. Physik steht nicht »im Dialog« mit der Natur. Physik ist, wie Kant sagt, eine Art von Gerichtsverfahren. Der Richter *nötigt* den Beschuldigten, zu antworten. So *nötigt* das experimentelle Handeln des Physikers die Natur zu einer reinen Ja-Nein-Antwort. Hätte sie uns sonst noch etwas zu sagen, so würden wir es als *Physiker* nicht hören wollen. So wenig wie die Fragen des Richters an den Beschuldigten sind die Fragen des Physikers an die Natur von der Art eines wirklichen Dialogs. Zum Dialog paßt keine Nötigung. Mit Recht grenzen die Philosophen der »Frankfurter Schule« das »monologische« Vorgehen der Naturwissenschaften vom »dialogischen« Vorgehen der Humanwissenschaften ab. Man kann nicht beides zugleich haben: Nötigung *und* Dialog.

Man könnte mit diesen philosophierenden Schriften von Prigogine und Haken sehr schnell fertig werden, indem man ihre philosophischen Ansprüche als Illusionen entlarvt und ihre Feierabendschnitzerei als Dilettantismus lächerlich macht. Dies ist gewöhnlich die Art, wie Philosophen vom Fach auf solche Schriften reagieren. Ich möchte aber in diesen physikalischen Extrapolationen die Spur eines vergessenen Naturwissens rekonstruieren, den hilflosen Nachklang vergangener Epochen, die Sehnsucht nach einem umfassenderen Naturbegriff. Die Schriften dieser Physiker enthalten Wachträume. Psychologisch gesehen sind Wachträume nicht nur Illusionen, sondern häufig genug verschlüsselte, vergessene oder verdrängte Hoffnungen.

Existentiell gesehen ist die vollkommen verwissenschaftlichte Welt wie eine Wüste ohne Wasser. Doch diejenigen, die sich eine Oase phantasieren, sind nicht schlechterdings im Irrtum. Dort, wo sie die Oase erblicken, gibt es freilich nichts als heißen Sand, aber *daß* sie eine Oase phantasieren, hat seine Ursache in dem Faktum, daß der Mensch trinken *muß*. Eine Fata Morgana zu haben, ist, nebenbei bemerkt, keine Schande. Besser eine Fata Morgana als überhaupt keinen Durst, und besser einen tödlichen Durst als überhaupt kein Gefühl.

Das »Tao der Physik« von Fritjof Capra ist eine Fata Morgana des dürstenden Sinnes, und die Oase des »Dialogs mit der Natur« existiert nur in der Einbildung Prigogines. In unserem Zusammenhang ist von Interesse, daß manche Physiker einen Traum träumen, der auf Realität verweist, aber auf eine Realität, die sie mit ihren Mitteln nicht rekonstruieren können, sowenig wie es möglich ist, aus einer phantasierten Oase Wasser zu trinken.

Ilya Prigogine und der Pseudoaristotelismus

Ilya Prigogine hat im wesentlichen selber ein neues Gebiet der Physik entdeckt, das die »Synergetik« genannt wird. Und zwar ist es ihm und seinen Mitarbeitern gelungen, bei gewissen Prozessen, fernab vom thermodynamischen Gleichgewicht, Effekte zu berechnen, die mit spontaner Strukturentstehung zusammenhängen. Wenn man z.B. eine flache Schale mit Öl von unten her erhitzt, so daß sich ein Temperaturgefälle zur kühleren Oberfläche bildet, dann entstehen bei gewissen Energiewerten spontan sogenannte »Benardzellen«, bienenwabenförmige, dynamische Gebilde, die ihre Form erhalten, während sie von Energie- und Materieströmen durchflossen werden. Interessant an dieser spontanen Strukturentstehung ist, daß man grundsätzlich nicht voraussagen kann, von welcher Art die entstehenden Strukturen sein werden. Es hängt z.B. vom mikrophysikalischen Zufall ab, ob sich die Benardzellen rechts- oder linksherum drehen. Bei anderen synergetischen Prozessen gibt es Strukturen, die ganz verschieden aussehen, obwohl sie durch genau dieselben physikalischen Voraussetzungen bedingt sind.

Dies ist z.B. auch der Fall bei der Bildung von Schneekri-

stallen. Unter dem Mikroskop sieht kaum eine Schneeflocke aus wie die andere, obwohl sie alle von berückender
Schönheit sind. Zwar können alle Schneeflocken als Was-
sertröpfchen dieselben physikalischen Ausgangsbedingun-
gen gehabt haben, im Moment ihrer Kristallisation jedoch
spielen Indeterminismen eine entscheidende Rolle und be-
wirken, daß keine Form der anderen wirklich gleicht.

Der Synergetik ist es erstmals gelungen, Strukturentstehung exakt mathematisch zu berechnen, wobei sich die
Eigentümlichkeit zeigt, daß wiederum der *Zufall* an bestimmten »Verzweigungspunkten« eine entscheidende
Rolle spielt. Es ist, als verfolge die Natur einen klaren, berechenbaren Weg bis zu einer Weggabelung. An dieser
Weggabelung gibt der mikrophysikalische Zufall den Ausschlag, ob es nach links oder nach rechts weitergeht. Auf
den folgenden Wegen gelten dann wieder klare deterministische Gesetze.

Diese Eigentümlichkeit bei der Strukturentstehung erinnert natürlich an die Charakteristik biologischer Evolution, bei der nach Auffassung der Biologen ebenfalls »Zufall und Notwendigkeit« den Ausschlag für das Entstehen
strukturierter Gebilde geben sollen. Im Unterschied zur
bisherigen Biologie kann aber die »Synergetik« ihre Modelle mathematisch berechnen. Ob man mit Hilfe der
»Synergetik« die gesamte Biologie wird mathematisieren
können, ob mit ihrer Hilfe selbst soziale und wirtschaftliche Phänomene in den Griff zu bekommen sind, kann
hier offenbleiben; jedenfalls wird versucht, vom Verkehrs-
fluß auf Bundesautobahnen bis zum Ausbrechen der Französischen Revolution alles auf »synergetische« Prinzipien
zurückzuführen, so daß der Mensch am Ende selbst zum
synergetischen Phänomen wird. Es gäbe dann eine »Synergetik der Synergetik«, eine synergetisch hergestellte »Sub-
jekt-Objekt-Identität«, eine Einheit des Menschen mit der
Natur und, wie Prigogine annimmt, eine Aufhebung der
Jahrhunderte dauernden Entfremdung des Menschen von

der Natur, die durch die klassische Naturwissenschaft verursacht wurde.[17]

An diesem Punkt ist Prigogines Programm für uns von Interesse, denn genau das hat die Naturwissenschaft bislang nicht zustande gebracht. Sie war zwar fähig, Natur zu berechnen, sie hat die Grundlagen zur Manipulation von Natur geliefert; aber der Graben zwischen Mensch und Natur ist im Laufe der Zeit immer breiter geworden, und dasjenige, was »alternative« Naturkonzeptionen wie die Aristotelische, die Goethesche oder Schellingsche ohne Schwierigkeiten leisten konnten, die Einheit des Menschen mit der Natur zu erweisen, blieb der bisherigen Physik versagt.

Mit seiner »Synergetik« beansprucht Prigogine, auf rein physikalistischer Basis das Programm des Aristoteles eingelöst zu haben.[18] Seit ihrer Entstehung im 17. Jahrhundert hat sich die Naturwissenschaft polemisch auf Aristoteles bezogen. Man versuchte, ihn als bloß spekulativen Metaphysiker abzutun. Nun, da diese Minimalisierungsstrategie offenbar nicht zum Erfolg führte, gibt man sich große Mühe, ihn zu vereinnahmen. Prigogine deutet die »Verzweigungspunkte« der synergetischen Strukturentstehungen als »spontane, eigene Aktivität der Natur«[19], ja sogar als »Wahl« im Sinn einer geschichtlichen Entscheidung.[20] Auch das Leben sei Resultat »spontaner Selbstorganisationsprozesse«, wie sie von der Synergetik beschrieben werden[21]. Das Universum habe in dieser Hinsicht eine »menschliche« Qualität, da es nicht mehr bloß eine subjektlose Maschinerie sei, sondern »ein partizipatorisches Universum«, an dem wir mit unseren eigenen Strebungen teilnehmen.[22] Dieses Universum sei inzwischen so komplex geworden, »daß wir uns in ihm wiedererkennen kön-

---

[17] Prigogine/Stengers, S. 277
[18] Prigogine, S. 14
[19] Prigogine/Stengers, S. 129
[20] Prigogine/Stengers, S. 170
[21] Prigogine/Stengers, S. 180
[22] Prigogine/Stengers, S. 289 ff

nen«. Die Wissenschaft sei jetzt »eine humane Wissenschaft«, die »von Menschen für eine menschliche Welt geschaffen ist«[23]. Ferner habe die Wissenschaft jetzt keine immergleiche Einheitsperspektive mehr, sie umfasse vielmehr wie die Kunst mehrere Stile; überhaupt sei die Natur, wie sie die Synergetiker auffassen, eher ein Kunstwerk als eine Maschine[24]; Natur sei kein mechanischer Zusammenhang, sondern ein aus sich selbst wirkendes Wesen, vor dem wir »Respekt« empfinden müssen usw.[25]

Ich halte alle diese Versicherungen für bloße Rhetorik. Was berechtigt uns, von »Spontaneität« bei synergetischen Prozessen zu sprechen? »Spontaneität« ist das Analogon menschlicher Freiheit in der untermenschlichen Natur. Wüßten wir nicht vom Menschen her, was »Freiheit« ist, wir könnten auch nicht den Tieren eine gewisse Spontaneität zusprechen. Der Freiheitsgesichtspunkt und alle Kategorien, die damit zusammenhängen, ist aus der Physik ausgeschlossen worden. Auch Prigogine hat diese Kategorien nicht seiner Physik entnommen, sondern seiner eigenen Lebenswelt. Rein aufgrund der Physik könnte er niemals von »Spontaneität« sprechen. Die Physik würde ihn nur dazu berechtigen, von »Zufallsprozessen« zu reden. Aber Zufall und Spontaneität ist nicht dasselbe. Noch gravierender ist es, wenn Prigogine von »Wahl« spricht. Wer wählt in der Natur? Es müßte ja ein verborgenes »Natursubjekt« geben, einen »Weltwillen« im Sinne Schopenhauers oder ähnliches, damit man mit Recht von einer »Wahl in der Natur« sprechen könnte. Aber dann wäre man in der Metaphysik, nicht mehr in der Physik.

Aristoteles konnte von »Schöpfung« oder »Geburt« in der Natur sprechen. Sein Universum war wirklich ein »partizipatorisches Universum«, denn er hat seinen Naturbegriff

[23] Prigogine/Stengers, S. 290
[24] Prigogine/Stengers, S. 29
[25] Prigogine/Stengers, S. 293

so angelegt, daß Sinn und Zweck a priori in ihm vorkamen. Er hat Natur als von sich her strebende, dem Menschen verwandte konzipiert.

Bei Prigogine hängen alle diese Begriffe in der Luft. Prigogine sucht in seiner Physik nach entfernten Analogien zu aristotelischen Begriffen und tut dann so, als hätte er sie rein szientistisch abgeleitet. In Wahrheit ist sein Vorgehen umgekehrt: Weil *er* davon überzeugt ist, daß Natur von sich aus strebende, finale Kraft in sich hat, sucht er nach Restbeständen dieser Kraft im anorganischen Bereich. Weil *er* von vornherein davon überzeugt ist, daß der Mensch von der Natur nicht getrennt ist, sucht er nach Restbeständen der Mensch-Natur-Identität in den synergetischen Modellen. Die synergetischen Modelle selbst geben eine solche Identität nicht her. Physik ist Physik. Sie kann berechnen und das »Unberechenbare« unter dem Stichwort »Zufall« abheften. Alles andere aber ist vom Übel. Ein Physiker hat als solcher keinerlei Berechtigung, von einer »spontanen«, von einer »menschlichen« oder von einer »wählenden« Natur zu sprechen. Für den Naturwissenschaftler gilt eben die schöne Metapher Kolakowskis: »Ich kann die Welt nicht als Zuwachs oder Verdünnung von Werten erfahren.«[26] Die »Welt als Wert« ist keine mögliche Perspektive der Physik.

Wie ungemein leichtfertig Prigogines Spekulationen sind, kann man schon an seinem Umgang mit dem Zentralbegriff sehen, der seinem Unternehmen den Titel gegeben hat: »Dialog mit der Natur«. Im selben Satz (!), in dem er von einem »experimentellen Dialog« mit der Natur spricht, bezeichnet er das physikalische Experiment als »Gerichtsverfahren«, als »Kreuzverhör«, spricht eine Seite später davon, daß es im Experiment darum gehe, »die physikalische Realität zu manipulieren«, sie zu »inszenieren« usw.[27]

[26] Kolakowski, S. 86
[27] Prigogine/Stengers, S. 47/48

110

Was ist das anderes als die Fata Morgana eines Dialogs, der nur in der Einbildung Prigogines existiert?

Ebenso ist es mit der Multiperspektivität, die Prigogine für die Physik beansprucht. Natürlich gibt es in der Physik verschiedene Phänomenebenen, aber diese verschiedenen Ebenen gehören zu der *einen* Physik und werden prinzipiell im selben »Denkstil« behandelt. Was wir als verschiedene »Perspektiven auf Natur« bezeichnet haben, schließt vollständig verschiedene Kategoriensysteme ein, die nicht aufeinander abbildbar sind und in starker Spannung zueinander stehen. Prigogine vergleicht die »Stile« in der Physik mit den Stilunterschieden zwischen Arnold Schönberg und Johann Sebastian Bach; in der Tat zwei verschiedene Welten! Aber dann fügt er hinzu, diese Welten seien »durch präzise Übersetzungsregeln miteinander verknüpft«, und gibt Beispiele für diese »Verschiedenheiten«: In der heutigen »pluralistischen Welt« der Physik gebe es »deterministische, stochastische, reversible, irreversible Phänomene«, die ebenso vielen »Stilen« entsprächen.[28]

Was ist das anderes als ein Spiel mit Worten? Prigogine ist vergleichbar mit einem Bankier, der nichts kennt außer seiner Welt des Geldes und der auf die Frage, ob es denn nicht auch noch Kunst, Sport und Politik gebe, antwortet: »Meine Welt ist durch und durch pluralistisch! Ich handle mit französischem, portugiesischem, sowjetrussischem und türkischem Geld, und gegenüber solchen Sparten wie ›Kunst‹, ›Sport‹ und ›Politik‹ hat meine Welt den Vorteil, daß es Wechselkurse gibt; ich kann meine Währungen ineinander umrechnen, was ihr nicht könnt.«

Eine Pluralität von Sprachen, für die es »präzise Übersetzungsregeln« gibt, ist keine wirkliche Pluralität: Bach und Schönberg lassen sich *wirklich nicht* ineinander übersetzen, wofür die Schönbergsche Instrumentation der Tripel-

---

[28] Prigogine, S. 70

fuge Es-Dur von Bach das beste Beispiel ist. Obwohl Schönberg die Substanz der Bachschen Komposition unangetastet läßt, genügt die Instrumentationstechnik der »neuen Wiener Schule«, um aus Bach ein vollständig verändertes Stück zu machen. Auf dieser Ebene gibt es wirklich keine »präzisen Übersetzungsregeln«!

All diese Behauptungen einer Pluralität von Sprachen, eines Dialogs mit der Natur usw. sind verständlich als Kompensation der engen Perspektive der Physik. Der Physiker *muß* das Humanum aus seinen Modellen ausblenden, er *muß* das aristotelische Moment zum Verschwinden bringen, er *muß* die Pluralität menschlicher Perspektiven auf eine einzige reduzieren. All dies sind Vorbedingungen für exakte, objektive Wissenschaft vom Typ der Physik. Aber dann hat man A gesagt und muß auch B sagen: Das Ausgeblendete ist unwiederbringlich verloren. Die Natur ist jetzt kein Kunstwerk, keine aristotelische »physis«, keine dem Menschen Anverwandte mehr. Wenn sie dies *auch* noch sein sollte, so für einen Blick, der sich von dem der Physik prinzipiell unterscheidet. Aber das können die Wissenschaftsgläubigen vom Typ Prigogines nicht zugeben. Prigogine ist überall dort gallig, wo er auf Alternativen zur Physik zu sprechen kommt. Hegels Naturphilosophie z. B. nennt er »eine arrogante, absurde Spekulation«[29]. Philosophen wie Bergson und Whitehead nennt er »Irrationalisten«[30], weil sie eine Naturtheorie vertreten haben, die auf anderen Prinzipien basiert als die herkömmliche Physik.

Prigogines »Dialog mit der Natur« befriedigt ein ideologisches Bedürfnis: das Bedürfnis des Zeitgenossen nach Beschwichtigung in all den Gefahren, die durch die wissenschaftlich-technische Revolution entstanden sind. Prigogine sagt (sinngemäß): »Es ist alles in Ordnung! Je weiter die Wissenschaft fortschreitet, desto humaner wird unsere

[29] Prigogine/Stengers, S. 96
[30] Prigogine/Stengers, S. 85

Welt. Entgegen dem Anschein wird die Wissenschaft nicht abstrakter und lebensferner, sondern konkreter, menschlicher.« Ist dies der Fall, dann braucht es keine Sinnesänderung, keine bewußte moralische Anstrengung, um die Probleme der wissenschaftlich-technischen Zivilisation zu bewältigen. Es genügt die Quantenphysik. In ihren Formeln ist das Welträtsel gelöst, die Zukunft bereits garantiert.

Um es nochmals deutlich zu sagen: Es geht hier nicht um eine Kritik der fachwissenschaftlichen Ergebnisse der Synergetik. Es geht um eine Kritik der ungerechtfertigten Extrapolationen aus der Physik und um eine Kritik an der Leichtfertigkeit gewisser Physiker, die ihr Ansehen in der Öffentlichkeit dazu mißbrauchen, Ideologien zu verbreiten, die sich gut verkaufen lassen und die das Publikum hören will, weil sie einem versteckten Trend entsprechen. Wer wäre heute nicht für den Dialog und wer würde nicht intuitiv den Mangel an »Dialog mit der Natur« als drängendes Problem empfinden?

Prigogine ist Nobelpreisträger. Hat ein Naturwissenschaftler erst einmal dieses Podest erstiegen, so glaubt man ihm einfach alles: Nicht einmal der Papst verfügt heutzutage noch über eine solche Autorität.

An sich könnte der Begriff eines »Dialogs mit der Natur« durchaus sinnvoll sein. Jeder Hundebesitzer ist »im Dialog« mit seinem Tier (wenn nicht, ist es schlimm). Manche Pflanzenliebhaber sprechen mit ihren Blumen. Ein solches »sympathetisches« Naturverhältnis läßt sich aber niemals mit den Mitteln der Physik begründen; es liegt auf einer prinzipiell anderen Ebene, weil das experimentelle Verfahren manipulatorischen Charakter hat und somit den Dialog prinzipiell ausblendet. Anders verhält es sich mit Konrad Lorenz und seinen Graugänsen. Lorenz spricht natürlich mit seinen Tieren, aber dieses Sprechen gehört zu einer Sorte von »Experiment«, das nicht nach einem bloßen Reiz-Reaktions-Schema abläuft oder wie in der Physik derart strukturiert ist, daß alle Parameter der Natur bis auf zwei festgezurrt werden und durch Drehen am einen die passive Reaktion des anderen getestet wird. Zu Konrad Lorenz' Zwiesprache mit der Graugans gibt es in Prigogines Synergetik keine wirkliche Entsprechung, also auch keinen realen »Dialog mit der Natur«.

Die metaphysischen Extrapolationen Prigogines wurden von Marilyn Ferguson in dem »New Age«-Klassiker »Die sanfte Verschwörung« aufgegriffen. Ferguson nimmt Prigogine beim Wort und glaubt, daß er die Natur kraft synergetischer Prozesse als eine innerlich strebende, auf Ganzheiten ausgerichtete, als final wirkende Natur bewiesen habe.[31] Sie deutet dann die so mißverstandene Natur (in einem erneuten Mißverständnis) von einem mystisch-religiösen Horizont aus und beansprucht, damit ihre mystische Weltsicht »wissenschaftlich« bewiesen zu haben. Ich will dieses doppelte Mißverständnis mit den Begriffen des ersten Kapitels aufzuklären versuchen, um etwas Licht in dieses Durcheinander von wissenschaftlichen, metaphysischen und religiösen Sprachspielen zu bringen.

Im ersten Kapitel wurden diese drei Ebenen mit drei Ebenen der Sprache verglichen, das religiöse Sprachspiel mit dem Sinn eines Textes, die wissenschaftliche Analyse mit der verwendeten Grammatik. Als vermittelnde Ebene zwischen diesen beiden Extremen wurde die Grammatik bezeichnet, insofern sie die *Möglichkeit* von Sinn vorzeichnet, und diese Ebene von »Sinnerschließung« wurde mit der Philosophie identifiziert. Um diesen etwas weit hergeholten Vergleich reliefartiger zu machen, möchte ich ihn auf Ferguson, Prigogine und die Synergetik anwenden und zugleich jene vermittelnde Ebene philosophischer Reflexion mit dem aristotelischen Naturbegriff verknüpfen. In ihm treffen sich nämlich die Extreme.

Die ganze Konstruktion soll den Sinn haben, zu unterscheiden, zu beziehen, abzugrenzen, zu verbinden und die

---

[31] Ferguson, S. 187

jeweiligen Voraussetzungen aufzuzeigen, die in den verschiedenen Sprachspielen enthalten sind. Eine religiöse Weltdeutung macht andere Voraussetzungen als eine wissenschaftliche Theorie, denn religiöse Deutungen sind nicht verpflichtet, ihre Inhalte zu »beweisen«, wohingegen die Wissenschaft wirklich beweisen muß. Wenn in »New Age« die Ebenen beliebig vertauscht werden, so changieren auch die Voraussetzungen und können beliebig durch einander ersetzt werden. Es sieht dann so aus, als lasse sich ein religiöses Weltbild wissenschaftlich beweisen, als seien Religion und Metaphysik dasselbe, als könnte der Glaube durch das Wissen ersetzt werden, als sei die Ethik eine naturale Größe usw. Durch die »New Age«-Verwirrungen wird alles zu allem, und aus diesem gesamtweltanschaulichen Brei schöpft der »erleuchtete« Adept Beliebiges dem staunenden Publikum auf den Teller. In summa sieht es dann so aus, als würde nichts etwas kosten, als sei alles schon immer mit allem in Harmonie: Die Exaktheit der Wissenschaft muß nicht mit einer Ausdünnung existentieller und ontologischer Relevanz bezahlt werden, das Herzwarme der Religion geht nicht mehr auf Kosten des Intellekts, die Allgemeinheit metaphysischer Konstrukte gehen nicht mehr auf Kosten ihrer Beweisbarkeit, und das sittliche Handeln ist nicht durch eine unaufhebbare Spannung zur Natur belastet. Wie bei den Stoikern ist Geist zugleich Materie, Gott zugleich die Welt und Sittlichkeit zugleich das Naturgesetz. Es versteht sich von selbst, daß ein solcher physikalisch-metaphysisch-theologischer Rundumschlag wenig dazu geeignet ist, die differenzierten Probleme unserer Zeit zu lösen.

Prigogine sieht in den Zufallsschwankungen, die die synergetischen Ordnungsstrukturen veranlassen, »die letzte Spur einer spontanen, eigenen Aktivität der Natur«[32].

Ich finde, daß diese Sichtweise nicht in jeder Hinsicht

---

[32] Prigogine/Stengers, S. 129

falsch ist, wenn man sie nur nicht als physikalische Theorie verkauft. Wir selbst sind spontane, aktive Wesen. Wir nehmen namentlich im organischen Bereich andere Wesen wahr, die sich durch dieselben Qualitäten auszeichnen. Warum sollte es nicht Spuren dieser organischen Qualitäten im Anorganischen geben? Gibt es wirklich klare Zäsuren zwischen den Bereichen des Menschlichen, Organischen, Anorganischen? Ist also nicht a priori zu erwarten, daß es Vorformen des Strebens, des Finalen auch im Anorganischen gibt? Doch was hat man getan, wenn man die anorganische Natur so »von oben herab« beurteilt?

Man hat Kategorien auf die Natur angewendet, die nicht aus der Physik stammen, und hat sie doch auf Erkenntnisse der Physik angewendet. Das ist verwirrend, aber es entspricht in unserem Vergleich jener »Möglichkeit von Sinnstruktur«, die in der Grammatik der Sprache enthalten ist, aus ihr selber aber noch nicht folgt. Hätte ich die Grammatik allein, so könnte ich niemals schließen, daß ihre Formen zugleich die Gefäße eines Inhalts sind, der in sie hineingegossen werden kann. Kenne ich aber die Inhalte, so weiß ich, daß in eine Pfanne keine Backpflaumen, in ein Einmachglas keine Spiegeleier gelangen werden. So wenig wie die Gefäße der Inhalt, so wenig sind die grammatikalischen Formen zugleich der Sinn eines Textes, aber sie sind Vorgaben eines *möglichen* Sinnes.

Ganz ähnlich sind auch physikalische Gesetze aus sich heraus ohne jeden anthropologischen Gehalt. Sie sind ja so konstruiert, daß sie die Welt rein objektiv, unter Ausschluß von Subjektanalogien darstellen. Nun ist aber die Welt zugleich *die Welt des Menschen*. Der Mensch bezieht alles in den Horizont seines Handelns mit ein. Ist *er* spontan, so erscheinen ihm die Zufallsprozesse des Anorganischen als erste Boten seiner eigenen Spontaneität. Ist *er* »hinfällig«, so erscheint ihm der von der Schwerkraft zur Erde gezogene Stein als der Anfang dessen, was den Menschen bedroht und in den Staub zurückzieht.

116

Wir können gar nicht umhin, die objektive, »wertfreie« Sphäre physikalischer Gesetze in einem zweiten Schritt in Beziehung zu unserer praktischen Existenz zu setzen. So *deuten* wir die verwissenschaftlichte Natur von einem menschlichen Standpunkt aus als Natur *für uns*. Von dieser Art war die aristotelische »Natur«. Sie lag noch vor der durch Wissenschaft erzeugten »Subjekt-Objekt-Spaltung«, denn sie überbrückte das Humanum mit der Natur durch den Zweckbegriff, die »Entelechie«. Dem Streben des Menschen entsprach ein Streben der Natur, beide waren final aufeinander hingeordnet. Eine solche »Natur« versucht Prigogine durch die synergetische Physik grundzulegen, aber er muß zu diesem Zweck über jede Art von Physik hinausgehen und Anleihen in Gebieten machen, die nicht zu seiner Wissenschaft gehören. De facto entwickelt er eine Art Naturmetaphysik, die er aber nicht wirklich begründet.

Vom Standpunkt der »New Age«-Mystik aus betrachtet, bietet diese »Naturmetaphysik« Ansatzpunkte zur späteren religiösen Ausdeutung. Leider gibt es auch christliche Theologen, die sich nicht zu schade dafür sind, physikalistische Extrapolationen als Grundlage ihrer theologischen Deutungen zu benutzen. Jürgen Moltmann z.B. bezieht sich in seiner »Schöpfungslehre« mehrfach positiv auf Fritjof Capras Extrapolationen aus der Quantentheorie oder auf Ilya Prigogines Extrapolationen aus der »Synergetik«[33]. Dies geschieht aus einem offensichtlichen Mangel an eigenen, tragfähigen naturphilosophischen Konstruktionen, die den Gegensatz von Physik und Theologie vermitteln würden. Dieser »garstig breite Graben«, der dem Gegensatz zwischen »verité de fait« und verité de raison» aus dem 18. Jahrhundert entspricht, wird heute durch das schmale Brett physikalistischer Extrapolationen zu überbrücken versucht. Auf diesem Brett tanzen sie dann gemeinsam, die »New Age«-Anhänger und jene Theologen, die die

<hr>

[33] Moltmann, S.26; S.28

Überbrückung des Grabens als Aufgabe erkannt haben, aber über keine eigenen Mittel verfügen, ihn auf solidere Weise zu überwinden. Was heute fehlt, ist ein Pendant zur »philosophia naturalis« der Scholastik, denn es ist klar: Mystik wird sich niemals unmittelbar auf naturwissenschaftliche Modelle als solche beziehen können. Diese Modelle sind einfach zu »glatt«, um der religiösen Phantasie genügend Inhalte für ihre Allegorese zu bieten.

Ganz anders ist dies bei einer »aristotelisch«-lebensweltlichen »Natur«, die bereits Subjektanalogien enthält. Wenn der Mensch sozusagen schon versteckt in der Natur vorkommt, kann die religiöse Interpretation greifen, denn diese Interpretation richtet sich zunächst mit Vorliebe aufs Humanum (weshalb die meisten Gleichnisse der Bibel aus dem sozialen Bereich stammen). Auf die Natur richtet sich die religiöse Interpretation nur, wenn sie bereits dem Menschen analog ist, denn Religion hat als Bezugspunkt primär den Menschen, nicht die Natur. Daher müssen die »New Age«-Anhänger, wenn sie sich auf die zeitgenössische Physik beziehen wollen, bei Prigogine und ähnlichen Physikalisten ansetzen. Bei Erwin Schrödinger oder Albert Einstein könnten sie nicht ansetzen, weil diese Physiker ihre Entdeckungen nicht in ein »aristotelisches« Medium transponiert haben. Capra, von dem im 4. Kapitel ausführlicher die Rede sein wird, stellt diese »aristotelische« Ebene allererst her, bevor er die Naturwissenschaft »mystisch« interpretiert. Die Schwierigkeit aber in all diesen Fällen ist: Die vermittelnde Ebene einer dem Menschen verwandten Natur, die Ebene einer Naturmetaphysik wird von diesen Autoren beständig in Anspruch genommen, aber nirgends wirklich begründet.

Immerhin ist es nicht selbstverständlich, heute noch von »Naturmetaphysik« zu sprechen; der Versuch, eine Naturphilosophie vom Typus »Aristoteles« zu begründen, würde auf enorme Schwierigkeiten stoßen, weil man deutlich machen müßte, wie eine solche Begründung angesichts der etablierten Naturwissenschaft möglich ist. Man stünde unter Rechtfertigungszwang, dem sich Prigogine, Capra und ähnliche Autoren dadurch entziehen, daß sie das Problem überhaupt nicht wahrnehmen. Ich halte es aber für einen Akt intellektueller Redlichkeit, diesen Rechtfertigungszwang anzuerkennen und sich damit der Kritik der etablierten Wissenschaften auszusetzen. Immerhin hat sich diese Wissenschaft in einer Absetzbewegung gegen Aristoteles entwickelt. Wer Aristoteles heute stark machen will, muß beweisen können, daß er nicht einfach in die mittelalterliche Scholastik zurück will; dies würde nämlich einen Verzicht auf neuzeitliche Rationalität bedeuten, hatte doch die mittelalterliche Scholastik keinen Begriff von mathematisch-gesetzlicher Physik und konnte ihn auch nicht haben (da sie die Materie als das Zufällige, Chaotische begriff).

Hermann Haken und die physikalistisch mißbrauchte Stoa

Während Prigogine mit seinem Naturbegriff nur bis dahin geht, wo eine »aristotelische«, lebensweltliche Natur in die Physik hineinprojiziert wird, geht Haken noch einen Schritt weiter. Sein Naturbegriff erinnert an den der Stoa. Es versteht sich von selbst, daß ein so stark metaphysisch aufgeladener Naturbegriff wie der der Stoa von den Modellen der Physik her noch weniger begründet werden kann. Haken hat insbesondere Entdeckungen am Laser gemacht. Beim Laser ist es so, daß bei gewissen Energiewerten eine unfaßbar große Zahl von Atomen plötzlich aufhört, beliebig durcheinanderzuschwingen. Wie auf Befehl richten sich plötzlich alle Atome nach dem Diktat eines einzelnen und schwingen fortan wie eine Kompanie marschierender Soldaten im gleichen Takt. Man nennt diesen Vorgang auch »Selbstorganisation«, denn hier wird dem System ein makroskopischer Ordnungszustand nicht etwa von außen aufgedrängt, sondern er stellt sich »spontan« von selber ein.

Diese Neuentdeckung hat eine Flut von Extrapolationen ausgelöst, die alle – philosophisch gesehen – völlig unhaltbar sind. Es zeigt sich aber auch hier wieder, wie wenig es gelingt, physikalische Neuentdeckungen im Laborbewußtsein verschlossen zu halten, wie vielmehr diese Neuentdeckungen sofort von einem umfassenderen, praktischen Horizont her gedeutet werden und wie sie ins menschliche Selbstverständnis integriert werden *müssen*. Es handelt sich hier um jene *Deutung* der Grammatik von Welt auf mögliche Sinnperspektiven hin, die wir als vermittelnde, »philosophische« Ebene bezeichnet haben. Da Haken (sowenig wie Prigogine) diese Ebene als eigenständige Denkebene wahrnimmt, bewegt er sich hier womöglich noch ungeschickter als Prigogine. Die Ursache ist wiederum jener Wahnglaube an die Allmacht der Physik. Gibt es nur die Einheitsperspektive der Physik, so fällt alles in ihren Kompetenzbereich, dann ist es konsequent, mit Mitteln der Physik Fragen der Ethik, der Ästhetik oder weltanschauliche Fragen zu behandeln. Fallen sie aber nicht in ihren Kompetenzbereich, so läuft der Versuch, sie mit Mitteln der Physik zu behandeln, auf einen philosophischen Dilettantismus hinaus.

Nach Haken nimmt die Physik für sich in Anspruch, »die grundlegende Naturwissenschaft schlechthin zu sein«[34]. Dies ist zunächst gegen andere Naturwissenschaften, wie die Biologie, gerichtet. Weil aber Haken seine Modelle auf alles, auch auf den Menschen, anwendet, ist die Physik nicht nur »grundlegende Naturwissenschaft«, sondern »grundlegende Wissenschaft schlechthin«. Wie leicht die begrenzten Modelle der Physik mit dem Gewicht eines Totalerklärungsanspruchs belastet werden und wie wenig dieser Übergang den Physikern bewußt ist, kann man gleich

[34] Haken, S. 18

120

auf den ersten Seiten der »Erfolgsgeheimnisse der Natur«
nachlesen. Haken unterstellt dort dem Wissenschaftler
den Wunsch, »ein einheitliches Weltbild, eine einheitliche
Weltschau zu entwickeln«, und er nennt dann als Beispiele
für solche »einheitlichen Weltbilder« Newtons Gravitationstheorie und Maxwells Elektrodynamik.[35] Diese beiden Theorien sind mit Sicherheit keine »einheitlichen
Weltbilder«, denn Weltbilder dürfen nicht nur Theorien
objektiver, physikalischer Prozesse enthalten, sie müssen
zugleich die Stellung des Menschen innerhalb dieser Prozesse bestimmen. Ein Weltbild, das nicht zugleich eine Folie für das menschliche Handeln abgeben würde, wäre kein
eigentliches Weltbild. Über das menschliche Handeln sagen aber weder Newtons noch Maxwells Theorien irgend
etwas aus. Doch Haken selber äußert sich über das
menschliche Handeln. Insofern liefert er wirklich ein
»Weltbild«, allerdings ohne, daß sich dieses »Weltbild« aus
seiner Physik begründen ließe. Dazu einige Beispiele:
Der Laser gibt Haken das Modell eines sich selbst organi-
sierenden Prozesses der Natur. Nicht von außen, von oben
oder durch Gewalt wird hier eine Struktur erzeugt, sondern aus der inneren Dynamik des Prozesses selbst. Indem
Haken die Sache auf diese Weise beschreibt, hat er bereits
Wertungen in die Natur hineingetragen. Im Politischen lieben wir es nicht, wenn Strukturen von oben mit Gewalt
durchgesetzt werden, wir finden es besser, wenn sie sich
»von unten«, d. h. demokratisch, gewaltlos entwickeln.
Weil eine unstreitige Analogie zwischen den Selbstorgani-
sationsphänomenen der Laserphysik und diesen politischen Zusammenhängen besteht, ist es naheliegend, so zu
tun, als würden sich die politischen Zusammenhänge bereits aus der Physik ableiten lassen, vor allem, wenn man
der Meinung ist, die Physik sei die grundlegende Wissenschaft »schlechthin«. So gibt also Haken als Physiker Rat-

---

[35] Haken, S. 16

schläge, wie man sich bei partnerschaftlichen Problemen verhalten solle, wie man unlösbare Konflikte ohne spätere Reue lösen könne, wie man mit der wachsenden Kapitalkonzentration in der Wirtschaft umgehen müsse usw.[36] Alle diese Ratschläge gehen davon aus, daß das physikalische Modell der Selbstorganisation einen Sollzustand repräsentiert, der auch für den Menschen bindend ist. »Die Natur hat uns«, nach Haken, mit diesem Modell »Auswege gezeigt«, wie wir mit unseren Problemen fertigwerden können.[37] Wie bei den Stoikern ist hier die Natur eine Quelle von Weisheit, die unserem Handeln die Richtung vorgibt. Natürlich liegt all dem ein prinzipieller Irrtum zugrunde, ja es handelt sich geradezu um einen klassischen Fall des sogenannten »naturalistischen Fehlschlusses«, bei dem vom Sein unmittelbar aufs Sollen geschlossen wird. In bezug auf die wachsende Kapitalkonzentration in der Wirtschaft z. B. argumentiert Haken folgendermaßen:[38] Der Laser lehrt uns, daß nicht die Systemzustände die stabilsten sind, die von oben oder von außen erzwungen werden, sondern diejenigen, die sich spontan als Selbstorganisationsphänomen einstellen. Also ist es auch in der Wirtschaft sinnvoll, der Selbstregulation des Marktes jene Entscheidungen zu überlassen, die wir durch eine sozialistische Planwirtschaft nur unter Zufuhr enormer Energiemengen künstlich aufrechterhalten könnten. In dieser Argumentation stecken zwei Fehler:
1. Es ist keineswegs bewiesen, daß in der Wirtschaft die Gesetze der Laserphysik im selben Sinne angewendet werden können wie in der anorganischen Materie. Der wirtschaftlich-soziale Bereich ist wesentlich ein geschichtlicher Bereich, der allen Unwägbarkeiten der menschlichen Geschichte unterliegt. Es ist also a priori zu vermuten, daß hier rein physikalistische Modelle zu kurz greifen.

[36] Haken, S. 86/113/152
[37] Haken, S. 86
[38] Haken, S. 87 ff

2. Aber selbst wenn es bewiesen wäre, daß die Laserphysik hinreichend ist, um wirtschaftliche Prozesse zu beschreiben, so bliebe doch immer noch die Frage, ob wir die Wirtschaft nach Modellen der Laserphysik einrichten *wollen*. Gesetzt, Haken hätte recht und eine von oben gelenkte Wirtschaft würde einen höheren Energieaufwand kosten als eine, die sich selber reguliert, so könnte es doch immer noch so sein, daß eine sich selbst regulierende Wirtschaft für uns aus anderen Gründen nicht in Frage käme. Sie könnte z. B. mit gravierenden Ungerechtigkeiten verbunden sein, mit der Herrschaft einiger weniger über sehr viele, und wir könnten uns dazu entschließen, den Nachteil eines höheren Energie-Inputs in Kauf zu nehmen, wenn wir dafür eine gerechtere Verteilung der Güter für die Masse hätten.

In Wahrheit ist es einfach so: Zusammenhänge wie die zwischen Energie-Input und Stabilität von Strukturen sind für unser Handeln nur Rahmenbedingungen. Sie schreiben uns nichts vor. Es ist damit wie mit medizinischen Kausalzusammenhängen. Was der Gesundheit dient, sagt mir der Arzt. Aber daß die Gesundheit der höchste Wert ist, folgt daraus noch lange nicht. Ich kann im Zweifelsfall meine Gesundheit einem anderen Wert opfern, der mir wichtiger erscheint, ohne daß mein Handeln deshalb unsittlich wird. Der Märtyrer opfert sogar sein Leben. Medizinisch gesehen ist das »sehr ungesund«. »Wenn wir an die Vorbilder aus der belebten und unbelebten Natur denken, so werden wir sehr schnell dazu geführt ...«[39]: so beginnen viele Sätze bei Haken. Es gibt aber keine »Vorbilder« für uns in der »belebten und unbelebten Natur«, einfach weil wir weder Atome noch Tiere sind, sondern Menschen.

Trotz dieser ungerechtfertigten Grenzüberschreitungen kann ich in Hakens Analogien zwischen menschlichem Handeln und anorganischen Prozessen einen gewissen Sinn erblicken. Haken selber nimmt diese Anlogien als Be-

[39] z. B. in: Haken, S. 184

weise. Das sind sie nicht. Aber man könnte doch die Selbstorganisationsphänomene zwar nicht als unser Vorbild in moralischer Hinsicht, aber vielleicht als »Vorbild« im *zeitlichen* Sinne deuten: Der Mensch ist aus der Natur hervorgegangen. Also *muß* er die Spuren seines eigenen Wesens in der Natur lesen können. Weil er das Resultat kennt, kann er die Anfänge wissen. Die Selbstorganisation der Materie ist dann eine erste Andeutung von Spontaneität und Freiheit. So versichert sich der Mensch durch eine (etwas gewagte) Rückprojektion seiner Verwandtschaft mit der anorganischen Natur: »Die Wesen enthüllen sich nicht in ihren Keimen, sondern in ihrer Reife. An der Quelle sind auch die größten Flüsse nur kleine Rinnsale«, sagt Teilhard de Chardin.[40] Mitten in der verwissenschaftlichten Welt, die zunächst alle Subjektanalogien, alle Verwandtschaft des Menschen ausgeschlossen hat, wird hier in einem zweiten Schritt Natur ins Selbstverständnis des Menschen hereingeholt. Wenn man dies tut, treibt man keine strenge Physik mehr. Man befindet sich auf dem level, wo die Erkenntnisse der Physik unter praktisch-weltanschaulicher Hinsicht für uns von Bedeutung werden: Die »Grammatik der Welt« öffnet ihren Möglichkeitshorizont; wir befinden uns in jener Sphäre der »Sinnerschließung«, die die quantitativen Modelle der »hard science« mit den Sinnangeboten von Religion oder Weltanschauung vermittelt.

Wird dadurch die Objektivität der Physik zerstört? In gewissem Sinne ja. Aber der Mensch entgeht sich nicht, auch nicht in den härtesten Objektivationen der Physik. Die Fragen bleiben auch dort noch, wo sie bereits beantwortet schienen, denn wenn wir alles berechnet haben, können, ja *müssen* wir uns immer noch die Frage stellen: Was ist es eigentlich, was unseren Formeln zugrunde liegt? Doch bei dieser Frage verläßt uns die Physik.

[40] Teilhard, S. 192

4. Fritjof Capra, David Bohm und die Quantenmystik

Der existentielle Druck durch Totalverwissenschaftlichung

Liest man in einer Geschichte der Philosophie die Entwicklung des Naturbegriffs nach, so hat man leicht den Eindruck, als wechselten die Konzeptionen wie die Kleidermoden. Der historische Abstand verführt uns dazu, Begriffe in einer Abstraktheit darzustellen, die sie in Wirklichkeit niemals hatten. So wie eine Geschichte der Kleidermoden einmal lange, dann wieder kurze Röcke, hohe Hauben, unbedeckte Köpfe, berockte und behoste Männer, zugeschnürte und offenherzige Frauen nacheinander zeigt, in einer scheinbar willkürlichen Abfolge von Formen zeigt, (die auch ganz anders hätten aussehen können), so scheint sich auch der Naturbegriff beliebig zu wandeln. Seine Formen sind offenbar der Kontingenz und Willkür der Geschichte unterworfen, als habe die Geschichte diese bizarren, unlogischen Formen nur zu dem perfiden Zweck hervorgebracht, daß der genervte Student auch genügend Mühe hat, sie auswendig zu lernen.

Auf diese Weise gerät alle Geschichte leicht in die Langeweile bloßer Aufzählungen hinein. Was dabei verlorengeht, ist jene existentielle Verwurzelung, die die geschichtlichen Formen allererst hervorgebracht hat. Selbst die Mode ist niemals nur die phantasievolle Bedeckung menschlicher Blöße, sondern immer zugleich eine Demonstration von Macht, das Zeichen von Unterwürfigkeit, der Ausdruck von Protest oder Gleichgültigkeit.

Auch die Naturbegriffe waren einstmals kein abstraktes Gerüst theoretischer Überzeugungen, wechselnd wie die Kleidermoden; auch sie waren vielmehr das Konzentrat lebendiger Beziehungen von Menschen zur Natur und von Menschen untereinander. Welches revolutionäre Pathos beseelte nicht etwa den Atomismus des 18. Jahrhunderts, der nicht nur eine neutral-wissenschaftliche Theorie, sondern zugleich eine Brechstange gegen Adel, Privilegienwirtschaft und Feudalismus war!

George Trevelyan, der englische Protagonist des »Wassermann-Zeitalters«, bestimmt Natur wieder wie in alten Zeiten als »allumfassendes Ganzes«[1]. Die Erde ist nach ihm »eine wahre Mutter«, eine »beseelte Kreatur«, »ein empfindendes Wesen, das atmet, einen Blutkreislauf hat« usw.[2] Der ganze Kosmos ist für ihn ein ungeteiltes Ganzes, während wir selbst »ein integraler Bestandteil der Gesamtheit der lebendigen Natur«[3] sind, an deren »Weisheit« wir teilnehmen.[4] Teilhabe an der Natur befreit uns nach Trevelyan von unserer Kleinlichkeit, von unseren Lastern, macht uns frei, friedlich, fröhlich. Natur ist nach ihm die Quelle aller Tugenden, die bereits existierende und stets griffbereite Erlösung: »Die Weltsicht, die jetzt in Erscheinung tritt, ist im wesentlichen recht einfach. Um sie zu begreifen, bedarf es keiner großen intellektuellen Anstrengung«, es genügt vielmehr »eine flexible und jugendliche Einstellung.«[5] Wichtig sei lediglich, daß wir uns allezeit bewußt werden, »Teil der Natur« zu sein.[6]

Mit einem solchen, existentiell hocherhitzten Pathos wird uns Natur heute wieder präsentiert. Man kann darüber lachen, insbesondere wenn sich dieses Pathos mit Rohkostgemüse, Birkenstocksandalen und biologisch-dynamischer Düngung zu einer neuen Art von sektiererischem Muff verbindet. Ich will diese neue (in Wahrheit aber sehr alte) Naturweisheit nicht verteidigen; ich möchte nur zu beden-

---

[1] Trevelyan, S. 127
[2] Trevelyan, S. 136
[3] Trevelyan, S. 129
[4] Trevelyan, S. 42
[5] Trevelyan, S. 19
[6] Trevelyan, S. 30

ken geben, daß Natur dem Menschen immer mehr war als ein bloßer Mechanismus, als ein bloßes Substrat technischer und experimenteller Manipulationen. Natur war, wenn schon keine Mutter, so zumindest die Bühne, auf der sich das menschliche Drama abspielte. Man denke ja nicht, daß sich daran auch nur das mindeste geändert hat, seitdem wir in der Lage sind, Natur zu berechnen oder zu manipulieren. Die Objektivierung der Natur hat lediglich dazu geführt, daß wir die »Bühne« unseres Daseins objektiver, kälter, abweisender wahrnehmen. Das menschliche Drama hat aber nach wie vor seinen spezifischen Hintergrund, er ist nur unauffälliger geworden.

Wenn der Mensch des Mittelalters im »Buche der Natur« wie in einer Fibel las, so bedeutete dies zumindest, daß er sich in der Natur wie in einer Bibliothek fühlte. In Bibliotheken läßt sichs aushalten, insbesondere wenn man gerne liest, und der mittelalterliche Mensch las gerne im »Buch der Natur«.

Die Verwissenschaftlichung hat diese Idylle zerstört. Zwar sprach noch Galilei vom »Buch der Natur«, aber nach ihm ist dieses Buch »in mathematischen Lettern« geschrieben. Weil die meisten Menschen mit Mathematik nichts zu tun haben wollen und weil die Mathematik immer komplizierter geworden ist, haben die Menschen aufgehört, »im Buch der Natur« zu lesen. Auch ist die Galileische Vorstellung einer mathematisch-lesbaren Natur aus der Mode gekommen ist, weil die Mathematik inzwischen fast nur noch die Rolle eines Instrumentariums spielt, eine Art »Messer und Gabel« der Physik, nicht mehr der Inhalt eines zu lesenden Buches.

Aber was ist uns dann überhaupt noch die Natur? Ein »ignotum X«, die dritte Unbekannte von zwei Gleichungen, die wir niemals lösen werden? In der Tat scheint für das existentielle Lebensgefühl die Natur aus der Rolle eines Weisheitsbuches herausgedrängt und in die eines gleichgültigen Hintergrundes hineingeraten zu sein.

Was aber für den rechnenden, wissenschaftlichen Verstand neutral, objektiv, »wertfrei« erscheint, ist es für das existentielle Lebensgefühl keineswegs. Manche »modernen« Theaterinszenierungen bevorzugen eine völlig kahle, womöglich weiß gestrichene, einheitlich ausgeleuchtete und gänzlich leere Bühne. Das Gefühl von Absurdität, Verlassenheit, Sinnleere und anonymer Grausamkeit, das so typisch ist für das Lebensgefühl vieler Zeitgenossen, könnte kaum drastischer dargestellt werden. So verstanden ist die Sinnleere der verwissenschaftlichten Natur nicht neutral für das Lebensgefühl des modernen Menschen. Er kann nicht anders, er *muß* sich verloren und isoliert vorkommen in einem Kosmos, der ihn aus zufälliger Laune heraus an einen zufälligen Ort innerhalb unendlicher Räume versetzt hat, Räume, die gleichgültig sind gegen sein Schicksal, seine Hoffnungen oder Wünsche.

Wie anders, wenn die Natur Strebekraft in sich birgt, wenn sie mit all ihren Formen bereits den Anfang zu dem gemacht hat, was in der Komplexität des Menschen einen ersten Gipfel erreicht! Eine so begriffene »aristotelische« Natur wäre uns Heimat, freundliches Zuhause, kein bloßes Rechenexempel, keine gleichgültige Maschinerie.

Man kann das Herumgeistern von aristotelischen Motiven in der modernen Physik als Sehnsucht nach diesem Heimatgefühl deuten, das selbst durch die Verwissenschaftlichung nicht verlorengehen konnte.

Wenn man das Wiedererstehen nicht nur aristotelischer Motive, sondern das Wiedererstehen einer kompletten Naturmystik auf der Grundlage der modernen Physik begreifen will, dann muß man den existentiellen Stellenwert von Natur im Auge behalten, der für all diese Entwicklungen von besonderer Bedeutung ist. In der Philosophiegeschichte, im Selbstverständnis der Wissenschaften gerät dieser Gesichtspunkt leicht in den Hintergrund. Wissenschaft ist an Theorien, Philosophie an Begriffsgebäuden interessiert.

Aber der Mensch mit seinen Sehnsüchten lebt nicht vom Brot der Wissenschaft allein. Natur ist uns nicht nur der nüchterne, zweckrationale »Stoff«, der in den Walzwerken der Industrie zu Karosserien verarbeitet wird. Natur ist uns zugleich der Garten, in dem sich das Haus menschlicher Existenz befindet; und wenn dieser »Garten« zur Betonlandschaft verkommen ist, so ist eben diese Entfremdung der Stoff, aus dem »New Age« die Motivation für einen Traum bezieht, der so farbig ist wie die reale Welt grau, der so harmonisch ist wie die reale Welt zerrissen und der so spirituell ist wie die reale Welt materialistisch. Man muß sich also die *existentiellen* Wirkungen des Verwissenschaftlichungsprozesses vor Augen führen, will man das Entstehen einer Naturmystik auf der Grundlage der Physik begreifen.

Ich habe im zweiten Kapitel die *entfremdenden* Wirkungen der Wissenschaft beschrieben. Diese Wirkungen beruhen meines Erachtens nicht primär auf gesellschaftlichen Bedingungen, sondern sie wurzeln vor allem in sachlichen Zusammenhängen. Selbstverständlich können gesellschaftliche Bedingungen zur Verschärfung der Widersprüche beitragen, und gerade beim Verhältnis von Natur und Mensch bin ich der Meinung, daß eine solche Verschärfung tatsächlich stattfindet und daß eine kritische Soziologie hier fündig wird. Ich möchte jedoch diese besondere Art von Entfremdung zwischen Mensch und Natur von einer anderen Seite aus betrachten, und zwar von der Seite aus, wo die Gegensätze prinzipiell nicht mehr auszugleichen sind, wenn man sich einmal zur Verwissenschaftlichung entschlossen hat. Es gibt einen Preis der Verwissenschaftlichung und Technisierung, den wir nur dann nicht zahlen müßten, wenn wir uns entschließen könnten, in vorwissenschaftliche und vortechnische, vielleicht sogar voragrarische Zustände zurückzukehren: Der Jäger und Sammler war eins mit der Natur. Aber können wir auf seinen Zustand regredieren wollen?

Die Marxisten, die alles auf »gesellschaftliche Bedingungen« zurückführen, haben natürlich auch das, was ich hier als unaufhebbare Entfremdung bezeichnet habe, »gesellschaftlich erklärt« (so wie sie alles »gesellschaftlich erklären«). Sie haben z. B. behauptet, daß eine »sozialistische Physik« weniger kompliziert sein würde als eine »kapitalistische«. Ernst Bloch insbesondere hat sich mit solchen Phantastereien hervorgetan.[7] Er ging sogar davon aus, daß die Technik unter sozialistischen Verhältnissen ihren unorganischen Charakter verlieren würde. Bloch phantasierte eine »Allianztechnik«[8], die für die Technik das leisten würde, was der aristotelische Naturbegriff für die Theorie leistet: den Menschen mit der Natur versöhnen. Die »sozialistische Allianztechnik« sollte nicht, wie die »kapitalistische«, ausbeuterisch, laut, brutal, unästhetisch, umweltschädigend sein, sondern anschmiegsam, schön, organisch, umweltverträglich. Im selben Sinne sollte die »sozialistische Physik« sinnlich, konkret, dialektisch und nicht so kompliziert sein wie die »bürgerliche« Quantenphysik (was man sich nur wünschen kann, wenn man an das laute Stöhnen der Physikstudenten vor dem Zwischenexamen denkt).

All diese marxistischen Phantasien sind Projektionen wie die Wachträume der westlichen Physikalisten. In beiden Fällen weigert man sich zu sehen, daß die Verwissenschaftlichung ihren Preis hat und daß eine humane Welt nur möglich ist, wenn man die Verwissenschaftlichung und Technisierung in die Schranken weist. Aber in ihrer Wissenschafts- und Technikgläubigkeit stehen die Marxisten den westlichen »Positivisten« in nichts nach.

In letzter Zeit ist es still geworden um die Blochsche »Allianztechnik« und die Idee einer Versöhnung des Menschen mit der Natur durch Technik. Vielleicht stirbt diese

[7] Bloch (1), S. 343
[8] Bloch (2), S. 802 ff

Idee den natürlichen Tod von Ideen, deren Glanz im umgekehrten Verhältnis zu ihrem Gehalt stehen.

Worauf beruht die Unaufhebbarkeit der Entfremdung, die durch die Verwissenschaftlichung hervorgerufen wird? Einiges wurde schon genannt: die Ausblendung des Geschichtlichen, des Freiheitsgesichtspunktes, der damit zusammenhängenden Kategorien von »Sinn« und »Zweck«, die Ausblendung von Gefühlen oder Wertgesichtspunkten. Nur noch das Wissenschaft treibende Subjekt darf Gefühle haben. Im Objekt darf diesen Gefühlen nichts mehr entsprechen. Empfinde ich den Flug eines Steinadlers als »schön«, so ist das mein Privatvergnügen. Im Steinadler selbst entspricht dem keine objektive Qualität mehr. Ebenso verhält es sich, wenn ich etwa den Magnetismus als Sinnbild sozialer Verhältnisse begreife: ungleichnamige Pole ziehen sich an, gleichnamige stoßen sich ab. Obwohl die Analogie in diesem Fall in die Augen springt, ist sie doch nach »wissenschaftlichen« Kriterien »rein zufällig«, lediglich »subjektiv«.

So entspricht meinem inneren Reichtum nichts mehr in den Objekten der äußeren Natur. Ich habe mich von der Welt getrennt; sie existiert nur noch als Korrelat meines rechnenden Verstandes und seiner wissenschaftlichen Kategorien. Mit diesen Verengungen bezahlt die Wissenschaft ihre Exaktheit und Überprüfbarkeit. Existentiell gesehen ist dieser Akt der Entzauberung von allergrößter Bedeutung. Der mittelalterliche Mensch las im Buch der Natur wie in einem Buch voll Weisheit. Was in diesem Buch der Natur nicht enthalten war, entnahm er der Bibel, dem anderen großen Buch. So wurde das Leben des mittelalterlichen Menschen von oben und unten gehalten und getragen von Sinnperspektiven, aus denen er niemals herausfallen konnte: »Natürliches« und »Übernatürliches« waren organisch aufeinander bezogen.

In der Neuzeit wird die Bibel suspekt. Der Rationalismus des 18. Jahrhunderts versucht, die Offenbarung durch

»reine«, ungeschichtliche Vernunft zu ersetzen. Der Mensch wird sich selber zum Maßstab. Zugleich richtet sich die Hoffnung, die zuvor aufs Jenseits gewandt war, nun dem Diesseits zu, und zwar gerade mittels Wissenschaft und Technik. Die jenseitige Erlösung, die man ins Fabelreich bloßen Wunschdenkens abgeschoben hat, sollte durch technologische Beherrschung der äußeren Natur ersetzt werden. Zugleich war man von der ipso facto humanisierenden Wirkung der Wissenschaft überzeugt.

Alle diese Hoffnungen wurden schwer enttäuscht, obwohl viele Zeitgenossen noch heute an ihnen festhalten, aus Furcht vor der Desillusionierung, die ihnen bevorstünde, wenn sie der Wahrheit die Tür öffneten. Die Natur ließ sich offenbar nicht vollständig zu unseren Gunsten beherrschen, vielmehr bedrohen uns die Nebenwirkungen unserer Manipulationen bis hin zur Existenzgefährdung; auf der anderen Seite war der Glaube an die ipso facto humanisierende Wirkung der Wissenschaft ganz offensichtlich eine einzige Illusion: Ohne bewußte sittliche Anstrengung liefert die Wissenschaft die Grundlagen zur Herstellung von Anästhetika so gut wie zur Herstellung chemischer Waffen, zur Herstellung von Atombomben so gut wie zum Bau von Solarkraftwerken. Die wissenschaftliche und technische Vernunft enthält offensichtlich in sich keine substantiellen sittlichen Gehalte. Für die meisten Zeitgenossen sind zudem die Brücken zur Vergangenheit abgebrochen: Den selbstverständlichen Glauben an die Offenbarung hat ihnen die Aufklärung, das Vertrauen in die Weisheit der Natur hat ihnen die Wissenschaft geraubt.

Zwar haben Wissenschaft und Technik Mängel der ökonomischen oder medizinischen Versorgung beheben können, aber man kann nicht sagen, daß die menschliche Existenz durch Wissenschaft und Technik von ihrem Leidensdruck erlöst wurde. Teilweise ist dieser Druck sogar noch stärker geworden: Kriege oder staatliche Repressionen sind unter wissenschaftlich-technischen Bedingungen ungleich grausamer als unter vorneuzeitlichen; und oft genug erweist sich der technische Fortschritt geradezu als Bumerang, wenn man etwa an die unnütz verlängerten Leiden unheilbar Erkrankter auf der Intensivstation oder an das Siechtum von Kindern in der Dritten Welt denkt, denen die Fortschritte der Medizin das Glück eines frühen Todes genommen und dafür das Elend eines langen Siechtums beschert haben (im Augenblick sterben pro Tag weltweit 50 000 Kinder an Unterernährung, ohne daß uns dies besonders kümmern würde).

Hat der Leidensdruck kaum abgenommen, so hat der Verwissenschaftlichungsprozeß doch zugleich die Naivität des Naturbezugs und die Unbefangenheit des religiösen Vertrauens zerstört. Was Wunder, wenn unter solchen Bedingungen die Hoffnung aufkommt, es könne der Fortschritt der Wissenschaft *selbst* das Vergessene und Verlorene wiederbringen. So ähnlich wie bei Karl Marx die Verelendung des Proletariats die Ursache seiner endgültigen Befreiung ist, so ist den Wissenschaftsgläubigen die ontologische Ausdünnung ihrer Weltmodelle, der Verlust an Gefühl, Sinn und Zweck in der Natur, die objektivierende Entfremdung rein quantitativer Modelle zugleich Ursprung einer wahnwitzigen Hoffnung: Der Verwissenschaftlichungsprozeß möge in seinem Fortschritt alles Verlorene wiederbringen, die Natur möge wieder ein lesbares Buch, der Grund der Natur ein liebender Gott sein, die verlorene Ganzheit der Welt, die Einheit von Mensch und Natur möge sich quantenphysikalisch wiederherstellen lassen.

Die ontologisch angereicherte Natur

Die ungeheure Ernüchterung und existentielle Entfremdung durch Totalverwissenschaftlichung schlägt bei Capra ins Gegenteil um. Jetzt wird die verlorene Ganzheit von Natur physikalistisch eingeführt: »In der klassischen Phy-

sik bestimmen die Eigenschaften und das Verhalten der Teile das Verhalten des Ganzen. In der Quantenphysik ist es genau umgekehrt: Es ist das Ganze, das das Verhalten der Teile bestimmt.«[9] Die alte philosophische Lehre, daß das Ganze mehr sei als die Summe seiner Teile, wird hier rein physikalistisch »begründet«. In einem zweiten Schritt wird dann die »ganzheitliche« Natur religiös überhöht: »Die moderne Physik führt uns zu einer Anschauung der Welt, die den Ansichten der Mystiker aller Zeiten und Traditionen sehr ähnlich ist.«[10] Wohlgemerkt, es handelt sich hier nach Capra nicht um Plausibilitäten oder Analogien. Capra ist der Meinung, daß sich die Ganzheitlichkeit der Welt *streng* aus der Physik erweisen lasse; er spricht deshalb von »Schlußfolgerungen, die wir heute in allen Bereichen aus der Physik des zwanzigsten Jahrhunderts ziehen müssen«[11]. Die »Parallelen zwischen moderner Physik und östlicher Mystik« sind nach ihm schlechthin »zwingend«.[12] Derart scheint die religiöse Welt mit der wissenschaftlichen zu verschmelzen. Es werde, sagt Capra, »dem Hindu durch den kosmischen Tanz des Gottes Shiva dieselbe Vorstellung von der Materie vermittelt wie dem Physiker durch gewisse Aspekte der Quanten-Feldtheorie.«[13]
Wenn dem aber so ist, warum haben dann die Hindumystiker keine Wissenschaft entwickelt, die der westlichen vergleichbar wäre, und warum kann man ganz gut Quantentheorie betreiben, ohne an Shiva zu glauben?
Man könnte mit Capras Extrapolationen aus der Physik sehr schnell fertigwerden, indem man zeigt, daß keine seiner philosophischen oder theologischen Extrapolationen aus der Physik haltbar ist. Man könnte in seinen Schriften die haarsträubendsten logischen Sprünge nachweisen, vom

[9] Capra (1), S. 309
[10] Capra (1), S. 15
[11] Capra (1), S. 1
[12] Capra (1), S. 5
[13] Capra (1), S. 42

Mangel an wirklicher historischer Bildung einmal abgesehen. Aber bei einem solchen rein logisch-begrifflichen Vorgehen würde genau jenes existentielle Moment verlorengehen, das diese Extrapolationen überhaupt erst hervorgerufen hat. Der Mensch *ist* ein Wesen des metaphysischen und religiösen Sinnbedürfnisses. Wo diese Bedürfnisse frustriert werden, wie in der total verwissenschaftlichten Welt, da schafft sich das angestaute Bedürfnis seine eigene Befriedigung.

Der Durst nach Sinn befriedigt sich freilich am falschen Objekt. Es ist, als tränke man in der Verzweiflung Meerwasser, was den Durst nur noch vergrößert. Aber einem Verdurstenden zu sagen: »Trinke kein Meerwasser!« ist eine unverantwortliche Brutalität, solange man nicht imstande ist, ihm echtes Trinkwasser zu reichen. Oft genug verhalten sich die Kirchen zu sektenhaften Gebilden wie »New Age« rein polemisch. Aber haben sie das religiöse Bedürfnis der verwissenschaftlichten Zivilisation wirklich erkannt? Dazu wird weiter unten noch einiges zu sagen sein.

Ich möchte im folgenden bei der Analyse von Capras und Bohms Extrapolationen sozusagen aus der Form ihres Durstes nach dem Sinn jenes Wasser rekonstruieren, das diesen Durst löschen könnte. Zu diesem Zweck werden die drei Ebenen, die in diesem Buch immer unterschieden wurden, als Gliederungsprinzip dienen, d. h., ich werde durchweg unterscheiden:

1. die Ebene immanent-physikalischer Erklärungen

2. die Ebene einer Naturmetaphysik, d. h. einer im weiteren Sinne »aristotelisch« begriffenen »Natur« (und Naturwissenschaft)

3. die Ebene einer Naturmystik als religiöser Deutung von 2.

Symbolisch wurden diese drei Ebenen mit drei verschiedenen Weisen verglichen, einen Text zu analysieren:

1. die Ebene grammatikalischer Formen und Gesetze (»Gesetzlichkeit«)

2. die Hinordnung dieser Gesetze auf einen *möglichen* Sinn, der sich mit ihrer Hilfe ausdrücken läßt (»Sinnerschließung«)

3. die Sinnebene selbst (»Sinnerfüllung«)

Wichtig ist die Einsicht, daß die intersubjektive Überprüfbarkeit von 1 nach 3 abnimmt. Es wurde schon darauf hingewiesen, daß die Verwissenschaftlichung mit einem unstreitigen Gewinn an Eindeutigkeit und Überprüfbarkeit verbunden ist. Demgegenüber haben metaphysische Totalentwürfe immer etwas Schwammiges und Beliebiges an sich, während sich religiöse Weltdeutungen der Objektivierung fast vollständig entziehen. Dies ist der Preis, den man für den Blick »aufs Ganze« bezahlen muß: »Das Ganze« läßt sich nicht so eindeutig fixieren wie ein empirisch vorkommendes, endliches Objekt. Dies ist insbesondere deshalb wichtig, weil der deutsche Idealismus mit seiner philosophischen Spekulation eine höhere Stringenz als selbst die mathematische Physik für sich in Anspruch nahm. Auf diese Weise ist die vermittelnde Ebene naturphilosophischer Reflexion in Mißkredit geraten. Es wäre an der Zeit, diese Form der Reflexion zu erneuern, freilich ohne den überzogenen Theorieanspruch, den die nachkantischen Idealisten wie Schelling oder Hegel damit verbunden haben.[14]

Die genannte dreifache Unterscheidung entspricht grosso modo dem, was die deutsche idealistische Philosophie unter dem Gegensatz von »Verstand« und »Vernunft« und die klassische Theologie unter dem Gegensatz von »Vernunft« und »Offenbarung« begriffen hat: Bei Kant und Hegel war der »Verstand« mit seinen Kategorien das Organ der Naturwissenschaft, die »Vernunft« das Organ der Philosophie. In der klassischen Theologie gibt es den weiteren Gegensatz von »natürlicher (= philosophischer) Vernunft« und

---

[14] Vgl. die kritische Rekonstruktion der Schellingschen Naturphilosophie durch den Verfasser

Offenbarung«, die sich dem bloßen Vernunftdenken entzieht; so muß man also eine wissenschaftliche, philosophische und theologische Ebene unterscheiden, denen die Begriffe »Verstand«, »Vernunft« und »Offenbarung« entsprechen.

Nur wenn man diese Ebenen unterscheidet, läßt sich Ordnung in die unglaubliche Verwirrung der »New Age«-Extrapolationen bringen. Nur so ließe sich etwas von dem verwirklichen, was der bekannte Mystikforscher Josef Sudbrack in bezug auf Capra forderte: »Der Weg, den Capra und viele mit ihm gehen, führt in Neuland, das begangen werden muß; aber die Richtungsweiser müssen viel genauer und behutsamer gesetzt werden.«[15]

Bei der Unterscheidung der genannten drei Ebenen werde ich mich gleichermaßen auf David Bohm wie auf Fritjof Capra beziehen, denn die theologischen und philosophischen Grenzüberschreitungen folgen bei beiden demselben Muster.

Übrigens hat Capra im Laufe der Zeit bemerkt, daß seine simple Ableitung einer Naturmetaphysik und Naturmystik aus der puren Physik unhaltbar ist. In seinem zweiten Buch »Wendezeit« betont er, daß man nicht alles aus der Physik ableiten könne, er anerkennt dort die Dignität einer nichtmathematisierten Naturtheorie (den aristotelischen Gesichtspunkt)[16], ohne daß es ihm freilich gelingt, ein sinnvolles Raster zu entwickeln, das die verschiedenen Gesichtspunkte ordnen würde. Der Ausweg, die Systemtheorie Batesons heranzuziehen, scheint mir jedenfalls nicht überzeugend.

Wie konnte überhaupt die Meinung aufkommen, die Physik des 20. Jahrhunderts sei »mystisch«, »ökologisch«, »ganzheitlich« oder auch »organisch«? Es handelt sich ja hier nicht um die physiktreibenden Subjekte, sondern um

[15] Sudbrack, S. 119
[16] Capra (2), S. 422/423

die Physik selbst. Vermutlich könnte man auf der *Motivationsebene* mystische Wurzeln der physiktreibenden Subjekte nachweisen; es ist auch ganz evident, daß die physiktreibenden Personen ganzheitlich und organisch verfaßt sind usw. Dies zuzugeben würde keine Probleme verursachen. Dagegen bleibt zunächst schleierhaft, wie man dahin kommen konnte, diese subjektiven Qualitäten in die Objektivität der Physik selbst hineinzulegen, zu behaupten, daß der Allgeist in den Atomen steckt, daß bereits die physikalischen Kräfte ganzheitlich sind, mit innerer Strebekraft begabt usw. All diese Subjektqualitäten hatte die Physik seit Jahrhunderten aus ihren Fundamenten ausgeschlossen, und sie war gut damit gefahren. Wie konnte es geschehen, daß eine Gruppe »neognostischer« Physiker im Ernst behauptete, die Quantentheorie »beweise« die Identität von Geist und Materie, die Relativitätstheorie impliziere ein »partizipatorisches Universum«, d. h. ein solches, dem der Mensch nicht mehr fremd als Beobachter gegenüberstehe, sondern unser Naturverhältnis sei durch die Relativitätstheorie »sympathetisch« geworden (wie einstmals das Naturverhältnis Goethes)?

Diese Behauptungen rühren meines Erachtens im wesentlichen von der Unanschaulichkeit der zeitgenössischen Physik her. Die Physik des 18. Jahrhunderts beschäftigte sich durchweg mit sinnlich-erfahrbaren Größen. Die Theorie der Gravitation etwa bezog sich auf ein jedem Menschen erfahrbares Kraftfeld, ebenso die Hydrodynamik oder die Theorie der Gase. Jeder atmende Mensch hat z. B. eine qualitative Vorstellung von der »idealen Gasgleichung«, er braucht nur einmal kräftig ein- und auszuatmen. Selbst eine so abstrakte Größe wie der »Drehimpuls« läßt sich an jedem Kinderkreisel leicht veranschaulichen. Doch schon im 19. Jahrhundert ändert sich das Bild: Je weiter die Physik in die Tiefen der Materie vordringt, desto abstrakter werden ihre Modelle, desto weniger lassen sie sich mit der Alltagserfahrung vermitteln. Heute ist die

Verbindung zwischen lebensweltlicher Praxis und physikalischer Theorie vollständig zerbrochen.

Im 19. Jahrhundert war es zunächst die Entdeckung der Gesetze des elektrischen und magnetischen Feldes, die der Anschaulichkeit der Physik einen schweren Stoß versetzten. Noch Faraday hatte eine ganz mechanistische Vorstellung von elektrischen oder magnetischen Feldern. Maxwell hingegen gab solche grobsinnlichen Vorstellungen nach und nach zugunsten reiner mathematischer Konstrukte auf, während er noch an der Vorstellung festhielt, elektromagnetische Wellen seien eine »Störung des Äthers«, der alles durchdringt und alles trägt. Sinnliche Vorstellungen dieser Art erwiesen sich im Laufe der Zeit in wachsendem Maße als widersprüchlich. Man hat sich daraufhin angewöhnt, die physikalischen Größen als reine Rechengrößen aufzufassen, deren ontologisches Substrat keine eindeutige lebensweltliche Interpretation mehr zuläßt.

Im 20. Jahrhundert verschärft sich die Situation durch die Entdeckung der Relativitäts- und der Quantentheorie. Solchen Begriffen wie »Längenkontraktion«, »Zeitdilatation«, »Unschärferelation« entspricht nichts mehr in unserer Sinnenerfahrung, ja mehr noch: Die Transposition mikrophysikalischer Erkenntnisse in die Welt der Alltagserfahrung erzeugt geradezu Widersprüche wie z. B. der »Welle-Teilchen-Dualismus«, der nur in der physikalisch-mathematischen Formulierung konsistent ist, jedoch augenblicklich absurd wird, wenn man anfängt, sich die Sache sinnlich vorzustellen. In unserer Alltagserfahrung (und in der klassischen Physik) ist eine Welle der *Zustand* materieller Teilchen, die schwingen können (oder auch nicht). Es ist aber in dieser Sphäre niemals möglich, daß Welle und Teilchen identisch zusammenfallen, denn dies würde heißen, daß ein Seiendes sein eigener Zustand ist, das Haus seine eigene Farbe, das Telephon sein eigenes Klingeln usw. Es ist diese Inkohärenz der wissenschaftlichen Vorstellungen und der Alltagswelt, die es den »neognostischen« Physikern erlaubt, mit Worten zu spielen. Es wird, sagt Capra »dem Hindu durch den kosmischen Tanz des Gottes Shiva dieselbe Vorstellung von der Materie vermittelt wie dem Physiker durch gewisse Aspekte der Quanten-Feldtheorie.«[17] Aber handelt es sich dabei wirklich um *dieselbe* Realität? Die »New Age«-Physiker transponieren jedenfalls die Einsichten der Fachwissenschaft in die gewöhnliche Alltagssprache und geben dann immer noch vor, Physik zu treiben.

Wenn etwa Capra die zen-buddhistischen Rätselworte (»Koans«) in der Quantenphysik wiederfindet[18], so nicht, weil die moderne Physik widersprüchlich geworden ist, sondern weil seine alltagssprachlichen Interpretationen den physikalischen Theorien unangemessen sind. Wenn sich in der Mikrophysik ein und dasselbe Objekt als Welle *und* als Teilchen zeigen kann, so folgt eben nicht, daß nach dieser Physik ein Auto seine eigene Farbe, ein Hund sein eigenes Schwanzwedeln, der Mund sein eigenes Lachen ist. Solche Paradoxien entstehen erst durch nachträgliche, alltagssprachliche Interpretation.

Der äußerst kritische Übergang von Physik zu Metaphysik, und von dort zur Mystik, erscheint nur deshalb plausibel, weil Capra und Bohm die Physik aus ihrem eigentlichen Medium, der mathematischen Formulierung, herausnehmen und dabei inhaltlich anreichern mit Vorstellungen, die nicht mehr aus der Fachwissenschaft selber stammen. Man wird bemerken, daß sich die philosophische und mystische Interpretation der Physik sowohl bei Capra als auch bei Bohm *niemals* unmittelbar auf die physikalisch-mathematischen Modelle, sondern *immer nur* auf die bereits alltagssprachlich interpretierte Physik beziehen. Das Vertrackte dabei ist: Man kann einem Physiker nicht

[17] Capra (1), S. 42
[18] Capra (1), S. 151

verbieten, seine eigenen Theorien anschaulich zu interpretieren. Die menschliche Sinnlichkeit ist unhintergehbar, das »Leibapriori«, wie man es genannt hat, kann nicht übersprungen werden. Daher behauptet der Physiker Hermann Haken zu Recht, »daß ein Vorgang in vielen Fällen erst dann von Wissenschaftlern völlig verstanden worden ist, wenn dieser Vorgang sich auch durch Worte der Umgangssprache ohne jede Formeln wiedergeben läßt«[19] (wobei man sich hier unter »Umgangssprache« eine Sprache, durchsetzt mit konkreten, sinnlichen Bildern, vorzustellen hat). Transponiert man jedoch die Physik in die Umgangssprache, so hat man darauf zu achten, daß nicht durch die umgangssprachliche Transposition Kategorien eingeschmuggelt werden, die der Physik selber fremd sind. In dieser Hinsicht sind aber die »New Age«-Physiker völlig bedenkenlos: Es sind vor allem Begriffe wie »ganzheitlich«, »organisch«, »ökologisch« usw., die von ihnen mit verschiedensten Inhalten angereichert werden. Die klassisch-mechanistische Vorstellung von der Materie hat den Stoff tatsächlich in distinkte Punktmassen zerlegt und die physikalischen Prozesse aus Kräften und atomistischen Partikeln erklärt. In diesem Sinn war sie nicht »ganzheitlich«. In der Quantenphysik hat sich gezeigt, daß die beliebige Zerlegung der Materie in distinkte Partikel mißlingt und daß die Materie eher ein zusammenhängendes Ganzes ist, das nur *wir* in separate Teilchen zerlegen. Sind wir deshalb berechtigt, von »Ganzheit« zu sprechen? Wenn wir *nur* diese physikalische Eigenschaft darunter verstehen wollen: ja! Aber zumeist hat der Ganzheitsbegriff noch andere Konnotationen, die in der Physik nicht enthalten sind, z. B. Wertgesichtspunkte. Ein Kegelclub ist eine Ganzheit aufgrund des gemeinsamen Wertes der Freizeitgestaltung. Ein Staat ist eine Ganzheit aufgrund gemeinsamer politisch-sittlicher Wertvorstellungen. Doch Werte von dieser

---

[19] Haken, S. 11

Art kann es in der Physik nicht geben. Man kann aber leicht sehen, daß Capra und Bohm den Ganzheitsbegriff mit solchen Wertprädikaten beladen und daß sie auch dann noch so tun, als hätten sie ihn aus der Physik abgeleitet. Dasselbe ist beim Begriff des »Zwecks« der Fall. Dieser Begriff kommt in keiner physikalischen Theorie vor. Im Begriff der »Ganzheit« ist er enthalten, jedenfalls in dem Sinn, wie ihn die »New Age«-Autoren verwenden. Aus diesem Grunde identifiziert Bohm die aristotelische Vierursachenlehre mit seinem eigenen Ganzheitsbegriff. Beide seien, so sagt er »formgebend« und »zweckhaft«.[20] Dies ist mit Sicherheit falsch. Da der aristotelische Begriff der »Form« den Begriff des Zweckes in sich enthält und da der Zweckbegriff in der Physik nirgends vorkommt – auch nicht in der Quantenphysik –, *kann* Bohms »Ganzheit« nicht identisch mit der aristotelischen sein. Man kann niemandem verbieten, den Begriff der »Ganzheit« zu bestimmen, wie es ihm gefällt, aber man muß sich dann an die eigenen Bestimmungen halten und darf nicht einfach in fremde Welten changieren. Die ganze Identifikation der aristotelischen Vierursachenlehre mit dem quantenphysikalischen Ganzheitsbegriff hat den durchsichtigen Zweck, die Ebene einer aristotelischen Naturphilosophie zu überspringen, um die Mystik an die Physik anzukoppeln. Tatsächlich kann niemand die hier geforderte vermittelnde Ebene philosophischer Reflexion überspringen, der die Physik mit der religiösen Erfahrung in Übereinstimmung bringen will. Capra und Bohm benutzen zu diesem Zweck den Bodensatz an Philosophie, der in der Alltagssprache präsent ist. Erfolgversprechender wäre es, bei Kant und Hegel in die Schule zu gehen, denn die klassische Philosophie war in dieser Hinsicht schon einmal auf einem viel höheren Reflexionsniveau.

»New Age« behauptet einen Gegensatz zwischen klassisch-

[20] Bohm, S. 35

mechanistischer und moderner Quantenphysik. Die klassische Physik sei atomistisch gewesen, die moderne ganzheitlich. Dies ist ein Spiel mit dem Ganzheitsbegriff. Es würde keinerlei Schwierigkeiten bereiten, Züge von »Ganzheit« bereits in der klassischen Physik zu finden. Zum Beispiel sind die Begriffe »Druck«, »Volumen«, »Temperatur« für einzelne Partikel überhaupt nicht definiert. Wir sind auch nicht imstande, bei einem einzelnen Teilchen den Aggregatzustand anzugeben. Es ist sinnlos, ein einzelnes Teilchen »flüssig« oder »gasförmig« zu nennen. In diesem Sinn ist auch die klassische Physik »holistisch«, auch hier schon ist das Ganze mehr als die Summe seiner Teile.

Man sollte in jedem Fall genau definieren, was man unter »Ganzheit« versteht. Niels Bohr, der den Begriff der »Ganzheit« als einer der ersten in die Diskussion um die Deutung der Quantenphysik einbrachte, war in dieser Hinsicht viel vorsichtiger als die »New Age«-Physiker, die sich so gern auf ihn berufen. Bohr sprach niemals schlechterdings von »Ganzheit«, wenn er sich auf den holistischen Charakter der Quantenphysik bezog. Er benutzte durchweg abschwächende Begriffe wie »Ganzheitscharakter« oder »Züge von Ganzheit« usw.[21]

Es ist auch in anderer Hinsicht sehr lehrreich, die Originalabhandlungen von Bohr mit dem zu vergleichen, was »New Age« daraus gemacht hat. Liest man Capra, so klingt es so, als hätte schon Bohr eine religiöse Mystik aus der Physik abgeleitet. Doch Bohr sah die Gefahr willkürlicher Extrapolationen aus der Quantenphysik voraus. In bezug auf die Lehre von der »Komplementarität« warnte er davor, daß die Übertragung des Komplementaritätsbegriffes »mit der Einführung irgendeines dem wahren Geiste der Wissenschaft fremden Mystizismus verwechselt werde«[22].

[21] Bohr, S. 80
[22] Bohr, S. 19

Ebenso warnte er davor, den Indeterminismus der Quantenphysik vorschnell mit dem Begriff der »freien Wahl« zu identifizieren und damit einer »Personifizierung der Natur« Vorschub zu leisten.[23] All diese Vorsichtsmaßregeln wurden von den »New Age«-Physikern verletzt, die sich nichtsdestoweniger häufig auf Bohr berufen. Man vergleiche nur einmal Capras dogmatische Weise, das Bohrsche Komplementaritätsprinzip zu begreifen, mit dessen eigenem, behutsamen Vorgehen.[24]

Soll die Rede von der »Ganzheit der Natur« irgendeinen Sinn haben, so kann damit nicht eine innerphysikalische Theorie gemeint sein. Kant begriff die »Einheit der Natur« als »regulative Idee«, als idealtypische Unterstellung: Natur möge – wie das erkennende Subjekt – in sich einheitlich sein, ihre Gesetze mögen wenige sein, um die Vielheit der Phänomene zu erklären, d. h. Natur möge *ökonomisch* in der Wahl der Mittel zu ihren vielfältigen Zwecken sein.[25] All dies sind für Kant keine physikalischen Erkenntnisse, sondern Analogien zur Ganzheitlichkeit des erkennenden Subjekts, Analogien allerdings, auf die wir in keiner Weise verzichten können. Das heißt, was innerphysikalisch als ein neutrales Geschehen erscheint, wird vom Menschen her als mögliche teleologische Sinnstruktur interpretiert: Dies ist die Ebene einer »Metaphysik der Natur«. *Nur* über diese vermittelnde Ebene ist von der Physik in die Mystik zu gelangen, und zwar einfach deshalb, weil die physikalischen Begriffe keine Totalitätsbegriffe sind und weil die affektive Bezogenheit des Mystikers auf das »Sein als Ganzes« sonst mit der Physik keinen gemeinsamen Punkt haben könnte, denn Physik erforscht niemals die Totalität des Seins: Ganzheit ist nicht ihr Thema.

[23] Bohr, S. 82
[24] Capra (1), S. 160 ff
[25] Kant, KU XXIX ff

E = mc² und die dynamische Natur des Weltalls;
Heisenbergs Unschärferelation und die Identität von Sein
und Nichtsein

Ich möchte den Sachverhalt einer mangelnden Verbindung
zwischen Physik und Mystik an einem konkreten Beispiel
aus Capras »Tao der Physik« verdeutlichen[26] (übrigens eine
der wenigen Stellen, an denen er sich direkt auf eine *mathematische* Formulierung physikalischer Erkenntnisse
bezieht). Capra erwähnt dort die Einsteinsche Formel für
die Masse-Energie-Äquivalenz, jene berühmte Formel,
nach der leider die Atombomben funktionieren:
$E = mc^2$, d.h. in einem Materieteilchen der Masse m
steckt die Energie E, die sehr groß ist, denn die Lichtge-
schwindigkeit c ist eine Konstante mit dem beträchtlichen
Zahlenwert von 300 000 Kilometern pro Sekunde.
Capra schließt aus diesem Zusammenhang, daß die moderne Physik die Auffassung östlicher Mystik bestätige,
wonach das starre Sein naturaler Gegenstände bloßer
Schein sei. So wie dem Mystiker die ganze Welt, selbst der
Himalaya, ein luftiges Scheingebilde ist, das nur für unsere
Sinne dasteht wie ein riesiger Klotz, so sei auch die Vorstellung starrer, unveränderlicher Punktmassen ein Schein,
den die Relativitätstheorie in energetische Dynamik aufge-
löst habe. In Wahrheit sei sowohl für den Mystiker wie für
den Physiker »Aktivität die Essenz des Seins«[27].
In einem zweiten Schritt identifiziert dann Capra diese
Dynamik des Seins mit dem mythischen Tanz des Gottes
Shiva, der durch den Rhythmus seiner tanzenden Bewegung das Weltall hervorbringt und ins Nichts zurückfallen
läßt.
Stellen wir diese religiöse Deutung für einen Augenblick
zurück. Was hat es mit der »Dynamik des Seins« auf sich?

[26] Capra (1), S. 199 ff
[27] Capra (1), S. 202

145

Ist sie physikalisch beweisbar? Man sieht sofort, daß dies nicht der Fall sein *kann*. Wie alle physikalischen Formeln ist $E = mc^2$ offen für verschiedene ontologische Interpretationen. Die Größen m (Masse) und E (Energie) sind als Relationen in einem mathematischen Kalkül definiert; außerdem kann man ihnen gewisse Meßvorschriften zuordnen. Was sie *ontologisch* bedeuten, ist damit nicht gesagt. Es ist zwar naheliegend, mit Capra Masse als das Träge, Materielle, Energie dagegen als das Bewegliche, Dynamische, Geistige zu *deuten*, aber zwingend ist diese Deutung nicht.

Es zeigt sich immer wieder: Erst wenn die mathematischen Modelle der Physik aus ihrer formalen Abstraktheit herausgenommen werden, sind wir fähig, ihnen Bedeutung und Bezug auf unsere eigene Existenz zu verleihen. In aller Regel haben Capra und Bohm diese primäre ontologische Deutung schon geleistet, bevor sie anfangen, ihre »Erkenntnisse« in umfassendere weltanschauliche Zusammenhänge einzubetten. Das ist auch der Grund, weshalb bei beiden fast keine Formeln vorkommen. Es geht ihnen nicht nur um die Popularität der Darstellung, die mit jeder mathematischen Formel abnehmen würde (die Verleger wissen: je mehr Formeln, desto kleiner die Auflage). Die »New Age«-Physiker *brauchen* die Transposition ihrer physikalischen Modelle in die Alltagssprache, weil nur so der Zusammenhang mit ihren mystischen Intuitionen hergestellt werden kann.

Auch hier muß unterschieden werden: Die ontologische Deutung physikalischer Ergebnisse ist unabdingbar. Es muß doch wohl einem Physiker die Frage erlaubt sein: »Was ist es eigentlich, was ich untersuche?« Aber eine Antwort auf diese Frage folgt nicht rein logisch aus den Formeln der Physik: Man ist unversehens in die Metaphysik geraten. Was die »New Age«-Extrapolationen so ungenießbar macht, ist nicht die Deutung wissenschaftlicher Ergebnisse von umfassenderen Sinnhorizonten her, sondern die unkritische Art, die Ebenen zu wechseln ohne Bewußtsein des eigenen Tuns und ohne den geringsten Versuch einer vernunftmäßigen Rechtfertigung dieses Tuns.

Gesteht man Capra die ontologische Interpretation von Energie als Platzhalter der Dynamik und die Interpretation von Masse als Platzhalter der Statik des Universums einmal zu, so ergibt sich eine äußerst lehrreiche zweite Aporie:

Die Formel $E = mc^2$ gestattet zwar die Interpretation von Materie als Form von Energie, aber dieselbe Formel schließt die umgekehrte Interpretation von Energie als Form von Materie nicht aus. Wenn nämlich $E = mc^2$ ist, dann ist auch $m = E/c^2$; die Formel selbst läßt mir die Freiheit, die Materie als Form von Energie oder auch die Energie als Form von Materie zu deuten. Beiden Deutungen entspricht ein realer physikalischer Gehalt: In der Atombombe spielt sich der Prozeß einer Verwandlung von Masse in Energie ab; hier zeigt sich der »dynamische« Charakter der Materie. Verwandelt sich hingegen ein masseloses Lichtquant spontan in ein Elektron und Positron, so haben wir den umgekehrten Prozeß vor uns: Jetzt erweist sich plötzlich das Dynamische, Energetische als das Träge, Materielle, Feste! Weder die mathematische Formulierung des Gesetzes $E = mc^2$ noch die realen physikalischen Prozesse legen also eine eindeutige ontologische Interpretation dessen nahe, was nun fundamentaler sei, die Statik oder die Dynamik des Weltprozesses.

Liest man die Einsteinsche Formel anders als Capra, schreibt man also jeder Energie eine Masse zu, so wäre sie die Rechtfertigung eines primitiven Materialismus statt eines quantenphysikalischen Spiritualismus. Anstatt nämlich mit Capra zu sagen: »Alle starre Materie ist nach $E = mc^2$ voll von ›innerer Aktivität‹«, könnte ich dann aufgrund derselben Formel sagen: »Alle scheinbare Aktivität des Weltalls ist in Wahrheit der Substanz nach starre Materie.«

Man könnte sich den Spaß erlauben, sämtliche Interpretationen der »New Age«-Physiker umzudrehen, um aus denselben Theorien nicht etwa einen mystischen Spiritualismus, sondern einen biederen Materialismus abzuleiten. Ja, man könnte noch einen Schritt weiter gehen: »New Age« ist davon überzeugt, daß die klassische, newtonsche Mechanik zum Materialismus führt, die moderne Physik zum Spiritualismus. Man könnte ohne Schwierigkeiten mit Capras und Bohms Methoden aus der Quantenphysik einen Materialismus und aus der klassischen Physik einen Spiritualismus ableiten. Zum Teil sind solche Ableitungen versucht worden:

Newton selbst war Spiritualist. Die Gravitationskraft, die durch den unendlichen Raum in beliebige Fernen wirkt, ohne daß man einen materiellen Prozeß erkennen könnte, der diese Wirkung vermittelt, erschien ihm als ein »Geistiges«, Nichtmaterielles. Überhaupt ist die Assoziation von Kraft und Geist sehr naheliegend. Der Philosoph Arthur Schopenhauer hat *alle* physikalischen Kräfte als Objektivationen eines »Weltwillens« gedeutet, d. h. als Konkretisationen eines geistigen Prinzips.[28] Schopenhauer bezog sich dabei lediglich auf die Ergebnisse der klassischen Physik, d. h. im wesentlichen auf die Mechanik. Es ist also möglich, die klassische Mechanik spiritualistisch zu deuten. Solche Deutungen liegen bei Arthur Schopenhauer, Immanuel Kant und auch bei Isaac Newton selber vor. Ihnen stehen die Materialisten des 18. Jahrhunderts gegenüber. Rein physikalisch ist zwischen beiden Positionen nicht zu entscheiden.

Schopenhauer etwa wußte, im Unterschied zu Capra und Bohm, daß seine *Deutung* physikalischer Kräfte als »Objektivationen des Weltwillens« keine Physik mehr war, sondern Metaphysik.[29] Solche Formen von Naturmetaphy-

[28] Schopenhauer, S. 147
[29] Schopenhauer, S. 61 ff

sik bedürfen, da sie nicht zwingend aus wissenschaftlichen Theorien folgen, einer eigenen Rechtfertigung (die Schopenhauer zu leisten versuchte).

Der Grund dafür, daß die ontologische Interpretation physikalischer Formeln mehrdeutig ist, liegt darin, daß die Physik keine Wesensaussagen über die Welt machen kann. Nicht »das Sein der Dinge schlechthin« ist ihr Thema, sondern das Sein, wie es uns unter experimentellen Bedingungen erscheint. Es gibt also auch in der Physik eine »ontologische Differenz«, die es nicht gestattet, direkt von physikalischen Aussagen zu Aussagen über das Sein überzuwechseln. Die weitergehende Deutung physikalischer Erkenntnisse unter anthropologischer Rücksicht, die den eigentlichen Inhalt einer Naturmetaphysik ausmacht, hängt dann aber gänzlich in der Luft, weil sie eine ontologische Fundierung voraussetzt: Wenn wir nicht wissen, was das Sein ist, können wir auch nicht wissen, was es für uns bedeutet.

Wodurch aber erlangt eine rein auf die Phänomene bezogene physikalische Theorie Sein und Bedeutung? Dadurch, daß *wir* es ihr verleihen. *Wir* wissen, daß wir strebende Menschen sind, dynamische Ganzheiten, niemals mit den starren Gegebenheiten zufrieden. Und weil *wir* so sind, deuten wir das Sein der Natur als strebend, dynamisch, ganzheitlich. Die eigene Natur erschließt uns die äußere Natur, nicht umgekehrt; die eigene Natur fungiert als Auswahlkriterium verschiedener möglicher Interpretationen physikalischer Erkenntnisse: *Wir* legen ihr Sein fest und deuten es im Licht unserer Erfahrung.

Ich weiß, daß diese Ebene der Naturmetaphysik von den meisten Philosophen für überflüssig oder sogar für schädlich gehalten wird. Dennoch scheint mir, daß wir sie nicht umgehen können und daß auch diejenigen von ihr Gebrauch machen müssen, die sie lautstark ablehnen. In aller Regel ist nämlich der Hammer, mit dem die Metaphysik zertrümmert wird, auch nur aus metaphysischem Blech (das war so bei Kant und ist heute noch so bei Habermas).[30]

Ich möchte noch ein weiteres Caprasches Beispiel erwähnen, das ebenfalls im Verständnis seines Urhebers die grundsätzliche »Dynamik des Seins« beweist; in Wahrheit aber nichts ist als ein Trugschluß, nichts als das hilflose Haschen nach einer Metaphysik der Natur, die auf diese Weise niemals begründet werden kann.

Als fundamentales Theorem der Mikrophysik gilt die sogenannte »Heisenbergsche Unschärferelation«. In einer ihrer Formulierungen besagt sie: Je genauer ich den Ort eines Mikroteilchens messe, desto ungenauer messe ich seinen Impuls und vice versa, wobei der Impuls zugleich ein Maß für die Geschwindigkeit des Teilchens ist. Ich kann also immer nur einen Kompromiß in meinem Wissen vom Ort und Bewegungszustand eines Teilchens herstellen. Im Grenzfall, bei unendlicher Meßgenauigkeit der Ortskoordinaten, könnte ich keinerlei Aussagen mehr über die Geschwindigkeit des Teilchens machen; sie könnte ohne weiteres unendlich sein (das umgekehrte würde aber genauso gelten, daß nämlich die unendlich genaue Fixierung der Geschwindigkeit eines Teilchens mir nicht mehr erlauben würde, seinen Ort anzugeben. Es könnte dann gewissermaßen überall sein).

Die »Unschärferelation« ist ein Gesetz der Mikrophysik, zu dem es in unserer Alltagswelt fast keine Analogien gibt. Man findet vielleicht entfernte Analogien bei gewissen Lebensphänomenen: Wenn ich einen Fisch aus dem Aquarium ziehen will, etwa mit Hilfe eines kleinen Netzes, so wird er um so heftiger zappeln, je weiter ich ihn in die Ecke getrieben habe. Capra hat bei seiner »metaphysischen« Interpretation der Unschärferelation offenbar solche Analogien vor Augen. Er sagt nämlich – ebenfalls im

---

[30] Vergleiche die entsprechenden Kapitel des Autors in seinem Buch über »empirische und spekulative Physik«

»Tao der Physik« – daß die Unschärferelation deshalb die grundsätzliche Dynamik des Seins beweise, weil ein starres Materieklötzchen bei räumlicher Fixierung durch vorgegebene Ortskoordinaten desto stärkere energetische Dynamik zeige, je enger ich die Fixierung wähle.[31] Das ist offenbar so, wie ein in die Enge getriebener Fisch seine Vitalität dann am aufdringlichsten beweist, wenn er befürchten muß, aus dem Wasser gezogen zu werden, und so, wie er dann am ruhigsten ist, wenn ich ihm den vollen Rauminhalt des Bassins überlasse.

Dies ist eine schöne Analogie, aber auch nicht mehr, denn die Unschärferelation zwingt mich nicht, die Dynamik als Grund der Statik zu deuten, sondern sie läßt, wie die Einsteinsche Materie-Energie-Äquivalenz, auch die umgekehrte Interpretation zu. Physikalische Formeln sind bloße mathematische Relationen zwischen meßbaren Größen. Wenn A gleich B ist, so ist auch B gleich A. In nichts legen diese Formeln die Richtung einer ontologischen Interpretation fest: Sie sind keine Wesensaussagen. In der »New Age«-Bewegung werden sie aber als Wesensaussagen genommen, deren Sinn zugleich vom menschlichen Selbstverständnis her dechiffriert wird, wobei die »New Age«-Anhänger behaupten, all dies seien Ergebnisse der strengen Wissenschaft als solcher. Marilyn Ferguson sieht die Dynamik der Welt als ein »der Natur innewohnendes Organisationsprinzip« (entsprechend der aristotelischen »Entelechie«); sie spricht von einem »Drang der Natur nach immer höheren Organisationen«[32] (ein Drang, den wir auch bei Aristoteles gefunden hatten). Aber all dies sind nach Ferguson nicht etwa die freischwebenden Ergebnisse spekulativer Philosophie, sondern harte Resultate der »modernen Wissenschaft«,[33] wobei sie offenbar an Prigogine und die »Synergetik« denkt.

[31] Capra (1), S. 154 ff; S. 193
[32] Ferguson, S. 55
[33] Ferguson, S. 181

Was geschieht, wenn ein Physiker die Dynamik bloßer Materie zur ontologischen Substanz der Welt hochstilisiert? Er hat unterstellt, daß die dem Menschsein zugrunde liegende Dynamik bereits in den Atomen ihre Wurzel hat. Er blickt von sich zurück auf die Anfänge des Weltprozesses und sagt sinngemäß: »Wäre ich nicht schon in den Anfängen des Weltprozesses als Möglichkeit verborgen gewesen, so würde ich auch jetzt nicht existieren können.« Aus nichts wird nichts, denn alles, was wird, muß wenigstens der Möglichkeit nach existiert haben. In diesem Grundsatz erkennen wir leicht eines der Grundprinzipien der aristotelischen Naturphilosophie wieder. Das heißt: Die Dynamik des Universums ist aus der Physik allein niemals abzuleiten; sie setzt versteckt den metaphysischen Blick voraus. Bei »New Age« wurde diese Ebene der Naturmetaphysik also bloß erschlichen.

Physik und Mystik; Mystifikation und der Durst nach religiöser Symbolik

Doch selbst wenn »New Age« die Sphäre einer lebensweltlich-aristotelischen Natur bloß erschlichen haben sollte, so stößt diese Bewegung auch hier in eine Lücke vor, die die akademische Kultur offen läßt: Die Universitätsphilosophie hat in aller Regel den Absolutheitsanspruch der Naturwissenschaft unterschrieben und alle qualitativen Naturphilosophien dem Gelächter der Wissenschaftsgläubigen preisgegeben. Damit ist ein Vakuum entstanden, das durch »New Age« recht und schlecht ausgefüllt wird.
Beim jetzt zu behandelnden Übergang von der Naturmetaphysik zur Naturmystik werden wir dem entsprechenden Phänomen in bezug auf die Theologie begegnen. Natürlich ist auch dieser Übergang logisch nicht zwingend, aber seine ideologische Überbrückung durch »New Age« verweist auf ein vernachlässigtes Problem der Theologie, näm-

lich auf das Problem einer Schöpfungstheologie, die mit der modernen Physik vermittelt wäre. Nachdem Capra einen naturalen Holismus etabliert hat – die Welt als organische, in sich geschlossene Ganzheit – geht er noch einen Schritt weiter: Er interpretiert diese Ganzheit und Geschlossenheit als mystische Identität aller Dinge. Es ist im nächsten Kapitel zu zeigen, daß dieser Übergang von einer qualitativen Naturphilosophie zu einer Mystik aus rein erkenntnistheoretischen Gründen nicht gelingen *kann*, und zwar einfach deshalb, weil die Mystik im Capraschen Sinn rein irrational ist. Hier soll nur an einem Beispiel gezeigt werden, wie sich Capra diesen Übergang vorstellt und wie dieser Übergang keineswegs die Plausibilität einer religiösen Mystik »beweist«, sondern wie er im Prinzip eine Denkfigur wiederholt, die im Abendland als »fides quaerens intellectum« altbekannt ist, nämlich als der Versuch, einen unbeweisbaren Glauben mit der Welt des vernünftigen Begreifens ins Verhältnis zu setzen.

Es gibt in der östlichen Mystik die Lehre von der Identität aller Dinge. Geist und Materie, Yin und Yang, Wille und Verstand, Mann und Weib, Intuition und Intellekt: alle diese Gegensätze sollen im Absoluten identisch zusammenfallen. Das Absolute aber entzieht sich nach dieser Lehre dem Gedanken, denn es ist nur ein Glied jener Gegensatzpaare, die vereinigt werden sollen.

Diese Einheit aller Gegensätze möchte Capra aus der neuesten Physik »beweisen«. Es ist klar, daß dieser »Beweis« niemals gelingen *kann*, denn entweder befinde ich mich auf dem Niveau physikalischer Erklärungen, dann bin ich rein im Vernunftdenken (und also außerhalb des Absoluten), oder aber ich befinde mich im Absoluten, dann fallen mir in der mystischen Intuition alle Gegensätze zusammen. In diesem Zustand bin ich natürlich ganz außerhalb der Physik, die offenbar keine irrationale mystische Intuition ist. Also: Entweder ich befinde mich allein auf der trockenen Sandbank des Endlichen oder ich bin im Meer des Unendlichen ertrunken. Auf der Sandbank der Physik wird mich das Wasser der Gnade nicht tragen können, und im Meer des Unendlichen versunken werde ich die Sandbank endlicher Objekte aus dem Blick verloren haben.

Der Philosoph Schelling hat diese Paradoxie mit einer simplen, aber tiefgründigen Alltagserfahrung verglichen. Erblicke ich mich in einem Spiegel, so sehe ich entweder meinen eigenen Blick; in diesem Fall kann ich nicht mehr sehen, wie der Spiegel meinen Blick zurückwirft. Blicke ich hingegen auf den Spiegel selbst, so kann ich zwar den Spiegel sehen, aber nicht mehr meinen eigenen Blick, wie er durch den Spiegel zurückgeworfen wird: Sehe ich mich, so sehe ich den Spiegel nicht mehr und umgekehrt.[34]

Dies ist *das* Grundproblem östlicher Mystik: Sieht ein Unerleuchteter die Welt, so ist ihm Gott hinter der Endlichkeit der Welt verschwunden. Der Erleuchtete sieht zwar Gott, aber die Welt ist ihm durch diese Einsicht wie verdampft: Die uns bekannten Strukturen existieren nicht mehr. Die Wahrheit Gottes und die Wahrheit des Menschen sind inkommensurabel oder wie es der »New Age«-Guru Krishnamurti ausdrückt: »Einsicht ist die Wahrnehmung des Ganzen ... ein so beschaffener Geist, der das Ganze sieht, wird von Gedanken nicht berührt.«[35]

Es ist deutlich, daß hier wiederum ein anderer Ganzheitsbegriff vorliegt als der uneigentliche Ganzheitsbegriff der Quantenphysik oder der eigentliche der Metaphysik. »New Age« identifiziert alle diese Ganzheitsbegriffe und changiert mit ihrer Hilfe zwischen Religion, Wissenschaft und Metaphysik. Durch Verschleifung des Ganzheitsbegriffs kann somit alles zu allem werden: Dies ist der hauptsächliche »New Age«-Trick.

Eines der wichtigsten Bücher Krishnamurtis trägt den Titel: »Freedom from the Known« (in der deutschen Überset-

---

[34] Schelling, VI, S. 197/198
[35] Krishnamurti, S. 246

zung leider nicht unter dem wörtlichen Titel: »Freiheit vom Wissen«).[36] Freiheit und Vernunft: zwei inkommensurable Größen! Hier die mystische Einheit mit dem Kosmos, unerklärlich, verbal nicht zu vermitteln, dort die endliche Vernunft, die nur rechnet, wägt und zählt. Was dabei übersprungen wird, ist die vermittelnde Ebene philosophischer Vernunft, die weder identisch ist mit zweckrational-technischen Manipulationen noch mit jener mystischen »Ganzheit«, die sich dem Begriff entzieht. Überspringe ich die philosophische Reflexionsebene nicht, sondern vollziehe ich – gegen Capras Selbstverständnis – ganz bewußt den Übergang physikalischer Erklärungsmodelle zu metaphysischen Gesamtkonstruktionen, so erhält auch der Übergang zur Naturmystik einen ganz anderen Sinn als den, den ihm Capra unterstellt.

Dies sei am Beispiel der mystischen Identität aller Gegensätze erläutert: In der Physik gibt es gewisse Analoga zu dieser Identität. Z.B. kannte die klassische Physik den Gegensatz von Materie und Energie: Materie war ihr sozusagen die Substanz der Dinge, Energie ein bloßer Zustand der Substanz. Die mehrfach erwähnte Einsteinsche Formel $E = mc^2$ drückt gerade diese Identität des Gegensatzes von Materie und Energie aus.

Capra hat sich nun zu zeigen bemüht, daß viele Gegensätze der klassischen Physik in der modernen Physik zur Einheit kommen, um damit seine eigene mystische Identitätslehre zu »beweisen.« Die östlichen Mystiker behaupten im Grenzfall sogar die Identität von Sein und Nichtsein, Existenz und Nichtexistenz. Dazu findet Capra wiederum ein Analogon im Gegensatz von Ort und Aufenthaltswahrscheinlichkeit eines Mikroteilchens.[37] In der Mikrophysik ist es, wie bereits erwähnt, so, daß man den Ort eines Teilchens nicht so klar fixieren kann wie den Ort einer Bil-

[36] Nach Capra (3), S. 27
[37] Capra (1), S. 152

lardkugel auf dem Spieltisch. Vielmehr kann man immer nur bestimmte Wahrscheinlichkeiten angeben, ein Teilchen an einem bestimmten Ort anzutreffen oder nicht. Das heißt, vor die Frage gestellt: »Befindest du dich an diesem bestimmten Ort?«, müßte das Mikroteilchen antworten: »Ich befinde mich dort, und ich befinde mich dort nicht.« »Sein oder Nichtsein«, das ist hier die Frage, und die Antwort des Teilchens wäre: »weder/noch« oder auch: »beides zugleich«.

In dieser Paradoxie findet Capra den Nachweis einer mystischen Identität aller Dinge, insbesondere jenes schärfsten aller Gegensätze von Sein und Nichtsein. In Wahrheit verhält es sich aber gerade umgekehrt: *Weil* Capra von der mystischen Identität aller Gegensätze überzeugt ist, tastet er den Kosmos physikalischer Theorien nach Analogien ab. *Weil* die Physik als mathematisierte Theorie keine solchen Analogien enthält, interpretiert er sie alltagssprachlich und lädt sie unter der Hand mit philosophischen Gehalten auf, die sie von sich aus nicht haben. Sie erzeugen dann jene vermittelnde philosophische Ebene, die nötig ist, um Mystik und Physik in Beziehung zu setzen. Gerade am Beispiel der Aufenthaltswahrscheinlichkeit von Mikroteilchen ist in aller Deutlichkeit zu sehen, wie hier – entgegen Capras Selbstverständnis – das alte Programm eines »fides quaerens intellectum« verfolgt wird, also eines religiösen Glaubens, der den physikalischen »Intellekt« durch das Mittel naturphilosophischer Konstruktionen einzuholen versucht.

Die »Aufenthaltswahrscheinlichkeit« von Mikroteilchen ist von Hause aus nichts Mystisches. Die Paradoxie entsteht erst, wenn man die widerspruchsfreien Ergebnisse der Physik in das Medium sinnlicher Vorstellungen aus der Alltagssprache übersetzt. Der Begriff einer »Aufenthaltswahrscheinlichkeit« ist mathematisch klar zu bestimmen. Widersprüchlich wird dieser Begriff erst, wenn ich unterstelle, die mikrophysikalische Realität müsse sich verhalten wie die Objekte unseres Alltags. Es liegt aber kein Widerspruch darin, daß die Kategorien alltäglicher Vorstellungen zu eng sind, um Prozesse zu deuten, die niemals im Alltag vorkommen *können*. Unsere Alltagssprache ist dem Mesokosmos angepaßt, in dem wir leben. Vom Mikrokosmos braucht sie nichts zu wissen. Wenn die Aufenthaltswahrscheinlichkeit von Mikroteilchen paradox ist, dann ist es auch die Tatsache, daß ein Automobil nicht schwimmen kann oder daß eine Ente keine Räder hat (von der Spielzeugente oder dem Amphibienfahrzeug einmal abgesehen). Man kann beliebig viele »Widersprüche« dieser Art durch Kategorienverwechslung erzeugen. Aber damit ist nicht die prinzipielle Irrationalität des Seins bewiesen. Es gibt keine eindeutige ontologische Interpretation physikalischer Theorien, das hat sich bereits mehrfach gezeigt. Auch bei der Aufenthaltswahrscheinlichkeit mikrophysikalischer Teilchen läßt sich die Paradoxie eines amphibienhaften Zwischenbereichs von Sein und Nichtsein leicht durch eine andere ontologische Interpretation aus der Welt schaffen. Carl-Friedrich von Weizsäcker hat eine solche Interpretation vorgeschlagen: Nach ihm ist die Aufenthaltswahrscheinlichkeit als *Möglichkeit* (»dynamis«) im aristotelischen Sinne zu interpretieren.[38] Die Physik kannte seit Galilei nur die rein logische Möglichkeit im Sinn von Widerspruchsfreiheit. Den Begriff einer *ontologischen* Möglichkeit im Sinne des Aristoteles hatte sie mit den übrigen aristotelischen Kategorien über Bord geworfen. Wenn nun von Weizsäcker bei der ontologischen Interpretation der Aufenthaltswahrscheinlichkeit auf die alte aristotelische Vorstellung einer »dynamis« zurückgreift[39], so verschwindet die Caprasche Paradoxie, weil »dynamis« gerade jenen Übergang vom Nichtsein zum Sein

---

[38] Weizsäcker (5), S. 387 ff.
[39] Um eine Verwechslung mit dem rein formallogischen Möglichkeitsbegriff zu vermeiden, spricht von Weizsäcker von »aktualer Möglichkeit«

markiert; denn was möglich ist, existiert noch nicht im eigentlichen Sinne, aber es ist doch mehr als das bloße Nichtsein; z.B. ist die Möglichkeit zu sterben noch nicht der Tod, aber sie ist auch keine Unsterblichkeit. Und so deutet von Weizsäcker das paradoxe »Schweben« der Mikroteilchen zwischen Sein und Nichtsein als *Möglichkeit zu sein*. Der Begriff der »Möglichkeit« hält aber gerade jene Mitte zwischen Sein und Nichtsein: Die Paradoxie ist durch eine andere Interpretation verschwunden! Man sieht hier zugleich: Diese Interpretationen sind nicht zwingend! Die Physik gibt neutrale Strukturen vor; ihre ontologische Ausdeutung enthält aber ein Moment von Kontingenz und Beliebigkeit.

Capra vermeidet den aristotelischen Begriff der »Möglichkeit«, wenn er die Aufenthaltswahrscheinlichkeit von Mikroteilchen interpretiert, weil er nach Analogien zu seiner religiösen Grundüberzeugung sucht, nach der die absolute Identität der Welt in sich paradox ist, so paradox, wie es die Identität von Sein und Nichtsein wäre. Daher greift er zur sinnenhaften, alltagssprachlichen Interpretation, denn sie liefert ihm ein Bild der mystischen Paradoxie, während der philosophische Begriff der »Möglichkeit« diese Paradoxie zum Verschwinden bringt. Es geht Capra also in Wirklichkeit um die symbolische Vermittlung religiöser Gehalte: Die mystische Erfahrung sucht den Anschluß an die Welt physikalischer Erkenntnisse und erzeugt in diesem Bemühen eine Ebene symbolhafter Vermittlungsgestalten. Deutet man Capras »Tao der Physik« auf diese Weise, so sieht man sofort den Grund seines Erfolges. Rein logisch gesehen entpuppt sich dieses Werk als eine Sammlung von Absurditäten, Widersprüchen und logischen Sprüngen. Existentiell oder religiös gesehen, erweist es sich als eine Überbrückung der herrschenden Sprachlosigkeit zwischen Wissenschaft und Glaube.

Ich habe am Anfang des Kapitels das existentielle Vakuum beschrieben, in das der Verwissenschaftlichungsprozeß die

Menschen dann versetzt, wenn die Wissenschaft vorgibt, letzter Horizont aller möglichen Erfahrung zu sein. Die eigentlich religiöse Erfahrung wird dann ortlos oder zum bloßen Schein herabgewürdigt. Die Theologie hat sich meist damit abgefunden, innerhalb der verwissenschaftlichten Welt den marginalen Platz bloßer »Seelsorge« auszufüllen. (Ist es nicht charakteristisch, daß das Wort »Weltsorge« überhaupt nicht existiert?) Daß der Gott, der die »Seelen« versorgt, zugleich Schöpfer der Welt ist, also im eigentlichen Sinne der »Weltsorger«, wird nur noch am Sonntag im »Credo« heruntergebetet. Was »Schöpfung« konkret heißen soll, weiß niemand mehr; insbesondere macht sich fast niemand Gedanken darüber, wie die Lehre von der Erschaffung und Erhaltung der Welt mit jenen Vorstellungen zusammenhängt, die die Physik von ein und derselben Welt liefert: Wissenschaftliche und religiöse Wahrheit bilden zwei disjunkte Teilmengen, die sich an keiner Stelle mehr berühren. Der evangelische Theologe Wolfhart Pannenberg hat das Problem deutlich bezeichnet: »Dennoch darf die Theologie nicht dem allzu bequemen Ausweg verfallen, eine Theologie der Schöpfung auf einer besonderen, ausschließlich theologischen Ebene zu entwickeln, die aller naturwissenschaftlichen Kritik unerreichbar ist, etwa als Auslegung der ersten beiden Kapitel der Bibel. Die Unerreichbarkeit für naturwissenschaftliche Kritik bedeutet nämlich zugleich die Irrelevanz der theologischen Aussagen nicht nur für die Arbeit des Naturwissenschaftlers, sondern auch für das mit Recht an den Ergebnissen der Naturwissenschaften orientierte Weltbild der heutigen Menschheit.«[40]

Durch die herrschende Trennung entsteht aber jene religiöse Sprachlosigkeit, an die sich offenbar die meisten Theologen gewöhnt haben. Sie sprechen zwar noch von der Schöpfung als einer »creatio ex nihilo«, aber bei der Er-

[40] Pannenberg, S. 35

klärung dieses Begriffs beziehen sie sich nicht etwa auf die Quantenphysik, sondern auf völlig überholte naturphilosophische Spekulationen aus der Antike.

Capra macht dieser religiösen Sprachlosigkeit ein Ende. Mit der Unverfrorenheit eines historisch gänzlich ungebildeten Wahlamerikaners, der die Problematik seines Unternehmens erst gar nicht bemerkt, greift er quer durch alle ontologischen, erkenntnistheoretischen oder theologischen Probleme hinein ins Volle und zieht aus seinem trüben Weiher nicht nur alte Schuhe, Plastikbeutel oder Coca-Cola-Flaschen, sondern zuweilen auch einen ziemlich dicken Karpfen heraus. In einer Situation, in der die Theologen das Fischen ganz aufgegeben haben, ist jedoch ein Fisch zwischen Bergen von Müll wertvoller als die trockene Versicherung, man unterlasse seit neuestem das Fischen, um sich und das Publikum vor dem Müll zu schützen.

Die Theologie hat fast ganz aufgehört, sich mit den Naturwissenschaften anzulegen. Dadurch kann ihr zwar nichts Böses, allerdings auch nichts Gutes mehr geschehen. Seit dem Fall Galilei und der unrühmlichen Polemik gegen Darwin zieht sich die Theologie gern auf das Feld religiösexistentieller Erfahrung zurück. Aber der Bereich, den die Theologie leer gelassen hat, liegt nicht brach. Es breitet sich nämlich derjenige darauf aus, der etwas auszubreiten hat, und sein Name ist Capra oder Bohm, jedoch nicht Rahner oder Barth.

Gerade in bezug auf die Lehre von der »creatio ex nihilo« zieht Capra einen Fisch aus seinem trüben Gewässer, den die Theologen noch nicht einmal dem Namen nach kennen. In der Theologie wird gewöhnlich die »Schöpfung aus dem Nichts« gegen die platonische Demiurgenvorstellung abgegrenzt (und das seit über 1000 Jahren!). Das Nichts, so sagt man, sei nicht etwa der Stoff, aus dem Gott die Welt gemacht hat (denn das Nichts sei eben »nichts« und aus nichts wird nichts), vielmehr bedeute »Schöpfung aus dem

Nichts« lediglich die Negation der platonischen Vorstellung eines Demiurgengottes, der einen Stoff braucht, um etwas hervorzubringen. Gott aber habe mit der Formung des Stoffes den Stoff selber in ein und demselben Akt hervorgebracht. Diese Erklärung der »creatio ex nihilo« ist zwar in sich stimmig, aber sie bezieht sich auf die Vorstellung eines platonischen Demiurgen, die außer einer verschwindenden Minderheit von Griechischlehrern oder bildungsbeflissenen Absolventen des humanistischen Gymnasiums kein Zeitgenosse mehr präsent hat.

Capra bezieht die Schöpfungsvorstellung auf die neueste Entdeckung der Physik, wonach virtuelle Mikroteilchen spontan aus dem leeren Raum entstehen und wieder in ihm verschwinden können.[41] Es gibt in der Physik sogenannte »Vakuum-Diagramme« mit deren Hilfe man Prozesse wie den folgenden beschreiben kann: Ein Proton, ein Antiproton und ein Pion entstehen aus dem Nichts und verschwinden wieder spurlos im Vakuum. Könnte man ein schöneres Symbol für die »creatio ex nihilo« erfinden? Wie bereits mehrfach betont, ist der Sinn, den ich hier der »New Age«-Physik unterstelle, nicht der, den Capra, Bohm oder Ferguson mit ihr verbinden. Es gibt meiner Ansicht nach keine Ableitung der Religion aus der Physik, weil sonst an mehreren Punkten Extrapolationen gemacht werden müssen, die nicht mehr kontrollierbar sind. So ist die ontologische Interpretation physikalischer Theorien durch diese Theorien selbst nicht festgelegt. Der anthropologische Bezug, der für uns zusammen mit jener ontologischen Interpretation die Stufe zwei ausmacht, hängt zusätzlich noch von der vorausgesetzten Anthropologie und Metaphysik ab. Die religiöse Vermittlung (Stufe drei) beruht ganz auf den Inhalten des jeweiligen religiösen Glaubens und hat zudem unaufhebbar teil an der Problematik theologischer Begriffe, die ihren Gegenstand nie wirklich

[41] Capra (1), S. 220 ff

161

fassen können. Von Gott, sagt Thomas von Aquin, wissen wir viel eher, was er *nicht* ist, als daß wir sein Wesen positiv aussprechen könnten.

So ist also der Aufstieg von der Physik zum Heiligen Geist in keiner Weise zwingend. Die klassische Theologie sprach von den »Spuren« Gottes in der Natur. Wenn sie überhaupt etwas sind, dann sind Capra und Bohm Spurenleser Gottes. Aber die Spur Gottes in der Natur ist oft verwischt und zweideutig, namentlich im anorganischen Bereich; daher haftet dem »Tao der Physik« oder dem »holographischen Weltbild« eine unaufhebbare Zweideutigkeit an.

Trotzdem weisen die religiösen Extrapolationen der »New Age«-Physiker auf ein bestehendes Problem hin. Der Theologe und Psychotherapeut Eugen Drewermann hat einmal von den Empfindungen eines entfremdeten, unter Psychopathologien leidenden Menschen gesagt: »... das eigene Innere erscheint wie nach außen verlagert, wie etwas Objektives, Physikalisches, Elektrisches, als wenn man an ein bestimmtes Strom- und Computernetz angeschlossen wäre.«[42] Meines Wissens hat Drewermann nirgends den umgekehrten Schluß gezogen, daß dann dem zu sich selbst heimgekehrten Menschen das äußere, Physikalische wie ein Inneres, Eigenes erscheinen müßte. Als ein solches Inneres hat Capra die physikalische Welt beschrieben. Solange Psychologen und Theologen nur die innere, Physiker und Chemiker nur die äußere Welt beschreiben, solange ist das Recht auf seiner Seite: *Er* zog den Karpfen aus dem Teich – mit welchen Mitteln auch immer.

[42] Drewermann, S. 163 f

5. Das erkenntnistheoretische Grundproblem von »New Age«

Die versteckte Metaphysik der Alltagssprache

Es gibt ein Gespräch des Physikers David Bohm mit seinem hinduistischen Guru Krishnamurti.[1] In diesem Gespräch ist ausschließlich davon die Rede, wie sich die höchste, intellektuell nicht mehr faßbare mystische Intuition zu unserer gewöhnlichen Welt des Bewußtseins verhalte. Für den hinduistischen Mystiker ist dies das grundlegendste Problem. Weil er die Welt der Sinne und des Denkens für eine Art von hartnäckiger Illusion hält, muß es sein Bemühen sein zu zeigen, wie man diese hartnäckige Illusion überwindet und in jene Stille des Gemüts eintritt, in der der Spiegel des Bewußtseins mit dem Weltgrund eins geworden ist, der sein eigentliches Wesen ausmacht. In einer solchen Tiefenerfahrung bleibt nichts mehr von Welt und Denken zurück. Das Schweigen vernimmt in Ewigkeit seine eigene Stimme und läßt dem Außenstehenden das Paradox solcher Formulierungen zurück. Wie sollte sich auch eine derartige Tiefenerfahrung der begrifflichen Logik oder auch nur der Bilder des Alltags bedienen können, wenn alles, was ihren Inhalt ausmacht, jenseits des Gegensatzes von Ich und Welt liegt, ein Gegensatz, von dem wir in unseren Anschauungen und Begriffen immer ausgehen müssen? Für Krishnamurti ist die ganze Welt der Begriffe und Anschauungen ein Schleier, der das eigentlich Wahre nur verbirgt.

Nun fragt es sich aber, ob ein Physiker eine solche Extremposition überhaupt einnehmen kann, ohne seine Physik

---

[1] In: Krishnamurti, S. 215 ff

aufzugeben. Ist nicht die Voraussetzung der Physik die, daß es eine durchaus reale Welt gibt, mit erkennbaren Strukturen, die nicht bloße Illusion sind, daß die Erkenntnis dieser Strukturen dienlich ist zur Weltbewältigung, daß das Sich-zurecht-Finden in der Welt ein Wert, ja geradezu eine Pflicht ist? Kann es eine Physik geben, die sich selbst für ein Laster hält und die Erkenntnis der Welt für einen Irrtum? Ist es nicht die ausgesprochene oder stille Überzeugung jedes Wissenschaftlers, daß sein Erkennen auf Wahrheit geht und daß die wissenschaftliche Wahrheit irgendwie mit existentieller und religiöser Wahrheit zusammen ein Reich ausmacht und nicht etwa eine getrennte Sphäre? Wie kann sich also ein Physiker zu solchen hinduistischen Transzendenzvorstellungen bekennen?

Lange bevor die östliche Mystik durch »New Age«-Physiker propagiert wurde, hatte schon Erwin Schrödinger, einer der Väter der Quantentheorie, eine ganz ähnliche Position vertreten wie David Bohm oder Fritjof Capra. Schrödinger, der im Gegensatz zu Capra und Bohm wirklich philosophisch gebildet war, sah aber den Gegensatz zwischen östlicher Mystik und westlicher Physik, und er benannte klar die Paradoxie, die seinem eigenen Versuch zugrunde lag, diese Gegensätze zu vereinen. Als Anhänger östlicher Mystik war er gehalten, die Welt seiner Forschung für »maya«, d.h. für bloße Illusion zu halten, als Physiker war er dagegen gezwungen, sie wirklich ernst zu nehmen. Also bekannte er sich zur Welt als bloßer »maya«, aber, fügte er ironisch hinzu, die Welt ist »sehr gesetzmäßige und interessante *maya*.«[2]

Damit ist der Widerspruch aufs schärfste bezeichnet. Der westliche Physiker kann die Idee einer Welt als Illusion überhaupt nicht fassen. Solange wie er wirklich Physiker bleibt, *muß* er dieser Welt einen Wert zusprechen, der

[2] Schrödinger, S. 146

auch angesichts des Absoluten nicht verschwindet. De facto tun dies auch Capra, Bohm und die übrigen »New Age«-Physiker, aber sie sind nicht so selbstkritisch wie Schrödinger, der den Widerspruch bemerkt hat.

Wenn es möglich wäre, aus der Physik eine Metaphysik und aus dieser eine Spiritualität abzuleiten, so könnte diese Spiritualität niemals von der Art der Hindus sein, wie sie von den »New Age«-Anhängern verstanden wird. Daher kommt es, daß die meisten Physiker, die eine Metaphysik oder Mystik vertreten, zum Platonismus, manchmal zu einem christlich getönten Platonismus neigen. Dies war z. B. so bei Werner Heisenberg oder bei Max Planck, und es ist heute noch so bei Carl-Friedrich von Weizsäkker. Der Platonismus setzt voraus, daß sich der Weltgrund zwar begrifflich nicht fixieren läßt, daß er sich aber metaphysisch ausdifferenziert in sogenannte »Ideen«, die unserer erkennbaren Welt zugrunde liegen. Diese »Ideen« verleihen der Welt ihre »intelligible Struktur«, d. h. sie machen es möglich, daß wir Begriffe anwenden können. Es ist klar, daß eine solche metaphysische Position besser zu einer Physik paßt, die die Welt erkennen will, als zu einer Position, die den Weltgrund aus der Rationalitätsdefinition herausnimmt. Capra unterstellt, daß die alten Griechen Mystiker gewesen seien (ich habe nie herausfinden können, an wen er dabei denkt). Es sei sodann eine Periode des verderblichen Intellektualismus ausgebrochen, beginnend mit Sokrates, Plato, Aristoteles, insbesondere aber mit dem Glauben an die Mathematik als realer Seinsstruktur. Der Glaube an die Geometrie als Seinsstruktur habe durch alle Jahrhunderte geherrscht und sei erst durch Einstein widerlegt worden. Die neueste Physik aber kehre zur alten mystischen Lehre der Griechen zurück.[3] Man sieht hier, daß die Unkenntnis philosophischer Lehren ihre Methode hat: Das Vernunftdenken des Abendlandes wird von

[3] Capra (1), S. 16

Capra in typisch postmoderner Manier als Irrweg behandelt. Capra verspricht sich nichts von Plato und Aristoteles.

Es ist aber offensichtlich, daß ohne die Voraussetzung eines Platonismus weder Capra sein »Tao der Physik« schreiben noch Bohm sein »holographisches Weltbild« entwikkeln konnte, d. h. beide machen Gebrauch von einer Metaphysik, die sie offiziell ablehnen. Nach Bohm muß man davon ausgehen, daß der letzte Grund der Dinge »jenseits all dessen steht, was in den Inhalt des Wissens aufgenommen werden kann«[4]; nach Capra ist das »absolute Wissen eine völlig nicht-intellektuelle Erfahrung der Wirklichkeit.«[5] Auf der anderen Seite gehen beide davon aus, daß »alle wissenschaftlichen Theorien und Modelle Annäherungen an die wahre Natur der Dinge« sind: »So kann man sich der idealen Situation nähern, sie jedoch vielleicht nie erreichen.«[6] Es ist also die »ideale Situation« der Zielpunkt aller wissenschaftlichen Theorien. Wissenschaftliche Theorien von der Art der Physik sind aber hochrationale Gebilde. Sollten wir uns mit ihrer Hilfe der »idealen Situation« nähern können, so müßte auch dieses Ziel teil an der ratio haben, sonst gäbe es kein Maß zwischen dem Fortschritt unserer Theorien und ihrem idealen Ziel. Dann aber macht es keinen Sinn mehr, den Weltgrund aus der Rationalitätsdefinition herauszunehmen, sonst wären unsere Theorien kein Fortschreiten auf dem Weg zur Wahrheit, sondern ihre Richtung wäre zufällig wie das Fallen eines Spielzeugkreisels, der einmal in diese, dann in jene Richtung zeigt.

Es ist in der Tat so: Die Wissenschaft des Abendlandes beruht auf metaphysischen Hintergrundannahmen, die mit der östlichen Mystik unverträglich sind. Wir haben gese-

[4] Bohm, S. 85
[5] Capra (1), S. 27
[6] Capra (1), S. 288

hen, wie Capra und Bohm in dem Bemühen, östliche Mystik und westliche Wissenschaft zu vereinen, wider Willen in die Metaphysik geraten, wie sie, ohne es zu bemerken, eine Art »aristotelischen Zwischenbereich« einschieben. In erkenntnistheoretischer Hinsicht sehen wir darüber hinaus, wie sie, wiederum ohne es zu bemerken, in platonische Metaphysik hineingeraten. Dies ist offenbar der Preis für ihre geschichtliche Unkenntnis: Sie sind genötigt, die Vergangenheit zwanghaft zu wiederholen.

Mystik und Physik im Sinne Capras und Bohms haben keinen gemeinsamen Punkt. Wie kommt es, daß sie dennoch verglichen werden? Es geschieht dadurch, daß die Mystik aus ihrer Sprachlosigkeit herausgenommen und in die Welt der Alltagsbegriffe hineinprojiziert wird. Dieses Geschäft verstehen die Neomystiker ziemlich gut. Wenn man bedenkt, daß sie auf jeder zweiten Seite emphatisch betonen, daß über Mystik »eigentlich« nichts gesagt werden könne, dann ist es doch sehr bemerkenswert, wie dick ihre Bücher bei dem Bemühen werden, das rein begrifflose Jenseits zu beschreiben.

Woher kommt es, daß der ausgemergelte Buddha der ursprünglichen Erkenntnis plötzlich so fett ist wie die späteren buddhistischen Heiligenstatuen, die von glänzendem Öl nur so triefen?

Was bringt so plötzlich barocke Masse in diese religiöse Magersucht? Der inhaltliche Reichtum alltagssprachlicher Interpretationen! Die Abstraktheit reiner Jenseitsmystik wird durch den Bodensatz an Vitalität und Sinnlichkeit, der in der Alltagssprache immer mitschwingt, angereichert. Dasselbe geschieht mit der Physik. Auf andere Weise ist auch die Physik abstrakt und fern von Alltagsvorstellungen. Capra und Bohm holen die Physik aus ihrem verwinkelten Theoriepalast heraus, stellen sie auf den Marktplatz und projizieren sie ins Marktfrauendeutsch. Auf dieser Ebene kommen Mystik und Physik ins Gespräch, zwei esoterische Bereiche, die sich sonst nichts zu sagen hätten.

Es ist nicht so, daß ich die Marktfrauen verachten würde, weil sie keine Physiker sind. Ebenso ist es sinnvoll, Physik und Mystik in Alltagssprache zu übersetzen, denn unsere Verwurzelung in dieser Sprache und ihrer Unmittelbarkeit ist das natürliche Medium, in dem wir uns bewegen und sind. Das einzige, was man ernstlich zu fordern hat, ist eine prinzipielle Klarheit über das, was geschieht, wenn man solche Transpositionen vornimmt. Es ist ganz selbstverständlich, daß sowohl Mystik als auch Physik durch alltagssprachliche Übertragungen in gewisser Weise verfälscht werden, so wie jede Übersetzung in gewisser Weise verfälscht.

Man kann nicht sagen, daß sich Capra und Bohm der Problematik solcher Transpositionen bewußt wären. Der Vergleich von Mystik und Physik, der auf verantwortlichem Niveau von der Philosophie zu leisten wäre, wird von ihnen naturwüchsig und halbbewußt auf der Ebene der Alltagssprache hergestellt. Auf diese Art werden ihre Extrapolationen unkontrollierbar, und die Identität von Mystik und Physik ist leicht zu beweisen.

Um es in scherzhafter Form zu sagen: Wenn Capra die irrationale mystische Erfahrung in die Vorstellungswelt der Alltagssprache transponiert und anschließend die höchst rationale Form der Quantenphysik durch eine entsprechende Transposition in die Alltagssprache überträgt, um ihre Identität zu beweisen, so ist das so ähnlich, als würde einer aus dem Wald zurückkommen mit der Behauptung: »Ich habe soeben einen Nichtelefanten gesehen.« Nachdem ein zweiter ebenfalls versichert, soeben einen Nichtelefanten gesehen zu haben, versichert uns Capra, die beiden hätten gewiß dasselbe gesehen, (nämlich einen Nichtelefanten). Dabei kann der eine durchaus einen Wolf, der andere ein Marienkäferchen gesehen haben oder der eine einen Schwalbenschwanz und der andere eine Schleiereule.

Dies ist die erkenntnistheoretische Grundproblematik bei allen »New Age«-Physikern: Sie müssen zwei Welten in

Einklang bringen, die ex definitione keinen gemeinsamen Berührungspunkt haben *können*. Um die Identität dennoch irgendwie plausibel zu machen, müssen sie sich in eine Sphäre jenseits von Mystik und Physik versetzen. Aber diese Sphäre kann es nach ihren eigenen Voraussetzungen überhaupt nicht geben. Zwei Dinge können immer nur im Medium eines Dritten verglichen werden, das jenseits des ursprünglichen Gegensatzes liegt. Wenn man aber konsequent sein wollte, wie die östlichen Mystiker selbst, und wenn man behaupten wollte, die Mystik sei schon die Aufhebung aller Gegensätze, so dürfte man sich gar nicht auf die Physik und die Inhalte der realen Welt beziehen. Man müßte dann vorgehen wie Krishnamurti: Krishnamurti schreibt kein »Tao der Physik«; er deutet nicht die Weltinhalte auf ein Absolutes hin, sondern bleibt gänzlich in der splendid isolation seiner mystischen Intuition und weist jeden, der mit beschränkten Inhalten kommt, auf seine Beschränktheit hin: Aus dem Absoluten ist auf diese Weise niemals herauszukommen. Krishnamurti hat dies in aller Deutlichkeit gesagt und ist damit viel konsequenter als seine Anhänger: »Denn Wahrheit liegt nicht in den Denkvorstellungen oder darin, was das Denken zusammengesetzt hat und Wahrheit nennt. Die Vollkommene Verneinung dieser ganzen Denkstruktur ist das Positive der Meditation.»[7] Dieses »Positive« ist »durch kein System, keine Methode, keine Philosophie, keine Disziplin erreichbar.«[8]

Insbesondere gibt es kein stufenweises Sich-Annähern an die Wahrheit durch fortschreitend verfeinerte Denkmodelle[9], was aber Capra und Bohm voraussetzen müssen, um Naturwissenschaftler zu bleiben. Krishnamurti hat, bevor Capra sein »Tao der Physik» schrieb, jedem Unterneh-

---

[7] Krishnamurti, S. 37/38
[8] Krishnamurti, S. 35
[9] Krishnamurti, S. 46

men dieser Art eine Absage erteilt (im folgenden vergleicht er den Mystiker mit einem Adler): »Man muß beides sein, der Adler und der Wissenschaftler, wohl wissend, daß sich die beiden niemals begegnen können. Das bedeutet nicht, daß sie zwei getrennte Dinge sind. Aber wenn der Wissenschaftler der Adler werden möchte und der Adler seine Fußspuren hinterläßt, dann beginnt das Elend der Welt.«[10] Aber was soll Capras »Tao der Physik« anderes sein als die Fußspur eines Adlers?

Krishnamurti ist auf seine Art viel eindeutiger: Er geht zwar von einer Identität der mystischen und wissenschaftlichen Welterfahrung aus, denn es gehe hier nicht, wie er es ausdrückt, um »zwei getrennte Dinge«. Doch die Identität dieser Gegensätze ist nach Krishnamurti nicht sagbar. Oder wie es an einer anderen Stelle heißt: »Einsicht ist die Wahrnehmung des Ganzen ... ein so beschaffener Geist, der das Ganze sieht, wird von Gedanken nicht berührt.«[11] Es ist damit wie mit dem Schellingschen Spiegel:[12] Der Mystiker, der im Spiegel der Welt sein eigenes Auge sieht, hat kein Bewußtsein des Spiegels mehr; die Welt ist ihm in der Schau zu nichts geworden. Will man dabei nicht stehenbleiben, so bedarf es einer philosophischen Vermittlung, die aber bei Capra/Bohm – wie gesagt – unbewußt mittels alltagssprachlicher Interpretation geleistet wird. Dies ist leicht zu sehen an David Bohms »holographischem Weltbild«. Bohm ist zunächst Quantenphysiker. Er hat eine Reihe von Lehrbüchern geschrieben, die sich ganz im Rahmen dessen bewegen, was unter Physikern üblich ist. Dann aber leitet er aus dieser Physik eine Metaphysik ab, die ästhetisch sehr befriedigend sein mag, aus der Quantenphysik aber in keiner Weise folgt. Bohm hat als Symbol dieser Metaphysik das Hologramm gewählt und damit das Hologramm zum

[10] Krishnamurti, S. 47
[11] Krishnamurti, S. 246
[12] Schelling VI, S. 197/198

Symbol einer gewissen spiritualistischen Weltdeutung gemacht.

»Hologramme« sind eine Art von »dreidimensionalem Dia«. Beleuchtet man sie mit Laserlicht, so scheint ein dreidimensionales Gebilde im Raum zu schweben. Würde man ein zweidimensionales, gewöhnliches Dia zerschneiden und in den Projektor stecken, so hätte man nur noch das halbe Bild auf der Leinwand. Das Hologramm hingegen hat die seltsame Eigenschaft, daß es auch in zerschnittenem Zustand immer *das ganze* Bild reproduziert, sobald es mit Laserlicht bestrahlt wird. Beim Hologramm enthält also der Teil das Ganze. Dementsprechend ist Bohm der Überzeugung, daß im Weltall alles in allem enthalten ist, so daß z. B. ein einziges Atom gewissermaßen das ganze Universum repräsentiert.

Ich halte diesen Gedanken für ästhetisch und metaphysisch sehr befriedigend; er ist nur leider keine physikalische Theorie und aus physikalischen Theorien nicht herzuleiten. Es handelt sich hier vielmehr um eine metaphysische Weltdeutung. In diesem speziellen Fall entspricht sie genau jener Lehre, die Leibniz vor 300 Jahren mit dem Begriff »Monadologie« bezeichnete. Leibniz war der Überzeugung, daß aller Realität eine metaphysische, dynamische Größe, eben die »Monade«, zugrunde liegt. Diese Monade stellte er sich individualisiert vor, eine Art »Geistatom« mit innerer Wirkkraft beseelt. Damit hatte er die Welt zunächst metaphysisch individualisiert. Um sie wieder zur Einheit zu bringen, nahm er an, daß diese individualisierten geistigen »Kraftpunkte« derart strukturiert seien, daß in jedem das ganze Weltall enthalten ist, aber nicht explizit an der Oberfläche, sondern implizit und unbewußt. Das hieße z. B., daß der Löwe, so wie er dasteht und brüllt, zunächst nur Löwe und nichts als Löwe ist, daß aber im Schacht seines Unbewußten das ganze Weltall wogt wie ein fernes Rauschen. In allem wäre demnach alles enthalten, aber nicht in allem alles explizit. Dies ist genau die Bedeutung von David Bohms »impliziter Ordnung«[13]. Während aber Bohm vorgibt, diese »implizite Ordnung« aus der Physik abgeleitet zu haben, begründet Leibniz seine »Monadologie« philosophisch, weil er wohl sieht, daß naturwissenschaftliche Gründe allein keine metaphysische Weltsicht hergeben. Es lassen sich eben mit jeder naturwissenschaftlichen Theorie verschiedene Formen von Metaphysik verbinden, so daß der Übergang vom einen zum andern niemals zwingend sein kann.

Dies ist die eine Richtung, mit deren Hilfe Physik und Mystik verkoppelt werden sollen: die metaphysische Interpretation der Physik. Die andere Richtung, die Deutung der Mystik als Metaphysik, hat bei Bohm dieselben Schwierigkeiten wie bei Capra: Wenn das Mystische das Unbegreifliche ist, so ist ein Übergang zur Metaphysik ganz undenkbar. Aus dem Absoluten ist dann nicht mehr herauszukommen. Der Mystiker ist, wie Nietzsche sagen würde, »ganz tot vor Unsterblichkeit«.

Die alltagssprachlich interpretierte Mystik

Eine rein jenseitige Mystik könnte sich legitimerweise nur in Paradoxien äußern, etwa in der Art der Zen-Buddhisten und ihrer intellektuell unverständlichen »Koans«. Der Zen-Buddhist meditiert wochenlang über einen Satz wie: »Höre das Klatschen *einer* Hand« usw. Solche Paradoxien sind konsequent, wenn man die mystische Erfahrung der intellektuellen Sphäre gänzlich entzieht. Dann bleibt das Paradox, der Ritus, vielleicht noch die Kunst. Aber der argumentativen Ebene hat man sich vollständig zu enthalten. Im Widerspruch dazu begeben sich die »New Age«-Physiker beständig auf die Ebene philosophischer Reflexion, und sie *müssen* es auch tun, denn wie wollen sie sonst die Physik mit ihrer Mystik in Beziehung setzen?

[13] Bohm, S. 225

Ich weiß wohl, daß der »New Age«-Anhänger auf all diese Einwände hin nur milde lächeln wird. Er wird darauf aufmerksam machen, daß das »New Age«-Verstehen nicht von der Art sei, wie ich es mißdeutet habe. Hat nicht Capra selbst darauf aufmerksam gemacht, daß die Übereinstimmung von Mystik und Physik nur auf »intuitive Art erfahren«[14] werden kann, und hat nicht Bohm ausdrücklich bemerkt, daß man das »Denken der Totalität« nicht als gewöhnliches Wissen, sondern »als eine Form von Kunst, wie etwa die Dichtung, betrachten« müsse?[15]

»Es geht hier«, so wird der »New Age«-Anhänger sagen, »um eine neue Art des Verstehens«, die vom alten Verstehen meilenweit entfernt ist. Es gehe jetzt nicht mehr um ein überholtes intellektualistisches, »mechanistisches« Denken, das nur die linke Gehirnhälfte aktiviert habe; die rechte Gehirnhälfte, der Sitz von Intuition, Phantasie und Weiblichkeit, sei ebenso zu entwickeln. Erst wenn diese vergessene Yin-Seite anerkannt und in die Yang-Seite des menschlichen Wesens integriert worden sei, könne man verstehen, wie das »Tao« bereits in der Physik stecke.

Abgesehen davon, daß diese Argumentation elitär ist, weil sie einen Andersdenkenden prinzipiell nicht ernst nehmen kann, ist sie darüber hinaus auch noch widersprüchlich in sich selber. Sie könnte nur dann richtig sein, wenn die »New Age«-Anhänger die Ebene philosophischer Reflexion konsequent meiden würden. Sobald sie sich jedoch auf diese Ebene begeben, sind sie auch mit philosophischen Mitteln kritisierbar, denn zumindest Philosophie ist nicht an spezielle mystische Erfahrungen gebunden, sondern eine *jedem* Menschen zugängliche Sphäre rationalen Denkens. Weil nun die östliche Mystik sich mit der Physik direkt nicht verkoppeln läßt und zur Überbrückung dieses Gegensatzes eine Metaphysik nötig ist, ist der »New

[14] Capra (1), S. 303
[15] Bohm, S. 95

Age«-Physiker beständig *gezwungen*, sich aufs Glatteis der Philosophie zu begeben. Es ist kein Zufall, wenn Bohm praktisch die Monadologie von Leibniz wiedererweckt. Er *muß* dies tun, wenn er seine Quantenphysik mystisch deuten will.

Im selben Sinn begibt sich auch Capra beständig auf die Reflexionsebene der herkömmlichen Philosophie. Kein Autor kommt bei ihm so schlecht weg wie Descartes.[16] Descartes ist nach Capra durch seinen Geist-Materie-Dualismus und durch seinen Mechanismus der Urheber eines analysierend-zerstückelnden Denkens, das die Ganzheit der Welt zerstört. Dem Descartesschen Dualismus stellt Capra sein »holistisches«, d. h. ganzheitliches Weltbild entgegen, indem er dessen prinzipielle Überlegenheit nachzuweisen sucht.

Descartes' dualistische Lehre ist reine Philosophie, keine Mystik. Also muß jeder, der gegen Descartes argumentiert, philosophisch argumentieren, sonst kann er ihn nicht widerlegen. Im Prinzip argumentiert auch Capra philosophisch, wenngleich mit unzureichenden Mitteln. An dieser Stelle muß er kritisierbar sein, auch für seine »unerleuchteten« Gegner. Hier kann es keine Berufung auf eine vorgeblich »höhere Vernunft« geben, die die rechte und linke Gehirnhälfte zugleich aktiviert.

Capras Werk müßte ganz anders aussehen, wenn es lediglich darum ginge, ein intuitives, »höheres« Verständnis anzuregen. Die Kunst z. B. kann sich in Bereichen bewegen, die dem intellektuellen Zugriff unzugänglich sind. Dafür sind aber auch ihre Mittel nicht die des Philosophen: Wo der Philosoph argumentiert, stellt der Künstler dar. Statt um logische Stringenz geht es dem Künstler um überzeugende Darstellung. Vielleicht könnte man auch aus der Physik ein »Koan« machen, indem man z. B. elektronenmikroskopische Objekte vergrößert und an die Wand pro-

---

[16] Vgl. Capra (2), S. 59 ff

jiziert. Solche Objekte könnten einen erheblichen ästhetischen und vielleicht sogar religiösen Gehalt transportieren, aber man befände sich dann nicht mehr auf der Ebene intellektueller Argumentation.

Capra hat in seinem Buch »Das Tao der Physik« eine Fotomontage abbilden lassen, die den tanzenden Gott Shiva inmitten von Elementarteilchen zeigt.[17] Diese Fotomontage soll das intuitive Verständnis dafür wecken, daß sogar die Dynamik von Elementarprozessen Ausdruck eines göttlichen Tanzes ist. In aller Regel jedoch bedient sich Capra nicht der expressiv-ästhetischen Darstellung, sondern der begrifflichen Argumentation. Dann muß sich aber diese Argumentation an den Regeln des Argumentierens messen lassen und kann sich nicht auf eine höhere, »intuitive Vernunft« berufen, die dem Normalmenschen unzugänglich ist.

In Europa hat man sich über Jahrtausende hinweg bemüht, das vernünftige Denken religiös einzubinden. Mit Ausnahme einiger radikaler Antiintellektualisten – wie dem frühen Kirchenvater Tertullian oder dem Scholastiker Petrus Damiani – hat man versucht, zugleich das religiöse Mysterium zu wahren *und* der Vernunft ihr Recht zuzugestehen. Kein ernst zu nehmender Theologe hat jemals geglaubt, man könne Mysterien wie die Trinität oder Inkarnation logisch ableiten. Zugleich aber war man sich bewußt, daß das Denken ein hoher Wert ist und daß eine Religiosität, die auf das Denken verzichtet, zugleich die Würde des Menschen zerstören müßte. Daher kennt die Geschichte der abendländischen Philosophie und Theologie diffizile Versuche, Mysterium und Vernunft aufeinander zu beziehen und nicht das eine auf Kosten des anderen aufzublähen. Von Nikolaus Cusanus bis zum späten Schelling gab es in Europa ausgefeilte Modelle, um das Rationale und die Grenze aller Rationalität miteinander in Ein-

---

[17] Capra (1), S. 95

klang zu bringen, ohne einerseits den Anspruch von Rationalität aufzugeben und ohne andererseits dem Imperialismus des Begrifflichen zu verfallen; denn Rationalität hat leicht die Tendenz, sich zum Alpha und Omega aller Dinge hochzuspielen.

»New Age« hingegen schneidet das Mysterium von der Vernunft ab. Dann aber gibt es keinen Weg mehr zur modernen Physik, die eine Leistung der Vernunft ist. Nur eine Religiosität, die dem »logos« einen zentralen Stellenwert einräumt, kann Grundlage für eine Interpretation naturwissenschaftlicher Erkenntnisse sein.

Wie leichtfertig die »New Age«-Physiker mit solchen Grundsatzfragen umgehen, wird sehr deutlich dort, wo sie sich auf die europäische Mystik beziehen. Europäische Mystik ist gewöhnlich vom Logosdenken des Abendlandes durchdrungen. Unter den westlichen Mystikern berufen sich die »New Age«-Anhänger auf niemanden so häufig wie auf den Jesuiten Teilhard de Chardin und auf Rudolf Steiner, den Begründer der »anthroposophischen Gesellschaft«. Sowohl Steiner als auch Teilhard kannten die östliche Mystik gut und lehnten sie dort ab, wo diese Mystik ein rein negatives Verhältnis zum philosophischen Denken hat. Steiner war vertraut mit dem deutschen Idealismus; er war ein Bewunderer Hegels, der die Begriffsdialektik nicht etwa grundsätzlich ablehnte. Die Pointe bei Steiner war die, daß er die denkende Vernunft über Hegel hinaus zur anschauenden, transzendenten Vernunft erheben wollte.[18] Seine Mystik ist durch und durch »Logos-Mystik«, kein irrationales Verschmelzen mit dem Weltgrund.

Teilhard de Chardin auf der anderen Seite war kein gründlicher Philosoph, aber er lehnte Formen irrationalistischen, rein intuitionistischen Denkens ab, wie z. B. das seines Lehrers Henri Bergson. Dabei betraf seine Kritik präzise den Punkt, an dem Bergson der Vernunft den grundsätzli-

---

[18] Vgl. Steiners Philosophiegeschichte, 2. Band

chen Zugang zur Realität absprach. Ich habe in keiner »New Age«-Publikation ein Bewußtsein dieser Problematik gefunden. Die prinzipielle Klarheit bei Teilhard und Steiner setzt sich in diesen Publikationen nicht fort, obwohl beide häufig zitiert werden.

Insbesondere Trevelyan beruft sich häufig auf Rudolf Steiner, hat aber die Rolle der Vernunft in der anthroposophischen Lehre offenbar nicht begriffen. Z. B. betont er in seinem Buch über das »Wassermann-Zeitalter«, daß die »höheren Welten von Wesenheiten« mit »den normalen Sinnesorganen oder dem Intellekt nicht erfaßt werden« können.[19] Einige Seiten später heißt es jedoch: »Die Menschheit hat jene Stufe ihrer Entwicklung erreicht, die es dem Bewußtsein gestattet, sich zu erweitern, und das Denken befähigt, sich mit Wesen höherer Intelligenz zu verbinden.«[20] Den ersten Satz hat Trevelyan bei Krishnamurti, den zweiten bei Rudolf Steiner abgeschrieben. Daß sie nicht zusammenpassen, scheint er nicht zu bemerken.

Bei Bohm wird uns zunächst versichert, daß es von der »unbedingten Totalität, die den letzten Grund von allem bildet«, kein »eigentliches Wissen« gebe, denn der Grund der Dinge sei derart, daß er »jenseits all dessen steht, was in den Inhalt des Wissens aufgenommen werden kann.«[21] Wiederum nur einige Seiten später spricht Bohm plötzlich von einer »Kunst des Denkens, das die Totalität zum Inhalt hat«[22], also den Weltgrund erfassen kann.

Die ganze »New Age«-Literatur schwankt zwischen Verachtung und Hochschätzung der Vernunft, ohne jemals einen Ausgleich zu finden. In der Diskussion mit »New Age«-Anhängern führt dies zu einer lästigen Immunisierungsstrategie. Argumentiert man mit logischen Gründen, so wird man sofort als »trockener Intellektualist« bezeich-

[19] Trevelyan, S. 128/129
[20] Trevelyan, S. 135
[21] Bohm, S. 85
[22] Bohm, S. 97

net, so wie die Marxisten früher jedem ein »falsches Bewußtsein« bescheinigt haben, der nicht ihre sektenhafte Meinung teilte. In beiden Fällen glaubt eine selbsternannte Elite, über das »wahre Wissen« zu verfügen. Sollten diese Leute jemals an die politische Macht kommen, so werden sie unkontrollierbar sein.

Wirft »New Age« die irrationale östliche Mystik mit Formen westlicher »Logos«-Mystik wahllos durcheinander, so kann man ganz allgemein eine Heterogenität des Mystikbegriffs feststellen, die an Buntheit nichts zu wünschen übrigläßt: Sri Aurobindo, Werner Heisenberg, John Coltrane, Ramakrishna, die heilige Katharina von Siena, Helena Petrovna Blavatsky, Carlos Castaneda, Alan Watts, Teilhard de Chardin, alles ist gleichermaßen »Mystik«. Daß zwischen Mystik und Mystik oft gewaltige Stil- und Qualitätsunterschiede bestehen, wird dabei vollständig übergangen. Hauptsache Transzendenz. Aber was heißt »Transzendenz«? »Transcendere« heißt »übersteigen«, d. h. über das Alltagsbewußtsein hinausgehen. Es gibt aber sehr verschiedene Weisen, über das Alltagsbewußtsein hinauszugehen. Ein Haschrausch transzendiert das Alltagsbewußtsein so gut wie eine sexuelle Erfahrung. Ebenfalls transzendiert ein politisches Engagement oder ein philosophischer Gedanke das Alltagsbewußtsein. Sowohl Hitler als auch Buddha sprachen von ihren »Intuitionen«, also von Transzendenzerfahrung. Der Bhagwan gab sich so transzendent wie Sri Ramakrishna. Man sollte sich aber hüten, alles, was nach Transzendenz »riecht«, gleich miteinander zu identifizieren. Zwischen der naturalistischen Mystik eines Carlos Castaneda und der »Logos«-Mystik eines Meister Eckhardt liegen Welten, genauso wie zwischen der aufgeklärten Mystik eines Johann Wolfgang Goethe und der sinnlich-trüben eines Henry Miller.

Wie groß muß der spirituelle Durst dieser Menschen sein, daß sie jedes Brackwasser trinken und reine Quellen von bloßem Salzwasser nicht unterscheiden können! Welche

Defizite müssen sich in unserer verwissenschaftlichten Kultur angesammelt haben, daß diese Verwirrung eintreten konnte!

Will man physikalische Rationalität und Mystik verbinden, so ist also darauf zu achten, daß diese Verbindung nur mit einer Form der Mystik hergestellt werden kann, die das Vernunftdenken nicht rein negativ einschätzt. Eine solche negative Einschätzung liegt aber offensichtlich bei Krishnamurti vor, der die »New Age«-Physiker stark beeinflußt hat. Es gibt gerade über dieses Thema ein sehr interessantes Gespräch zwischen dem jungen Physiker Capra und Krishnamurti. Capra hatte in seiner Anfangszeit große Probleme, zugleich Physiker zu bleiben und Anhänger östlicher Mystik zu werden. Er wandte sich an Krishnamurti und erhielt von diesem eine sehr bezeichnende Auskunft. Es sei, sagte Krishnamurti, die Physik dann kein Hindernis für eine spirituelle Entfaltung, wenn man in seinem Bewußtsein ganz frei von ihr geworden sei.[23] Das heißt, für den Weisen hat die Wissenschaft die Bedeutung einer Spielzeugeisenbahn: interessant, aber für die eigentliche Wahrheit ohne Belang.

Krishnamurti hat alles Weltliche, Relative vollständig aus dem Kreis seiner Spiritualität verbannt. Man muß nach ihm nicht nur alles Materielle, Konkrete, alle Leidenschaften, Lüste und Genüsse überwinden, sondern auch alle Tugend, das Denken, alle herkömmliche Religiosität. Was bleibt, ist das kristalline Schweben des Absoluten in seinem reinen Äther, jenseits aller Vernunft.

Wer die asketische Reinheit dieser Mystik niemals bewundert hat, hat auch kein Recht, sie zu kritisieren. Aber es muß doch erlaubt sein, auf den Preis dieser Spiritualität aufmerksam zu machen. Indem sie die religiöse Erfahrung von allem Konkreten abkoppelt, genießt sie zwar den reinen Äther göttlicher Substanz, aber sie überläßt auch allen

---

[23] Capra (3), S. 28

Schweiß und alle frustrierende Knochenarbeit den sogenannten »Unerleuchteten«, von deren Arbeit sie doch beständig zehrt.

Es ist mit dieser Jenseitsmystik wie mit der kontemplativ-
theoretischen Philosophie der Antike. Plato und Aristoteles konnten ihre göttlichen Werke nur verfassen, weil ein
Heer von Sklaven die Dreckarbeit für sie erledigte (wofür
sie von den Philosophen noch verachtet wurden). Die hinduistische Jenseitsmystik ist wie jene berückenden Blumenteppiche, die namentlich in Süddeutschland am Fron-
leichnamsmorgen aus Tausenden von Blumenköpfen auf
den Boden gestreut werden. Diese Blumenteppiche, über
die der Priester das Allerheiligste trägt, verwelken noch
vor dem Ende desselben Tages. So enthält die hinduistische Jenseitsmystik das Allerheiligste und umgibt es mit
berückender Schönheit, aber die vom Konkreten abge-
schnittene Spiritualität läßt als unerledigten Rest das Elend
der Massen zurück. So groß wie der spirituelle Reichtum
seiner Mystiker, so groß oder noch größer ist auch die materielle Armut Indiens. Die Bilder indischer Asketen sind
das sprechende Symbol dieser Religion: Über einem ausge-
mergelten, vernachlässigten Körper thront ein edles Gesicht mit einem unendlich durchsichtigen und strahlen-
den Blick. So erleidet der Körper der indischen Massen das
Elend, während der Asket verzückt die absolute Wahrheit
schaut.

Die Physik, in Europa entstanden, steht quer zu diesem
Gegensatz von Weltverachtung und rein transzendenter
Mystik. Ihr geistiger Gehalt ist nicht identisch mit dem
rein jenseitigen Geist Indiens, ihr materieller Bezug ist
nicht identisch mit der rein negativen Rolle der Materie in
fernöstlichen Lehren. Physik ist vielmehr konstitutiv auf
die Sinnlichkeit verwiesen: Das Experiment bindet sie fest
an die materielle Welt. Physik ist aber auch konstitutiv auf
Vernunft bezogen: Ihre mathematische Formulierung bindet sie fest an die Form des Intellekts. In dieser doppelten

Verbindung ist die Physik immer Geist und Materie zugleich, viel eher verträglich mit einer Religiosität wie der christlichen, in deren Mittelpunkt nicht der rein transzendente Gott, sondern ein wirklicher Mensch, also der fleischgewordene Gott steht.

»Die Christen«, sagt Krishnamurti, »haben sich mit dem Wort Jesus, mit dieser Vorstellung ein Bein gestellt. Sie sind niemals bis zum Ursprung vorgedrungen.«[24] Der Mensch Jesus ist Krishnamurti zu begrenzt, riecht zu sehr nach Nazareth, als daß er seinen Durst nach Absolutheit befriedigen könnte. Aber vielleicht ist gerade dieser Bezug aufs Konkrete, auf Krippe, Kreuz und Nazareth die Stärke der christlichen Religion.

Natürlich gibt es auch in östlichen Religionen verschiedene Richtungen, auch solche, die dem Fleischlichen, Konkreten und auch dem Denken eine bedeutendere Rolle zuweisen. Eigentümlicherweise berufen sich aber die »New Age«-Physiker niemals auf diese Richtungen. Neuere indische Mystiker wie Ghandi oder Sri Aurobindo, die mit westlichem Gedankengut vertraut waren, haben die Schwäche einer reinen Jenseitsreligion erkannt und auf die christliche Herausforderung reagiert. Bei Sri Aurobindo finden sich z. B. folgende Eigenschaften des Religiösen, die im klassischen Hinduismus entweder fehlen oder eine marginale Rolle spielen: der Begriff der Gnade als eines Geschenks[25]; die Vorstellung von einer »Würde« der Materie, d. h. die Vorstellung, daß die Welt nicht nur Illusion ist[26]; die zentrale Bedeutung der Liebe und des Personseins[27], womit verbunden ist eine persönliche Gottesvorstellung[28] und – was für die erkenntnistheoretische Grundproblematik von besonderer Bedeutung ist – die Vorstellung, daß je-

---

24 Krishnamurti, S. 238
25 Aurobindo, S. 64
26 Aurobindo, S. 12
27 Aurobindo, S. 35
28 Aurobindo, S. 38

des Hinausgehen über die gewöhnliche Vernunft wieder in der Vernunft verankert werden muß. Das »supramentale Denken«, das Aurobindo fordert, ist ein Denken der »Ideen«, das von Aurobindo ganz ähnlich konzipiert wird wie von Plato, an dem er sich vermutlich orientiert hat.[29] An Capra und Bohm scheinen diese neueren Entwicklungen vorübergegangen zu sein; sie stürzen aus der hochgespannten Rationalität moderner Physik direkt in die Tiefen irrationalistischer Mystik, als wollten sie sich möglichst rasch an ihrem Gegenteil kurieren.

[29] Aurobindo, S. 118

6. Carl-Friedrich von Weizsäcker, die Weltformel und der Irrationalismus in der Philosophie

Die Weltformel als Horizont allen Denkens

Ende 1988 hielt Carl-Friedrich von Weizsäcker den einführenden Vortrag zum Kongreß »Geist und Natur« in Hannover. Dieser Kongreß, mit viel Geld vom Land Niedersachsen finanziert, geriet im Verlauf immer mehr zur reinen »New Age«-Propagandaveranstaltung. Bereits der einführende Vortrag ließ die Töne anklingen, die dann im Verlauf bestimmend wurden. Wie kommt es, daß ein gebildeter Mann wie Carl-Friedrich von Weizsäcker in seinen Ansichten so nahe an »New Age« herankommt?
Ich möchte in diesem Kapitel einiges zum Werk dieses Mannes sagen. Von Weizsäcker hat sich zu Fragen der Physik, Philosophie, Politik und Religion geäußert. Im einzelnen sind diese Äußerungen bedeutend, insbesondere seine Schriften zur Politik und Religion sind meines Erachtens von bleibendem Interesse. Was aber bei der Lektüre seiner Schriften zu Physik und Naturphilosophie auffällt, ist die Tatsache, daß diese Schriften in diametralem Gegensatz zu allem übrigen stehen, so daß man Mühe hat zu glauben, all dies Heterogene, Uneinheitliche könne von ein und demselben Menschen stammen.
Es scheint fast, als zerfiele von Weizsäcker in *drei* Personen, die untereinander nur lose durch den Namen verbunden sind: Da ist einmal der Physiker und Physikalist, der am liebsten alles in eine einzige Weltformel packen würde, so daß von den Elementarteilchen bis zum menschlichen Bewußtsein alles mathematisch deduziert werden könnte, die philosophische Tradition inclusive. Da ist des weiteren

183

der politische Mahner, der, durch die Atombombe aufgeschreckt, mit Augenmaß und Phantasie »Wege in der Gefahr« aufzeigt. Da ist drittens der mystisch-religiöse Weizsäcker, der in freier Interpretation des Christentums aus Wurzeln lebt, die jenseits von Politik und Physik liegen, auch in dem Sinn, daß diese Wurzeln keine unterirdische Verbindung zur Vernunft der Physik oder Politik haben: Von Weizsäckers Religiosität ähnelt von sich aus den irrationalistischen Strömungen der östlichen Mystik. Diese überraschende Verbindung von »harter Wissenschaft« und irrationalistischer Mystik macht von Weizsäcker zum Symbol einer in sich zerrissenen Epoche. Es ist, als präge sich in seiner Person der Konflikt zwischen Wissenschaft und Religion mit einer Deutlichkeit aus, der für jeden von Interesse ist, der mit diesem Konflikt umzugehen hat.

Ich möchte im folgenden zeigen, wie die Neigung theoretischer Physiker zu irrationalistischer Mystik mit einer Überschätzung der Physik zusammenhängt und wie die Ortlosigkeit politischer Vernunft die notwendige Folge aus dieser Überschätzung ist. Natürlich kann es sich hier nicht darum handeln, einem bedeutenden Mann die Haare aus der Suppe zu lesen. Bei einem Menschen vom Format von Weizsäckers sind die Irrtümer oft lehrreicher als das, was er für seine Einsichten hält. In diesem speziellen Fall bin ich der Meinung, daß seine Widersprüche und Irrtümer zugleich die Widersprüche und Irrtümer unserer Epoche sind, und zwar gerade die, die »New Age« mit unzureichenden Mitteln auszugleichen versucht. Wir haben also in der Gestalt Carl-Friedrich von Weizsäckers eine Schlüsselfigur zu jenem Gegensatz von Wissen und Glaube, der uns sonst niemals so deutlich werden könnte.

Zunächst zu von Weizsäckers Physik, die gekennzeichnet ist durch die Suche nach einer allumfassenden »Weltformel«. Von Weizsäckers Lehrer Heisenberg hat diesen Begriff einer »Weltformel« berühmt gemacht. Bislang wurde sie noch nicht gefunden. Wäre sie entdeckt, so würde man darunter eine Gleichung verstehen, die die Quantentheorie, die Relativitätstheorie, elektrische und magnetische Kraftwirkungen, die Gravitationskraft, die Kernkräfte, also praktisch alle physikalischen Kräfte in einer einzigen Formel enthielte.

Daß die Physiker hinter einer solchen »Weltformel« herjagen ist kein Wunder: Seitdem die Physik entstanden ist, hat man immer danach gestrebt, die Fülle der Erscheinungen auf wenige Prinzipien zurückzuführen. Es entspricht unserem ästhetischen und praktischen Interesse, aus möglichst wenigen Voraussetzungen eine möglichst große Zahl von Schlußfolgerungen ziehen zu können. In dieser Hinsicht ist die Suche nach einer »Weltformel« die natürlichste Sache der Welt und dasjenige, was die Physiker immer schon angestrebt haben.

In der Öffentlichkeit und im Bewußtsein mancher Physiker hat aber der Begriff der »Weltformel« zugleich eine übertriebene Bedeutung, fast möchte man sagen: eine religiöse Weihe erhalten. Dies geschieht dann, wenn man der Meinung ist, physikalische Formeln drückten das Wesen von Realität aus. Unter dieser Voraussetzung würden partielle physikalische Theorien, wie die Newtonsche Physik oder die klassische Elektrodynamik Aspekte von Wirklichkeit darstellen, die »Weltformel« aber wäre nichts weniger als der Plan Gottes selbst. Wenn jedoch unser Vergleich zwischen der Welt mit einem Buch und der Physik mit der Grammatik eines Textes zutreffend ist, dann würde auch eine »Weltformel« als die vollständige Grammatik der Realität nicht den Plan Gottes enthalten können, weil sie lediglich die formalen Bedingungen enthielte, unter denen wir existieren. Wir hätten mit der »Weltformel« also lediglich die Spielregeln des Kosmos vor uns, aber damit noch nicht den *Inhalt* des Spiels.

Was gespielt wird, wüßten wir also noch längst nicht. Ich denke, daß Heisenberg die Weltformel in diesem Sinn begriffen hat, daß er also die überzogenen ontologischen Ansprüche an eine solche »Weltformel« nicht unterschrieben hätte. Aber die Physiker sind verschiedener Meinung in bezug auf dieses Thema. Hawking beendet sein Buch über Kosmologie mit der Aussicht auf eine »vollständige Theorie des Weltalls«. Hätten wir diese Theorie entdeckt, so wäre das nach ihm »der endgültige Triumph der menschlichen Vernunft – denn dann würden wir Gottes Plan kennen.«[1]

Diese Hoffnung, mit Hilfe der Physik dem lieben Gott in die Karten schauen zu können, ist häufig, sei es offen, sei es versteckt, der Motor wissenschaftlicher Erkenntnis. Diese Hoffnung hat, wo sie grassiert, den deutlichen Charakter eines Größenwahns. Sie ist meines Erachtens mindestens so verrückt, wie es die Kreuzzüge des Mittelalters waren; denn die Mittel, die sich dieser Größenwahn zu seinen Zwecken wählt, sind offensichtlich so ungeeignet, daß es beispielsweise weit vernünftiger wäre, in Grimms Märchen nach dem Plane Gottes zu suchen als in der Quantenphysik oder Relativitätstheorie. Rotkäppchen und der böse Wolf sind Archetypen des menschlichen Unbewußten; sie rühren deutlich an die religiöse Sphäre. Aber die Zeitdilatationen und Längenkontraktionen der speziellen Relativitätstheorie haben mit Gott so viel zu tun wie die Polizeiverordnungen des Staates Weimar mit Goethes Faust, nämlich nichts. Trotzdem überfällt den Zeitgenossen angesichts der »speziellen Relativitätstheorie« ein religiöser Schauder, während ihn ein Märchen nicht mehr rührt. Märchen sind, so scheint es, die Angelegenheit von Frauen, Kindern und Künstlern, während sich die männlich-derbe Welt der Physik von solchem Gefühlsüberschwang freihält.

Man sollte doch meinen, daß die Menschen des Mittelalters auf sehr elementare Weise den Unsinn ihrer Kreuzzüge hätten einsehen können. Wie sollte es auch Gott

[1] Hawking, S. 218

186

wohlgefällig sein, um des Besitzes von Jerusalem und des Heiligen Grabes willen Tausenden von Türken den Schädel zu spalten?

Es ist aber nicht weniger absurd zu glauben, man könne mit Mitteln der Physik Gott in die Karten schauen. Auch dies ist ein pseudoreligiöser Wahnglaube, in seinen Auswirkungen vermutlich nicht weniger zerstörerisch als die Kreuzzüge mit ihren jahrhundertelangen Greueln. Denn wenn es möglich wäre, mit Hilfe der Physik alle Geheimnisse der Realität zu entschlüsseln, dann könnten wir das tun, was wir jetzt schon weitgehend tun, nämlich die humane Kultur zugunsten rein quantifizierender Verfahren vernachlässigen, mechanische Verfahren anstelle von menschlicher Kommunikation zu setzen und alle neurotischen Störungen, die uns daran erinnern, daß wir keine Computer sind, zu technischen Fehlern eines Systems zu erklären, das sich selbst genügt. Die vollkommen verwissenschaftlichte Welt, die Welt als bloßer Anwendungsfall der »Weltformel« ist wie die Neutronenbombe: der Mensch verschwindet, die Sachen bleiben.

Der Gießener Psychologe H. E. Richter hat die Pathologie der Gegenwart als »Gotteskomplex« beschrieben. Nach ihm ist das Absolutheitsstreben des Menschen mit dem Verlust an christlicher Substanz nicht einfach verschwunden, sondern es hat sich auf andere Gebiete verlagert, wie etwa die Technisierung, den Leistungssport oder den Vollkommenheitswahn bei der Musikinterpretation (was auch eine Form des Leistungssports ist). Man könnte die Suche nach dem Plane Gottes in der physikalischen »Weltformel« als Form des Richterschen »Gotteskomplexes« deuten: Das religiöse Vakuum, das durch das Zurückweichen des Christentums verursacht worden ist, wird durch Surrogate ausgefüllt. Anstelle der Bibel und dem Wort Gottes tritt die Physik und ihre Konstruktion von Wirklichkeit: Die Weltformel als religiöses Credo.

Carl-Friedrich von Weizsäcker ist zu sehr vom Christentum geprägt, als daß er das christliche Credo mit einer Differentialgleichung identifizieren könnte. Nichtsdestoweniger setzt er den Erklärungswert einer »Weltformel« sehr hoch an, so hoch, daß als Rest nur etwas Irrationales, Mystisches übrigbleiben kann. So kann man gerade an seinem Fall sehr deutlich sehen, woher die Neigung theoretischer Physiker zu dezidiert irrationalistischer Mystik herrührt.

Die Väter der Quantentheorie, wie Niels Bohr, Heisenberg und andere, waren durch gewisse Eigenschaften des quantenphysikalischen Meßprozesses genötigt, sich Gedanken über die Rolle des beobachtenden Subjekts bei mikrophysikalischen Experimenten zu machen. Während in der klassischen Physik der experimentierende Beobachter unabhängig vom beobachteten Objekt schien, gibt es quantenphysikalische Effekte, die zur Folge haben, daß der Eingriff des Experimentators in die Natur zugleich den beobachteten Gegenstand substantiell verändert. Es ist daher nicht mehr möglich zu sagen, was der Gegenstand vor der Beobachtung gewesen sein mag, weil man ihn ohne Störung durch das Experiment prinzipiell nicht erfassen kann. Auf diese Art schien ein »subjektives« Moment in jene Wissenschaft zu kommen, die sich doch immer für die objektivste gehalten hatte. Ja, es schien geradezu so, als sei der menschliche Geist als immaterielle Größe in die materiellen Prozesse hineinverwoben. Mit ihrer berühmten »Kopenhagener Deutung« der Quantentheorie haben aber die Väter dieser Theorie jede subjektivistische Interpretation ausgeschlossen. Zugleich haben sie jeden Bezug auf ein beobachtendes Subjekt eliminiert und ihre Interpretation so angelegt, daß die Möglichkeit einer Anwendung der Theorie auf das beobachtende Subjekt selbst positiv ausgeschlossen wird. Carl-Friedrich von Weizsäcker versucht im Gegensatz dazu, die Quantentheorie so allgemein zu formulieren, daß sie auf alles anwendbar wird, nicht nur auf alle Objekte, sondern auf das Subjekt selbst, auf Lebensphänomene, auf soziale Phänomene, auf alles,

was existiert. Er hat eine Formulierung der Physik vorge-
legt, die so allgemein sein soll, daß alle rationalen Gehalte
der Welt in ihr ausgedrückt werden können: »Die Grenze
der Physik müßte demnach die Grenze des begrifflichen
Denkens sein.«[2]

Was ich oben die »Perspektivität des Erkennens« genannt
habe, wäre unter dieser Voraussetzung unmöglich. Es
könnte dann nur noch eine einzige Perspektive geben,
nämlich die der Physik und die Physik würde diese einheitliche Perspektive in einer einzigen, allumfassenden
Theorie erschöpfend abhandeln. Was sagbar wäre, wäre
physikalisch sagbar. Der Rest wäre Schweigen: hier die
universale, höchst rationale Weltformel, dort die Unaus-
sprechlichkeit einer überrationalen Mystik.

Man braucht übrigens keine große Sorge zu haben, daß
eine Weltformel in diesem Sinne jemals aufgefunden wird.
Wäre sie gefunden worden, so müßte sie sich selbst enthalten; denn wenn alles, was existiert, Fall der Weltformel ist,
so wäre sie es selber auch. Doch damit hätten wir einen
glatten Widerspruch: Theorien, die ihre eigenen Voraussetzungen als ableitbare Größen enthalten, sind nach der
Beweistheorie widersprüchlich, sind also keine ernst zu
nehmenden Theorien. Obwohl diese Einsicht sehr elementar ist, hindert das diejenigen, die an eine »Weltformel«
glauben, nicht daran, eine solche Formel aufzustellen. Es
ist wirklich wie mit den Kreuzzügen: Das Mißlingen eines
Kreuzzuges hatte den nächsten zur Folge, nicht etwa den
Abbruch des ganzen Unternehmens.

Es gibt gravierende Gründe, anzunehmen, daß Bewußt-
seins-, Lebens- oder soziale Phänomene nicht formalisier-
bar sind im Sinne der mathematischen Physik, daß sie also
niemals Fall einer Weltformel werden können. Von der
Ethik wissen wir, daß sie niemals in physikalische Aus-
drücke übersetzbar sein wird, denn Ethik bezieht sich auf

---

[2] Weizsäcker (1), S. 318

Sollzustände, die vielleicht nie eintreten werden. Daher kommt es, daß die Nichtbefolgung sittlicher Normen in keiner Weise die Geltung dieser Normen widerlegt. Physik hingegen bezieht sich auf das positiv Existierende, nicht auf das Gesollte. Das hat zur Folge, daß eine physikalische Theorie, die zu viele Ausnahmen zuläßt, sehr bald nicht mehr als Theorie angesehen wird, was man von einer ethischen Norm niemals behaupten kann. Wenn Tausende lügen, soll ich es trotzdem nicht tun, wenn aber von tausend Steinen nur ein einziger nach oben fällt, ist das Gravitationsgesetz falsch.

Physik ist also nicht alles. Identifiziert man jedoch mit von Weizsäcker das Physikalische und das Rationale, so bleibt überhaupt nur noch das Irrationale übrig, wenn man wenigstens die Sphäre der Religion aus der Physik herausnehmen will. Von Weizsäcker ist ja nicht der Meinung, daß die Weltformel zugleich den Plan Gottes enthält. Die Weltformel ist für von Weizsäcker dasjenige, was wir an der Wirklichkeit begreifen können. Hinter diesem Begreifen steht aber noch ein Unbegreifliches, nämlich Gott: »Die Physik ist nur möglich vor dem Hintergrund der negativen Theologie.«[3] Von Weizsäcker nimmt also einen religiösen Grund aller Dinge an, der sich den Formeln der Physik entzieht. Aber weil er Rationalität und Physik schlechthin identifiziert, muß ihm dieser religiöse Grund zwangsläufig ins Irrationale hinübergleiten. Das heißt: Wenn die Physik imperialistisch wird und sich mit der Vernunft schlechthin identifiziert, so wird die Welt zur seelenlosen Maschine, und es bleiben als Rest nur noch die Mystik und das Irrationale zurück.

Der Hang mancher theoretischen Physiker zur östlichen Mystik scheint mir hier eine Wurzel zu haben. Das Korsett mathematischer Rationalität ist zu eng, um alles zu fassen, was den Menschen betrifft. Der Physiker, der sich

[3] Weizsäcker (1), S. 319

künstlich vorschreibt, nur noch mit diesem Korsett herumzulaufen, kann sich ohne Korsett nicht mehr sinnvoll bewegen. Er taumelt, sobald er der Sicherheit seiner Stütze beraubt ist. Das »Tao der Physik« ist ein solches Taumeln des Geistes. Für denjenigen, der sein Korsett losgeworden ist, mag es als Befreiung empfunden werden. Für den Außenstehenden ist es peinlich.

Man wird diese Erfahrung hundertfach machen können, wenn man sich mit den Schriften »philosophierender Physiker« beschäftigt: Dieselben Wissenschaftler, die in ihrer Disziplin eine bewunderungswürdige Exaktheit und Stringenz fordern und gewohnt sind, werden besonders lax, schwammig und unpräzise, sobald sie ihr Fachgebiet auch nur um ein Geringes verlassen: Die übermäßige Disziplinierung wird kompensiert durch ein zuweilen kindisches Herumtollen auf der Spielwiese des Geistes. Ich kann Bücher wie Prigogines »Dialog mit der Natur«, d'Espagnats »Auf der Suche nach dem Wirklichen« oder Capras »Tao der Physik« mit dem besten Willen nicht anders beurteilen als ein solches kindisches Herumtollen. Trotzdem lohnt ein Blick in diese Bücher, denn was diese Physiker, befreit vom Korsett ihrer Begriffe, an spontanen Tänzen aufführen, ist genau das, was ihnen die ganze Zeit gefehlt hat und was uns allen zu fehlen scheint.

Es gibt ein weiteres Charakteristikum im Denken von Weizsäckers, das weit über eine rein private Eigentümlichkeit hinausgeht: Ich meine die Unverbundenheit seiner politischen Vernunft mit der kosmologischen. Es ist klar: Wenn die Physik alles Rationale an sich gezogen hat, wenn die Religion ins Irrationale abgedrängt wurde, dann wird das Politische ortlos. An sich müßte man, wenn man an eine »Weltformel« glaubt, auch die politischen Verhältnisse nach dieser Formel einrichten. Aber diese Idee ist so absurd, daß sie noch niemand im Ernst vertreten hat.

Man kann alle physikalischen Gesetze auch technologisch anwenden. Es wird immer einen Fall geben, wo sich ein gesetzlicher Naturzusammenhang günstig ausnützen läßt. Es ist insbesondere anzunehmen, daß eine Weltformel technische Anwendungen erlauben würde. Weil sie so umfassend ist, würde sie sich auf alles beziehen lassen; sie wäre also die Möglichkeit zu universaler Manipulation. Es würde sich dann aber sofort die Frage stellen, nach welchen Kriterien man Manipulateure und Manipulierte unterscheiden könnte. Es müßte nämlich dann eine Menschensorte geben, die an den Welträdern dreht, und eine andere, die nur gedreht wird. Die Unterscheidung dieser beiden Gesellschaftsklassen könnte aber niemals nach der Weltformel selbst vorgenommen werden, denn sonst könnte man sofort die Frage nach demjenigen stellen, der wiederum mit Hilfe der Weltformel die Gesellschaftsklassen auf einer Metaebene einteilt: Steht ein solcher außerhalb der Weltformel oder ist er auch durch sie bedingt? Wenn ja, welchen Sinn sollte dann seine Unterscheidung haben? Wenn nein, dann ist eben er der Große Bruder, der den Rest der Menschheit manipuliert. Die technologisch angewandte Weltformel ist folglich identisch mit vollständiger Tyrannei.

Um sinnvolle Politik zu betreiben, bedarf es also anderer Mittel. »... das Experiment ist aber eben eine Vergewaltigung der Natur«[4], sagt von Weizsäcker selbst. Wie sollte dann aber dieses prinzipiell machtförmige Verhalten nicht zutage treten, wenn es unterschiedslos auf Menschen angewandt wird?

Im Falle von Weizsäckers ist es einfach so, daß er in seinen politischen Schriften einen anderen Vernunftbegriff voraussetzt als in seinen naturwissenschaftlichen und naturphilosophischen. Die Welt der Politik und die Welt der Wissenschaften: zwei vollständig getrennte Welten! Wie sehr erkennen wir im von Weizsäckerschen Zwiespalt den Zwiespalt unserer Epoche wieder!

[4] Weizsäcker (4), S. 30

Dieser Zwiespalt zieht sich durch fast alle Schriften »philosophierender Physiker« hindurch. Ich habe oben gesagt, daß Einstein meiner Meinung nach zwar ein großer Physiker, auf der anderen Seite aber ein höchst mittelmäßiger Philosoph gewesen ist. Man wird sich vielleicht gewundert haben, ein so abfälliges Urteil über einen bedeutenden Geist zu hören, der doch immerhin Pazifist und Zionist, Mahner zum Weltfrieden und Freund schöner Künste gewesen ist. All dies mag wahr sein. Das Eigentümliche ist nur: Wenn Physikalisten solche durchaus positiven Eigenschaften aufweisen, so sind das glückliche Inkonsequenzen ohne logischen Zusammenhang mit der eigenen Theorie. Wenn Carl-Friedrich von Weizsäcker die Weltformel lehrt, so lehrt er auch die totale Beherrschbarkeit von Mensch und Natur. Wenn Einstein den Totaldeterminismus lehrt, so lehrt er auch den Fatalismus und das müde Sich-Ergeben in die bestehenden Verhältnisse. Wenn beide sich politisch engagieren, gegen die Atombombe und den Krieg ankämpfen, so tun sie dies im Widerspruch zu ihrer eigenen Theorie: Das Politische steht ortlos und ohne einsichtige Verbindung zum Physikalischen da.

Dieses Charakteristikum wird man auch an »New Age« wahrnehmen können: Ich gestehe, daß mir manche politischen Forderungen, die Capra in seinem Buch »Wendezeit« aufstellt, ganz gut gefallen, wie z. B. die Forderung nach einer sanften Technologie, einer dezentralisierten Wirtschaft, die Abkehr von Wachstumsbesessenheit, Energieverschwendung, übermäßiger Düngung, die Forderung nach alternativen Energiequellen wie Sonnen- und Windenergie usw. Bei näherer Betrachtung aber wird man finden, daß diese politisch-gesellschaftlichen Forderungen mit dem physikalischen Denken desselben Autors nur in sehr loser Verbindung stehen. Man kann diese politischen Forderungen auch ganz gut ohne das »Tao der Physik« erheben. Im Grund ist sogar das »Tao« ein ausgesprochenes Hindernis für solche progressiven Ziele, denn das »Tao«

täuscht dort eine Begründung vor, wo es eigentlich keine gibt oder wo man eine andere, nämlich eine wirkliche politische Begründung erwarten würde: Der Physikalismus macht das politische Denken ortlos und verschiebt die rationale Begründung des Handelns ins Mystische hinaus.

Es gibt die Physik als Wissenschaft und die Physik als Glaube. Physik als Wissenschaft ist das bedeutendste Instrumentarium des theoretischen und praktischen Weltumgangs, das jemals erfunden wurde; eben deshalb ist aber auch die Physik als Glaube die gefährlichste Blockade der Vernunft und ihre schlimmste Verirrung: corruptio optimi pessima. Häufig gehen diese beiden Perspektiven, die Physik als Glaube und die Physik als Wissenschaft, ineinander über. Der Wissenschaftler fängt bescheiden an, verliebt sich im Verlauf seiner Forschungen in die eigenen Formeln und fühlt sich am Ende als Gott. Der mehrfach erwähnte Stephen Hawking ist von dieser Art. Sein Buch über Kosmologie beginnt äußerst bescheiden. Er betont zunächst, daß physikalische Theorien nur »Modelle des Universums« seien, denn: »Eine Theorie existiert nur in unserer Vorstellung und besitzt keine andere Wirklichkeit.« Es genüge, wenn die Theorie die experimentellen Beobachtungen richtig beschreibe und wenn sie zutreffende Voraussagen zu machen gestatte.[5] Im Verlauf seines Werkes vergißt aber Hawking die eigene Bescheidenheit gründlich und beendet sein Buch mit der Aussicht, demnächst den Plan Gottes zu entziffern.[6]

Dieses Hinübergleiten von äußerster Bescheidenheit zu triumphalistischem Größenwahn, von äußerster Rationalität zu unkontrollierbarem Intuitionismus kennzeichnet leider häufig das Verhältnis des Physikers zur religiösen Sphäre. Wenn es wahr ist, was oben gesagt wurde, daß die Physik immer nur die Grammatik, niemals aber den Text

[5] Hawking, S. 23
[6] Hawking, S. 218

der Realität entziffern kann, so wirkt sich die Beschränkung auf rein grammatikalisch-gesetzliche Zusammenhänge, die sich der Physiker auferlegt, psychologisch als Zwang aus, denn die verdrängte Sphäre des Inhaltlichen, Lebensvollen drängt mit Macht in seine Gedanken herein und gaukelt ihm vor, die bloßen Formeln der Physik seien bereits der Inhalt des Weltprozesses. In diesem Sinn haben sowohl Ilya Prigogine als auch Carl-Friedrich von Weizsäcker behauptet, die Physik enthalte nicht nur Idealkonstruktionen, die an jeder Zeit-Raum-Stelle gültig seien, vielmehr ist die Physik ist nach diesen beiden Autoren sogar fähig, die »Geschichtlichkeit des Seins« zu erfassen.[7]

Die prätendierte Geschichtlichkeit des Seins

Gewöhnlich geht man davon aus, daß Geschichtlichkeit ein Spezifikum des Menschen ist, daß aber Naturprozesse sich gleichförmig abspielen. Auf diese Gleichförmigkeit bezieht sich die Physik, wenn sie die Spielregeln des Kosmos mathematisch darstellt. Geschichtlichkeit aber läßt sich physikalisch nicht deduzieren. Das Wesentliche an Geschichte ist ihre Unwiederholbarkeit, ihre immanente Entwicklung, ihre Normativität, die durch keine mathematische Formel dargestellt werden kann. Prigogine und von Weizsäcker behaupten aber, sie könnten auch dieses Geschichtliche mit den Mitteln ihrer Wissenschaft einholen. In Wahrheit ist dies ein glatter Widerspruch. Carl-Friedrich von Weizsäcker leitet z. B. die »Geschichtlichkeit der Natur« (und damit des Seins) aus dem zweiten Hauptsatz der Thermodynamik ab.[8] Dieser beinhaltet, daß die Entropie in geschlossenen Systemen entweder zunimmt oder gleich bleibt. Dieses Gesetz gilt an jeder Zeit-Raum-

[7] von Weizsäckers Generalthese in (6); vgl. Prigogine/Stengers, S. 170
[8] Weizsäcker (6), S. 10

Stelle, ist also ungeschichtlich. Wenn von Weizsäcker in diesem Gesetz bereits die »Geschichtlichkeit des Seins« zu finden glaubt, so beruft er sich auf vage Analogien. Der zweite Hauptsatz schreibt physikalisch abgeschlossenen Systemen eine Richtung in der Zeit und prinzipielle Unwiederholbarkeit vor. Gerichtete Zeit und Unwiederholbarkeit sind ebenfalls Charakteristika der geschichtlichen Zeit, aber sie reichen nicht hin, um von »Geschichtlichkeit« zu sprechen. Auch hier zeigt sich wieder, daß Physiker, wenn sie erst einmal ihre Wissenschaft etabliert haben, dazu neigen, den Erklärungswert ihrer Formeln zu überschätzen. Auch Prigogines Art, bereits in den »synergetischen Prozessen« der Materie die »Geschichtlichkeit des Seins« zu finden, beruht auf bloßen Analogien und hängt philosophisch gesehen vollständig in der Luft.

Die Physik hat sich etabliert, indem sie vom Geschichtlichen abstrahierte. Der Inhalt physikalischer Gesetze ist nicht, wie etwa die Regeln künstlerischer Produktion, von geschichtlichen Epochen abhängig, sondern die physikalischen Gesetze werden so konstruiert, daß sie in jeder Epoche und an jeder Raum-Zeit-Stelle gültig sind. Hat man sich für diese Form wissenschaftlicher Rationalität entschieden, so führt kein wissenschaftsimmanenter Weg mehr zurück in die Geschichte. Es kann als Faustregel gelten: *Gibt ein Physiker vor, nicht nur mathematisch-funktionale Zusammenhänge erforschen zu können, sondern zugleich auch geschichtliche, so irrt er sich und hat seinen Kompetenzbereich überschritten.* Die Welt der Physik ist eine restringierte Welt. Ihre Exaktheit verdankt sich wesentlichen Einschränkungen: Alles Geschichtliche, Anthropomorphe, alle Wertungen, Gefühle, Sinn und Zweck müssen draußen bleiben. Allein unter dieser Voraussetzung läßt sich die kristallin-klare Welt physikalisch-mathematischer Konstruktionen etablieren. Daß die »Geschichtlichkeit der Natur« keine mögliche physikalische Perspektive ist, weiß von Weizsäcker im Grunde selber:

»... indem wir Mathematik benutzen, haben wir doch Anteil am Platonismus der Mathematiker. Die Strukturen selbst sind zeitlos.«[9] Was aber ist die Physik anderes als eine Strukturwissenschaft?

Wer nun wie etwa von Weizsäcker der Meinung ist, die physikalisch-mathematische Weltkonstruktion sei die einzig mögliche Form rationaler Erkenntnis, der wird, ob er es will oder nicht, unter psychischen Mangelerscheinungen leiden müssen. Denn alles, was die Welt des Menschen ausmacht, seine geschichtliche Natur, seine Strebungen, Gefühle, Willensregungen, seine Wertschätzungen, Ziele und Ahnungen, seine Sozialbeziehungen, Freundschaften und Bedingtheiten, all dies wird er aus seinem Realitätsbezug ausgeschlossen haben.

Es gibt einen erschütternden Brief von A. Einstein an H. Broch. Broch hatte ein Buch über Vergil geschrieben und an Einstein gesandt. Einstein las das Buch und fand in ihm alles wieder, was er aus seiner Weltkonstruktion verdrängt hatte: Werte, Ziele, Zwecke, Hoffnungen, Ahnungen, Erfüllung, Leiden. Er schrieb an Broch, nun sei ihm klar geworden, vor was er in jungen Jahren geflohen sei, als er sich »mit Haut und Haaren« der Wissenschaft verschrieben habe: »Flucht vom Ich und vom Wir in das Es.«[10] Die Flucht in das Es nützt aber nichts. Der Physikalist wird, weil die Welt des Humanen *doch* existiert, entweder so tun, als sei sie bereits in den Formeln seiner Physik enthalten. Er wird dann ganz verwegene Konstruktionen machen müssen, um dies zu beweisen (von Weizsäckers und Prigogines »Beweis« einer »Geschichtlichkeit des Seins«) oder aber er wird die Welt des Humanen in eine irrationale, mystische Sphäre verschieben müssen; daher die unausrottbare Neigung mancher Physiker, ihre Formeln im Sinne einer »Weltformel« mißzuverstehen und die damit

---

[9] Weizsäcker (2), S. 584
[10] Nach Weizsäcker (7), S. 131

zusammenhängende, ebenfalls unausrottbare Neigung zu irrationalistischer Mystik. Auf diese Weise kommt die zunächst überraschende Kombination von östlicher Mystik und westlicher Wissenschaft zustande: Die Rückseite des Szientismus ist der Surrealismus. Wo die wissenschaftliche Aufklärung sich absolut setzt, folgt die Romantik als Reaktion. Der Mystiker und Visionär Immanuel Swedenborg war ein Zeitgenosse des allzu aufgeklärten Immanuel Kant. Die ausufernd-surrealistischen Visionen eines Salvador Dali sind zur selben Zeit entstanden wie die hochrationalen Theorien Heisenbergs und Schrödingers. Wo die wissenschaftliche ratio sich absolut setzt, deliriert das Gefühl in den Gewässern trüber Mystik: Die Reaktion von »New Age« ist weder psychologisch noch historisch neu.

Ausgeglichen werden könnte die ungesunde Spannung zwischen rationalistischer Selbstüberschätzung und irrationalistischer Unterbietung durch eine Philosophie, die behutsam die Grenzen des Religiösen und Wissenschaftlichen absteckt. Aber gerade die Philosophie kommt zu kurz, wenn man ratio mit naturwissenschaftlicher ratio gleichsetzt. Dann wird die Spannung zwischen Naturwissenschaft und Glaube unerträglich: Der Glaube verschiebt sich ins Irrationale und die Verbindung zur Naturwissenschaft wird zum Mythos. So sagt auch von Weizsäcker: »Heutige Wissenschaftler können sich unter einer religiösen Deutung der Naturgesetze höchstens eine hinzugebrachte Privatmeinung des eigenen Denkens vorstellen, vermutlich mythischen Charakters, und ganz gewiß ohne jeden logisch zwingenden Zusammenhang mit dem Begriff des Naturgesetzes selbst. Kein guter Wille und kein religiöser Eifer kann diese Entwicklung rückgängig machen.«[11] Nun ist es aber so, daß der Versuch, ohne philosophische Vermittlung auszukommen, selber ein Mythos und ein unbewußter Mythenproduzent ist. Die Weltformel als

[11] Weizsäcker (3), S. 218

Totalerklärungsmodell ist ein solcher Mythos, die »Geschichtlichkeit des Seins« ist ebenfalls ein Mythos, jedenfalls, wenn sie sich aus dem zweiten Hauptsatz der Thermodynamik herleitet, Prigogines »dynamischer Kosmos« und Bohms »holographisches Weltbild« sind beides szientistische Mythen. Heute läuft sehr vieles unter dem Stichwort »Wissenschaft«, was im Grunde größere Verwandtschaft hat mit Zeus, Hera und Poseidon als mit Quantenphysik, Experiment und strenger Theorie.

Daher gibt es eine unheilige Allianz zwischen Physikalisten und östlichen Mystikern, insofern sich beide die philosophische Reflexion ersparen. Krishnamurti, der »New Age«-Guru, identifiziert »Denken« mit »mechanischem Denken«. »Denken« ist ihm ein quantitativer, grob materialistischer Vorgang, wägbar, naturwissenschaftlich faßbar, ein bloßes elektrisches Hirnphänomen.[12] Man sieht, wie sich höchster Spiritualismus und simplistischer Materialismus friedlich auf derselben Ebene treffen, indem sie beide das Denken verkürzen. »Denken«, so gefaßt, bezieht sich nur auf Weltbewältigung; »Denken« ist nach dieser Auffassung bloß rechnend, manipulierend, einseitig zweckrational.[13] Was hier ausfällt, ist das Denken über den Sinn des Ganzen, z.B. auch über den Sinn von Wissenschaft, von technischer Manipulation usw. Immerhin ist es uns ja möglich, über das Denken zu reflektieren, unsere eigenen Denkstrukturen kritisch zu überprüfen, und zwar mittels des Denkens selbst. Wir können uns von uns selbst distanzieren, um im Spiegel philosophischer Reflexion zu prüfen, ob das eigentlich gut ist, was wir uns und anderen zumuten. Dagegen steht die Auffassung der Neomystiker in aller Schroffheit: »Das Denken macht nichts als Qualm«[14], sagt Krishnamurti und bezeichnet »alles Wis-

---

[12] Krishnamurti, S. 216; 220/221
[13] Krishnamurti, S. 115
[14] Krishnamurti, S. 102/3

sen« (also auch das philosophische) pauschal als »oberfläch-
lich«.[15]

Die Sphäre philosophischer Grundsatzreflexion fällt also
bei den Neomystikern aus. Entsprechend stürzen auch die
»New Age«-Wissenschaftler von der wissenschaftlichen
ratio direkt in die Mystik hinein, wie ein überhitzter
Mensch, der nach langer Wanderung, ohne sich abzudu-
schen, direkt ins kalte Wasser springt. Es ist jedoch gesün-
der und dem Organismus zuträglicher, zuerst die kalte Dusche philosophischer Begrifflichkeit über sich ergehen zu
lassen, auch wenn das zunächst nicht sehr angenehm sein
mag. Die Neomystiker ersparen sich diese Dusche nicht
nur, weil sie ihre überhitzte Rationalität unmittelbar ins
kalte Wasser treibt, sondern auch deshalb, weil die östlichen Religionen kein Unternehmen kennen, das mit westlicher Philosophie vergleichbar wäre. Die ganze Diskussion
um östliche Mystik ist belastet mit einer Doppeldeutigkeit
des Philosophiebegriffes. Spricht ein Neomystiker von
»Philosophie«, so meint er etwas ganz anderes als das, was
im Abendland seit Plato unter »Philosophie« verstanden
wurde.

*Die Doppeldeutigkeit des westlichen und
östlichen Philosophiebegriffs*

Westliche Philosophie ist Selbstvergewisserung des Denkens. Sie macht also keine speziellen Voraussetzungen wie
z. B. die Erfahrung mystischer Erleuchtung. Zuweilen haben sich auch westliche Philosophen auf die Mystik bezogen (wie etwa Hegel oder Schelling), aber es war niemals
ihre Absicht, mystische Erfahrung anzuregen; vielmehr
ging es ihnen in ihrem Bezug auf Mystik wie in ihrem Bezug auf Kunst oder Wissenschaft nur darum, das mensch-

[15] Krishnamurti, S. 118

liche Selbst- und Weltverständnis aufzuklären, und zwar mit den Mitteln reiner Vernunft. Wenn es also in der Philosophie »mystisch« klingt, so handelt es sich gewöhnlich nicht um Mystik, sondern um ein Vernunftdenken, das seine eigenen Grenzen auslotet.

Im Gegensatz dazu ist etwa die indische Welt gänzlich durchdrungen von der Religion. Es hat sich in Indien niemals eine säkulare Philosophie herausgebildet, jedenfalls nicht mit dieser geschichtlichen Wirksamkeit wie im Westen. Die Inder nennen alles »Philosophie«, was sich in begrifflich-artikulierter Weise auf das Ganze bezieht. Sie würden also unseren Unterschied zwischen Philosophie und Theologie überhaupt nicht machen. Die Briefe des heiligen Paulus z. B. wären in ihrem Verständnis bereits »Philosophie«, weil Paulus seine mystische Christuserfahrung nicht nur in bezwingenden Bildern, sondern auch in Begriffen ausdrückt, die er der rabbinischen Tradition oder der hellenistischen Popularphilosophie entnommen hat. Wir aber würden diese Paulusbriefe niemals »Philosophie« nennen, denn Paulus geht von der religiösen Christuserfahrung aus und versucht uns diese Erfahrung, sei es mit Bildern, sei es mit Begriffen, zu vermitteln. Der Adressat dieser Erfahrung ist jedoch nicht die reine Vernunft, sondern der vertrauensvolle Glaube, d. h. die religiöse Überzeugung. Man hat Paulus, weil er als erster die Christuserfahrung begrifflich artikuliert hat, auch den »ersten Theologen« genannt.

Als der neohinduistische Mystiker Vivekananda in den USA mit der Bibel bekannt wurde, urteilte er über den Anfang des Alten Testaments (den Schöpfungsbericht), es handle sich hier um »tiefste Philosophie«. Der Hinduist kennt offenbar den Unterschied von Theologie, Philosophie und Offenbarung überhaupt nicht.

Weil der Unterschied zwischen Philosophie und Theologie im Osten nicht geläufig ist, kommt es bei Neomystikern und »New Age«-Anhängern zu charakteristischen Mißverständnissen. Sie pflegen nämlich westliche Philosophie unter einem Blickwinkel zu sehen, der dieser Philosophie ganz fremd ist. Ist man nämlich der Meinung, daß Wahrheit nur der intuitiven, mystischen Erfahrung zugänglich ist, daß sie sich also der Substanz nach dem Denken entzieht, so ist eine Unterscheidung wie die zwischen Philosophie und Theologie überhaupt hinfällig. Das Begriffliche ist dann das Uneigentliche, Vorläufige, und die schwierigen Begriffskonstruktionen abendländischer Philosophen erscheinen auf diesem Hintergrund als Verstiegenheiten und narzißtische Verliebtheit in den eigenen Intellekt, als typisch abendländisches Laster. Philosophische Begriffe können für den östlichen Mystiker nur den Sinn haben, spirituelle Erfahrung anzuregen. Sobald man jedoch über diese Erfahrung selber verfügt, wird die Philosophie sinnlos, sie ist also in letzter Konsequenz durch Mystik *ersetzbar.*

Prüft man mit dieser Grundeinstellung Dokumente der abendländischen Philosophie, so wird man mit den meisten Texten überhaupt nichts und mit einigen wenigen auch nur einiges wenige anfangen können. Es gibt z. B. bei Plato Berichte über Transzendenzerfahrungen, die jedoch eingebettet sind in umfangreiche Begriffsdialektik. Der Neomystiker östlicher Provenienz wird sich diese Begriffsdialektik ersparen und den platonischen Bericht über Transzendenzerfahrung mit den Berichten aus seiner eigenen Kultur vergleichen. Da er in seiner eigenen Tradition weit mehr und weit tiefsinnigere Berichte finden wird, wird er dazu neigen, die europäischen Philosophen für Anfänger in Sachen Mystik zu halten. Man lese etwa die Ausführungen von Paul Brunton zur abendländischen Philosophie. Brunton war nach einer Karriere als Journalist mehrere Jahre hindurch Schüler des neohinduistischen Guru Ramana Maharshi. Zurück in England, propagierte er seine Spiritualität in zahlreichen Büchern und auf Vortragsreisen. Dabei versuchte er, an westliche Erfahrungen anzuknüpfen, unter anderem auch an Plato. Seine Art, Plato zu interpretieren, zeigt aber deutlich, daß er dessen Philosophie lediglich für eine Vorstufe mystischer Schau hält, während er die immanente Begriffsdialektik vollständig ignoriert.[16] Überhaupt ist seine Einschätzung westlicher Philosophen die eines sich überlegen dünkenden Erleuchteten, der auf Kindergezänk herabblickt:

»Mit Ironie betrachteten wir, was in der philosophischen Diskussion eine feste Regel zu sein schien, daß je trivialer der Streitpunkt war, desto gewichtiger der Beweis geführt wurde; wir schnappten einiges von dem Kauderwelsch Spinozas, dem System des Anaxagoras, dem Werk Kants auf, aber wir fanden nie eine Philosophie, die mehr als die Ansicht eines Mannes oder einer Schule verkündet hätte.«[17] Der erleuchtete Yogi ist hingegen im Besitz einer »Philosophie der Wahrheit« und damit über die »verschiedenen Standpunkte« der »akademischen Philosophie« prinzipiell erhaben.[18] Dies ist in der Diskussion mit Neomystikern zu beachten: sie dünken sich überlegen in bezug auf die abendländische philosophische Tradition, haben aber niemals im Ernst den Anspruch westlicher Philosophie zur Kenntnis genommen. Sie lesen alles nur als mystisches Dokument. Auf diese Weise kommen Behauptungen wie die folgende zustande: »Die Hindus und die hebräischen Mystiker, Plato und Pythagoras, chinesische und christliche Moral-Philosophen – sie alle sprechen die gleiche Sprache und reden in den gleichen Tönen, wenn wir sie nur hören wollen.«[19]

Der bekannte Zen-Buddhist D. T. Suzuki hat Texte von Meister Eckhardt und Texte aus dem Zen-Buddhismus gegenübergestellt und auf die verblüffenden Parallelen zwi-

[16] Brunton (1), S. 129
[17] Brunton (2), S. 113
[18] Brunton (2), S. 108
[19] Brunton (1), S. 129

schen den beiden verwiesen.[20] Ein solcher Vergleich scheint mir sinnvoll, denn Meister Eckhardt war Mystiker, und seine Predigten waren nicht so sehr der Versuch, rein vernunftimmanent zu denken (wie die scholastischen Philosophen), sondern diese Predigten sollten Anstöße zur eigenen religiösen Erfahrung geben. Wenn man aber wahllos Texte von Heidegger, Hegel, Bloch, Aristoteles oder Nikolaus Cusanus zitiert, um in ihnen Reste mystischer Transzendenzerfahrung zu finden, so wird man erstens nicht sehr fündig werden und zweitens kaum darum herumkommen, diese Philosophen im Sinne Bruntons für eine Art Mystiker zweiter Klasse zu halten.

In der westlichen Kultur ging es niemals nur um die reine, transzendente Intuition. Neben der religiösen Erfahrung gab es immer auch die aufgeklärte Vernunft. Religion ohne Vernunft tendiert zu Fanatismus, Vernunft ohne Religion zu Pedanterie. Der reine Gedanke ist trocken, die bloße Religion zerfließt in alle Richtungen. Dieses Zerfließen ist ein Charakteristikum der jetzigen »New Age«-Mystik. Es täte not, dieses Zerfließende, Willkürliche durch die kühle, distanziert-philosophische Reflexion zu ordnen und zu kanalisieren. Aber die Neomystiker kommen erst gar nicht auf diesen Gedanken, weil sie den Anspruch westlicher Philosophie niemals zur Kenntnis genommen haben. Sie lesen diese Philosophie so selektiv wie alles andere auch und picken sich nur die Stellen heraus, die nach Mystik klingen. Der Rest interessiert nicht. Ich hörte einmal einen der wichtigsten Vertreter der deutschen »New Age«-Bewegung (mit charakteristischem Tremolo in der Stimme) den Grabspruch Kants zitieren, der zugleich der Abschluß der kantischen Ethik ist. Kant sagt dort: »Zwei Dinge erfüllen das Gemüt mit immer neuer und zunehmender Bewunderung und Ehrfurcht, je öfter und anhaltender sich das Nachdenken damit beschäftigt: der be-

---

[20] Suzuki, S. 13 ff

stirnte Himmel über mir und das moralische Gesetz in mir.«[21] Jener »New Age«-Vertreter glaubte hierin eine Bestätigung seiner mystischen Weltsicht sehen zu müssen, wonach das Allgeistige den Kosmos durchdringt. Davon war Kant freilich überzeugt. Nur war für ihn »das Geistige« lediglich der begriffsbildenden Vernunft zugänglich; gegen alle Arten von irrationaler Mystik aber war Kant äußerst allergisch, wie man in seiner Schrift »Träume eines Geistersehers« leicht nachlesen kann. Überhaupt widerspricht die kantische Erkenntnistheorie allem, was heute in der »New Age«-Bewegung gemacht wird. Die »New Age«-Anhänger picken eben aus der philosophischen Tradition nur wahllos heraus, was zufällig nach »Mystik« klingt, und stecken es sich als Feder an ihren bunten Hut.

So verstärkt ihr östlicher Philosophiebegriff die irrationalistische Tendenz, die die Wissenschaftsgläubigkeit schon von Hause aus an sich hat. Was hier ausfällt, ist die Selbstvergewisserung des Menschen als denkendes Wesen. Thomas von Aquin hat einmal (auf dem Höhepunkt des Mittelalters!) gesagt (und es wurde ihm von der Kirche nicht widersprochen!): Wenn ein Mensch durch aufrichtige Prüfung und verantwortliches Denken zum Schluß gekommen sei, daß das Christentum keine Wahrheit enthält, so *müsse* er zum Ketzer werden. Das »dunkle« Mittelalter war aufgeklärter als »New Age«: Es hatte Achtung vor der Autonomie der Vernunft.

[21] Kant KpV B 288

7. »New Age« und die Lücke in der Theologie

Einleitung

Es gibt im Alten Testament den herrlichen Psalm 104, der in meiner Bibelausgabe den Untertitel trägt: »Die Herrlichkeit der Schöpfung«.

In diesem Psalm ist die Rede von den »Zedern des Libanon«, den »Störchen«, die in ihren Wipfeln horsten, dem »Steinbock« oder auch »Klippdachs«, den schreienden »Löwen« und zuletzt noch von »Leviathan«, dem Meeresungeheuer.

»Leviathan« ist eine mythische Erfindung, aber auch die anderen Tiere oder Pflanzen, die in diesem Psalm vorkommen, werden bald nur noch wie alte Mythen sein: Die »Zedern des Libanon« sind bis auf wenige Reste abgeholzt, und die »Störche«, »Löwen« oder »Steinböcke« wurden fast alle ausgerottet. Was würde einem heutigen Psalmisten in den Sinn kommen, wenn er »die Herrlichkeit der Schöpfung« preisen wollte? Der Löwe im Zoo, der durch sein beengtes Revier neurotisch geworden ist, der Adler, der, in der Voliere eingesperrt, die Lebenslust verloren hat und nur noch apathisch herumhockt und Hackfleisch frißt? Die traurigen Reste von Natur, die in den Betonkübeln unserer Großstädte so künstlich aussehen, als wären sie aus Plastik gegossen? Gibt es überhaupt noch Natur? Es scheint fast, als ob Natur zum mythischen Restbestand einer Zivilisation geworden ist, die sich rein technologisch bestimmt und an Chromblitzendem mehr Gefallen hat als an Blühendem. »Geschichte ist Negation von Natur«[1], sagt lako-

---

[1] Marcuse, S. 247

nisch Herbert Marcuse und drückt damit eine Überzeugung aus, die nicht nur Grundkonsens in der »Frankfurter Schule« war, sondern irgendwie unser aller Naturverhältnis in seiner Problembeladenheit auf den Begriff bringt. Ist nämlich Geschichte »Negation von Natur«, so heißt dies, daß die Welt des Menschen, die ihrer Substanz nach geschichtlich ist, keine Verbindung mit dem hat, was uns als Natur umgibt oder was als Natur in uns hereinragt. Es würde weiter bedeuten, daß weder die Natur eine Vorgeschichte hat, die auf die menschliche Geschichte verweist, noch daß der Mensch naturale Bestimmungen als dauernden Rest mit sich herumträgt, z. B. jene Bestimmungen, die die Verhaltensforschung untersucht. Es kann also etwas an diesem abstrakten Gegensatz zwischen Mensch und Natur nicht stimmen.

De facto behandeln wir Natur, als wäre sie bloß die Negation der menschlichen Geschichte: Wir unterdrücken sie, wir beuten sie aus, wir gebrauchen sie als bloßes Mittel zu unseren Zwecken, wir ignorieren vollständig ihren Eigenwert, ja, wenn wir auf Zeichen einer »Autonomie von Natur« stoßen, erklären wir diese Zeichen augenblicklich zum »subjektiven« Schein, der angesichts der »objektiven« Wissenschaften oder angesichts unserer eigenen Autonomiebestrebungen keinerlei Bedeutung habe. So machen wir es auch mit der Eigenstruktur des »Stoffes«, der niemals nur »Stoff«, sondern immer auch »Gestalt« ist, wie Aristoteles richtig gesehen hat. So verhalten wir uns auch in bezug auf die deutlichen Zeichen eines immanenten Strebens, denen wir vor allem bei höheren Tieren begegnen. Auch dieses Streben, das in der aristotelischen Naturphilosophie ganz selbstverständlich enthalten war, wird von uns zum bloßen »Schein« erklärt – nicht, weil die Tiere kein eigenes Streben kennen würden, sondern weil unser wissenschaftlich-technologischer Zugriff in Rechtfertigungszwänge geriete, wenn wir anerkennen würden, daß schon die Schweine mehr sind als unsere zukünftigen

Schnitzel oder die Elefanten mehr als bloßes Rohmaterial für feinziselierte Schachfiguren.

Von alters her galt Naturschönheit als jene Sphäre, in der sich die »Autonomie von Natur« am deutlichsten ausprägt. Auch der Psalmist bezog sich auf diese Eigenschaft der Natur, um seinen Gott zu preisen.

In der ökologischen Diskussion um den Eigenwert der Natur fällt auf, daß selbst dieses deutliche Zeichen von Autonomie der Natur entzogen und dem Menschen gutgeschrieben wird. So spricht z. B. der Philosoph Dieter Birnbacher in bezug auf das Naturschöne von einer »ästhetischen Ressource«, als würde es sich um Erdölvorräte handeln.[2] Man müsse mit der »ästhetischen Ressource Natur« sorgsam umgehen, nicht etwa, weil die Natur einen Wert an sich verkörpere, sondern weil uns das Schöne in Wahrheit nützlich sei, so daß es in unserem eigenen Interesse liege, Schönheit um des bloßen Nutzens willen vor der Zerstörung zu bewahren. Wenn wir hingegen sicher sein könnten, daß die Menschheit das Jahr 2000 nicht überlebt, wären wir berechtigt, die Erde als Müllhalde zu hinterlassen.[3]

Diese geharnischte Form von Anthropozentrik ist die Folge einer Absolutsetzung des wissenschaftlich-technischen Naturbezugs: Läßt man nur noch diese einzige Perspektive gelten, so verschwindet der immanente Wert von Natur hinter unseren Objektivationen und technischen Manipulationen. Auch die leuchtende Schönheit der Welt berührt uns dann nicht mehr, oder aber wir siedeln sie in einem Bereich jenseits von Wissenschaft und Philosophie an wie der Ästhet Adorno, der das Naturschöne zwar gelten ließ, aber vollständig aus der Sphäre naturphilosophischen Denkens herausnahm. So wird ihm der Tempel der Natur leer, wie das Allerheiligste im Tempel zu Jerusalem.

[2] Birnbacher, S. 132/133
[3] Birnbacher, S. 132

In einem verwissenschaftlichten Zeitalter hat dies aber lediglich zur Folge, daß die Philosophie als Alternative nicht mehr ernstgenommen wird, da ihre Leere dem Außenstehenden soviel bedeutet wie Nichtexistenz.

Was aber wäre eine echte Alternative zu unserem rein zweckrationalen Naturverhältnis? Z.B. jene vermittelnde Ebene einer Naturphilosophie aristotelischer Struktur, die ipso facto Natur als Eigenwert und Eigentätigkeit begreifen würde. Doch eine solche Naturphilosophie würde eine Einschränkung des Erklärungsanspruchs der Naturwissenschaft bedeuten: Physik wäre nicht mehr alles.

Dies zuzugeben sind in der Regel weder die Physiker noch die Philosophen bereit. Daß die Physiker dazu nicht bereit sind, kann man ohne weiteres verstehen; es wäre gewissermaßen »geschäftsschädigend« für sie, einen ernstlichen Kontrahenten zuzulassen. Daß ihnen die Philosophen nach dem Munde reden, versteht man schon weniger; denn wenn der Philosoph nicht über eine eigene Perspektive auf Natur verfügt, warum sollte er sie dann in bezug auf Geschichte und Gesellschaft haben, wo er diese Sonderperspektive gewöhnlich für sich in Anspruch nimmt?

Ist Geschichte bloß die »Negation von Natur«, so haben wir die Welt entzweigeschnitten: Der Philosoph hat sich die Geschichte, der Naturwissenschaftler die Natur zu eigen gemacht. Aber diese Einteilung, so sinnvoll sie zunächst scheinen mag, ist doch in dieser Schärfe undurchführbar, sie hätte nämlich zur Konséquenz, daß wir der Natur keine Geschichte und dem geschichtlichen Menschen keinen Anteil an der Natur zusprechen können.

Hat aber auch die Natur ihre Geschichte, wer sollte sie dann darstellen? Der Naturwissenschaftler? Sicher nicht: Geschichtlichkeit ist keine naturwissenschaftliche Kategorie! Also der Philosoph? Offensichtlich! Aber wenn er Natur geschichtlich darstellt, dann betrachtet er sie aus einer Perspektive, die nicht die der Naturwissenschaften ist: Er hat damit den Totalerklärungsanspruch der Naturwissen-

schaften bereits bestritten. Es ist offensichtlich: Der faule
Friede zwischen Philosophen und Naturwissenschaftlern
beruht auf einer unhaltbaren, vorläufigen Zweiteilung der
Welt.

Nun ist es von Interesse zu sehen, daß die Theologen diese
Zweiteilung in aller Regel übernehmen. Tun sie dies, so
haben sie Anteil an der Schizophrenie akademischer Philosophie, die sich zugleich aus der verwissenschaftlichten
Welt heraushält und doch mit Haut und Haaren in sie ver-
strickt ist. Insbesondere die Schöpfungstheologie ist in diesem Fall gezwungen, sich in einem Bereich jenseits der realen Welt anzusiedeln. Sie ist dann z. B. genötigt zu behaupten, das Schöpferwirken Gottes habe mit innerweltlicher
Kausalität nichts zu tun, Gott sei der »ganz Andere«, sein
Wirken könne uns in keiner Weise einsichtig gemacht
werden. Es entsteht dann jene Dichotomie, die jedem
Christen sattsam bekannt ist, daß nämlich im Sonntagsgot-
tesdienst das Credo fromm gebetet, am Montag aber im La-
bor nüchtern geforscht wird und daß diese beiden Welten
von Glaube und Wissen nichts mehr verbindet. Das Glau-
bensbekenntnis redet jetzt nur noch pro forma von einem
»Schöpfer des Himmels und der Erden«, denn alles, was
wir von der Welt wissen, hat mit diesem »Schöpfer« nichts
mehr zu tun. Man kann dann auch nicht mehr sehen, wie
jene Atome, die wir am Montag erforschen, dieselben sein
sollten, die der Schöpfer laut Credo am Sonntag erschaffen
hat.

Die meisten neueren Schöpfungstheologien enthalten ein
Kapitel über das Verhältnis von »Schöpfung und Evolution«. Unter diesem Stichwort wird gewöhnlich das Verhältnis von »Naturwissenschaft und Glaube« abgehandelt,
so z. B. in den Schöpfungstheologien von Ganoczy und
Scheffczyk.[4] In diesen Schöpfungstheologien findet sich
aber kein Wort über das Verhältnis von physikalischer

[4] Ganoczy, S. 143 ff; Scheffcyk, S. 36 ff

Weltkonstruktion zu religiöser Weltinterpretation. Das Verhältnis von nomoligischem zu geschichtlichem Denken wird überhaupt nicht reflektiert und als drängendes Problem gesehen! Jene Schöpfungstheologien, die sich wie diejenige Moltmanns auf die Physik beziehen, beziehen sich in Wahrheit gerade *nicht* auf die Physik, sondern auf popularphilosophische Extrapolationen aus dieser Wissenschaft. So beruft sich Moltmann auf von Weizsäckers »Geschichte der Natur«[5], auf Prigogines »Vom Sein zum Werden«[6] oder gar auf Capras »Tao der Physik«.[7] Das heißt, die Verlegenheit der Theologen in bezug auf das mathematisch-gesetzliche Denken ist groß: entweder wird dieses Denken überhaupt nicht zur Kenntnis genommen, obwohl es doch unsere Epoche geprägt hat wie nichts anderes, oder aber der Graben zwischen nomologischem und geschichtlichem Denken wird durch pseudophilosophische Extrapolationen überbrückt, die die Theologen einfach von Capra, Prigogine oder von Weizsäcker übernehmen.

Auch von seiten christlich-gläubiger Naturwissenschaftler scheint der Brückenschlag zwischen Physik und Theologie nicht überzeugend zu gelingen. Siegfried Müller-Markus z. B., der sich bemüht, eine »physikalische Theologie«[8] zu entwickeln (was immer das sein möge), springt unreflektiert von der Motivationsebene des Wissenschaftlers in die Objektebene, was man ohnehin bei vielen Publikationen über das Verhältnis von Physik und Theologie beobachten kann: Die Einheit von Glaube und Wissenschaft wird zunächst auf der Ebene des handelnden, Physik treibenden Subjektes gesucht (dort ist sie leichter zu finden). Dann aber springt man plötzlich in die Ebene der nomologischen Erklärungsmodelle über, weil Physik eben nicht nur aus den Motiven Physik treibender Subjekte besteht, sondern

---

[5] Moltmann, S. 46; 206f
[6] Moltmann, S. 209
[7] Moltmann, S. 26
[8] Müller-Markus, S. 36

auch aus inhaltlichen Theorien und Modellen. Für Müller-Markus gibt es nur einen »einzigen Ausweg«, um die Spannung zwischen Theologie und Physik zu überbrücken; nach ihm bleibt lediglich: »der schmale Pfad einer Theologie, die Gott in der Natur aufweist, indem sie den die Natur erkennenden Menschen zur Spur Gottes macht.«[9] Dann aber verläßt er einige Seiten später plötzlich seinen »schmalen Pfad« und fragt nach dem Verhältnis der Realität Gottes zu einem ganz konkreten inhaltlichen Problem, nämlich der Fusion von Wasserstoffatomen zu Helium, und stellt sich die absurde Frage: »Wie sollte Gott die Bedingung dieses Fusionsprozesses sein?«[10]

Die Theologie langt nicht bei der Physik an, weil sie ihre Härte und Herausforderung noch nicht zur Kenntnis genommen hat; den christlich gläubigen Physikern andererseits fehlen oft die philosophischen Mittel, um den Graben sinnvoll zu überbrücken. Jenes Problem, das durch »New Age« ideologisch abgehandelt wird, nämlich die Deutung inhaltlicher Modellvorstellungen der Physik vom Standpunkt einer religiösen Weltsicht aus, dieses Problem fällt in der kirchlichen Religiosität entweder ganz aus oder es wird fundamentalistischen Randgruppen überlassen. Der Berliner Physiker Werner Schaafs z.B. findet die christliche Dreifaltigkeit von Vater, Sohn und Heiligem Geist wieder in der physikalischen Trias »Energie, Welle, Korpuskel ... So wie Gott in Jesus wirkt, so wirkt Gott auch im Heiligen Geist. Das Analogon ist, daß in allen Lichtwellen Energie wirkt.«[11] Derselbe Autor erklärt auch die biblischen Wunder – die er wortwörtlich versteht – aufgrund rein physikalischer Ursachen, z.B. den Durchzug durch das Rote Meer durch ein glückhaftes Zusammenwirken von Wind, Sonneneinstrahlung usw. Autoren von die-

[9] Müller-Markus, S. 53
[10] Müller-Markus, S. 60
[11] Schaafs, S. 96

sem Niveau wird im Christentum ein Problembereich überlassen, der zu den drängendsten zählt, die es überhaupt gibt. Schaafs sagt völlig zu Recht: »Theologische Wahrheit und physikalische Wirklichkeit sprechen denselben Menschen an, so daß er beides miteinander in seinem Herzen und Denken bewegen muß.«[12] Aber man kann bezweifeln, ob die Einheit von Physik und Theologie aufgrund fundamentalistischer Positionen sinnvoll hergestellt werden kann. Im übrigen fehlt diesen Fundamentalisten jeglicher Humor und die gewisse schlafwandlerische, intuitive Sicherheit, die in Fritjof Capras verwegenen Symbolen immer noch drinsteckt. Was soll es denn heißen, wenn Schaafs die christliche Trinität in »Energie, Welle und Korpuskel« wiederfindet? Welle und Korpuskel sind komplementäre Erscheinungen so wie Energie und Materie oder Energie und Zeit. In der Physik finden sich meist nur *zwei* gegensätzliche Begriffe, die aufeinander bezogen sind; dreifache Entsprechungen kommen hier selten vor. Bei Schaafs stimmt also noch nicht einmal die elementare Logik des verwendeten Symbols, kein Wunder, daß es nicht zündet wie Capras »Tao der Physik«, das wenigstens die Intuition, wenn auch nicht den Verstand anspricht.

Wie fremd sich Naturwissenschaft und Theologie geworden sind, ist z. B. auch ersichtlich an Alfons Auers (ansonsten sehr lesenswerter) »Umweltethik«. Auer bestimmt den »theologischen Ort von Wissenschaft, Technik, Wirtschaft und Kultur« folgendermaßen: »Der Mensch ist befähigt und verpflichtet, die Anfangsgestalt der Welt jener Vollendungsgestalt entgegenzuführen, die ihr als Möglichkeit eingestiftet ist.«[13]

Nun ist es aber doch so, daß Naturwissenschaft und Technik gerade auf einer Ausblendung teleologischer Momente in der Natur beruhen. Für sie gibt es keine »Vollendungs-

[12] Schaafs, S. 106
[13] Auer, S. 287

214

gestalt«, die der Welt »als Möglichkeit eingestiftet ist«. Das heißt, der »Ort«, den die Theologie der Naturwissenschaft zuweist, existiert überhaupt nicht. Dieser »Ort« müßte erst geschaffen werden, und zwar durch eigenständige philosophische Reflexion auf die Stellung naturwissenschaftlicher Modelle im Gesamt unserer Weltbezüge.

Bereits im Vorfeld der Theologie also, wo es erst um philosophische Einordnung des wissenschaftlichen Tuns geht, wo also die Frage nach eigentlich religiöser Interpretation sich noch gar nicht stellt, ist das prinzipielle Mißverständnis zwischen Physik und Theologie schon so fundamental, daß ein Gespräch über eigentlich religiöse Deutungen überhaupt nicht mehr möglich ist.

Es sind diese Defizite der Theologie, in die »New Age« vorstößt. Bei Capra und Bohm gibt es keine Dichotomie zwischen dem Glauben an den Schöpfer und den Objekten der wissenschaftlichen Forschung. Was der Mystiker von der einen Seite sieht, sieht der Wissenschaftler von der anderen Seite, und im Glücksfall ist es ein und dieselbe Person, die diese Identität verwirklicht, und zwar an ein und demselben Objekt.

Nur sehr wenige Theologen legen sich Rechenschaft über das drängende Problem einer Vermittlung von physikalischer und religiöser Weltsicht ab. Ich hatte im dritten Kapitel Wolfhart Pannenberg und seine Untersuchung über »Kontingenz und Naturgesetz« genannt. Außerordentlich klar hat auch schon vor Jahrzehnten Paul Tillich auf diese Lücke in der Theologie hingewiesen. Er hielt erstens eine Vermittlung von Glaube und Wissenschaft durch Philosophie für unabdingbar und forderte zweitens, daß diese Vermittlung durch Reflexion auf die wissenschaftlichen Ergebnisse vom Selbstverständnis des Menschen aus zustande kommen sollte, also gerade so, wie in diesem Buch eine vermittelnde Ebene zwischen Theologie und Physik gefordert wurde. Prinzip dieser Vermittlung ist nach Tillich: »Die Handlungen des Menschen erstrecken sich hinein in die Natur, und die Natur erstreckt sich hinein in den Menschen.«[14] Ist dies wahr und trennt die Naturwissenschaft andererseits den Menschen als Subjekt von der Natur als seinen Objekten ab, so muß dieser Graben post festum durch eine spekulative Naturphilosophie überbrückt werden. Es gibt folglich, sagt Tillich, »Analogien zur Freiheit in allen Teilen des Universums. Von den atomaren Strukturen bis hin zu den höchsten Tieren.«[15] Erst diese philosophisch *gedeutete* Natur ist dann in einem zweiten Schritt mit theologischen Inhalten zu verbinden. An dieser Stelle diagnostizierte Tillich aber schon vor mehreren Jahrzehnten eine Lücke, die heute noch nicht ausgefüllt werden konnte: »Die religiöse Bedeutung des Anorganischen ist unermeßlich, obwohl die Theologie es bisher noch kaum beachtet hat ... Eine ›Theologie des Anorganischen‹ fehlt bis zum heutigen Tag.«[16]

Was Tillich vor Jahrzehnten beklagte, das Fehlen einer »Theologie des Anorganischen«, ist auch heute noch zu beklagen, wobei die neueren Theologen noch nicht einmal das Problembewußtsein Tillichs haben, wie an zwei Fällen weiter unten zu zeigen ist.

Tillich war durch die Schule des deutschen Idealismus hindurchgegangen. Er hatte dort die Denkfigur einer Vermittlung von menschlichem Selbstverständnis und verwissenschaftlichter Weltdeutung kennengelernt und sofort gesehen, daß an einer solchen Vermittlung vorbei Schöpfungstheologie heute nicht mehr betrieben werden kann. Die im folgenden exemplarisch vorgestellten Theologen Stephan N. Bosshard und Claus Westermann hingegen versuchen, Naturwissenschaft und Glaube *ohne* diese philosophische Vermittlung in eine direkte Beziehung zu setzen, und lassen damit genau jene Lücke offen, in die »New Age« mit seinen Extrapolationen einströmt.

[14] Tillich II, S. 51
[15] Tillich II, S. 50
[16] Tillich III, S. 29

216

Als exemplarisches Beispiel aus dem Bereich katholischer Theologie wählen wir Stefan N. Bosshard, der jüngst ein Buch veröffentlicht hat mit dem bezeichnenden Titel: »Erschafft die Natur sich selbst?« Es geht in diesem Buch hauptsächlich um die »Synergetik«, um jene Bereiche also, die Prigogine und Haken als erste erforscht haben.

Wie wir im dritten Kapitel aufgezeigt haben, extrapolieren Haken und Prigogine aus ihren wissenschaftlichen Theorien eine wenig tragfähige Metaphysik. Diese Metaphysik erweckt den Anschein, als sei es bewiesen, daß die Welt ein organisches Ganzes ist, das aus eigener Wirkkraft schöpferische Gestalten hervortreibt, wie ein mit Innerlichkeit begabtes Lebewesen. Diese Extrapolationen machen es dann den »New Age«-Autoren leicht, die bereits metaphysisch aufgeladene Natur der »Synergetiker« pantheistisch zu mißdeuten und so zu tun, als lasse sich nicht nur eine Naturmetaphysik rein physikalisch beweisen, sondern als sei es sogar möglich, Gott bereits in den quantenphysikalischen Prozessen zu lokalisieren.

Die Pointe bei Bosshard ist nun, daß er keine eigenständige Naturphilosophie anerkennt; die vermittelnde Ebene, die wir immer wieder gefordert haben, fällt bei ihm aus, so daß er keine Möglichkeiten hat, Grenzüberschreitungen der Naturwissenschaft zu kritisieren. Wie die meisten Philosophen resigniert auch der Theologe vor den überzogenen Ansprüchen der Naturwissenschaft. Was dann bleibt, ist ein bloßes Versichern, daß Gott existiert und daß er der Schöpfer der Welt ist. Im letzten Winkel der Seele bleibt ein »theistischer Restbestand«, der aber völlig kraft- und wirkungslos ist, weil er niemals auf die Ebene des Konkreten herabkommt.

An sich eröffnet Bosshard in seinem Werk jene drei Perspektiven, die auch wir unterschieden haben. Es heißt im Untertitel: »Die Selbstorganisation von Natur und Mensch aus naturwissenschaftlicher, philosophischer und theologischer Sicht.« Im zweiten, dem philosophischen Teil, wird jedoch keine wirklich neue Perspektive eröffnet. Statt dessen bemüht sich Bosshard, wie er sagt, »möglichst nahe am naturwissenschaftlichen Ursprung der Probleme zu bleiben, um auf diese Weise den Erklärungswert einer philosophischen Theorie unmittelbar überprüfen zu können.«[17] Man sieht sofort, daß auf diese Weise die Ebene philosophischer Reflexion verfehlt werden *muß*. Es gibt nämlich keine »unmittelbare Überprüfbarkeit« philosophischer Theorien. Philosophische Theorien sind in der Regel von so hohem Allgemeinheitsgrad, daß sie empirisch nicht direkt getestet werden können. Sie können aber indirekt überprüft werden, etwa in bezug auf logische Stringenz; außerdem kann man ihre Verträglichkeit mit allgemein anerkannten Überzeugungen untersuchen. All dies sind jedoch Kriterien, die sich aufs *Denken* beziehen, nicht aufs Experiment.

Wie wollte man auch z.B. jene »Ganzheit« »unmittelbar« überprüfen, die manche Physiker wie Capra oder Bohm schon für die Quantenphysik behaupten? »Ganzheit« ist kein physikalischer Begriff; er läßt sich also empirisch nicht direkt testen. Es bleibt also nur die Möglichkeit (von der wir oben Gebrauch gemacht haben), die Inhalte des philosophischen und des physikalischen Ganzheitsbegriffs zu vergleichen: Was »psychophysische Ganzheit« ist, glauben wir zu wissen; desgleichen, wenn wir vom menschlichen Selbstbewußtsein als einer »Ganzheit« reden. Diesen allgemein akzeptierten Ganzheitsbegriff vergleichen wir dann mit dem Ganzheitsbegriff der Physik und stellen fest, daß der physikalische Begriff viel inhaltsärmer ist, so daß wir nicht befugt sind, diese beiden Formen von Ganzheit zu identifizieren.

Dies ist ein rein *logisches* Verfahren. Wie man jedoch auf

---

[17] Bosshard, S. 80

dieser Ebene empirische Tests durchführen sollte, ist nicht leicht zu sehen. Wenn nun Bosshard glaubt, auch philosophische Begriffe »unmittelbar überprüfen« zu können, so deshalb, weil er die philosophische Perspektive erst gar nicht im Blick hat. Was er als »Philosophie« bezeichnet, sind einfach nur die allgemeinsten wissenschaftlichen Theoreme. Diese müssen in der Tat empirisch testbar sein, aber auf diese Weise wird keine neue Perspektive eröffnet.

Konsequenterweise lehnt Bosshard alles, was wir hier an »aristotelischen« Qualitäten der Natur behauptet hatten, ab. Alle Subjektanalogien, alles Deuten der Natur als eines möglichen Sinnzusammenhangs fällt konsequenterweise aus. Er bekämpft Teilhard de Chardin ebenso wie alle Formen von Naturteleologie.[18] Die Folge ist, daß er keine Mittel mehr in der Hand hat, die naturphilosophischen Extrapolationen der Physiker zu erkennen. Er unterschreibt z. B. die völlig unhaltbare Behauptung Prigogines, es gebe in der Physik eine Pluralität von Perspektiven und Sprachen, oder die ebenso unhaltbare Behauptung, die Natur der synergetischen Modelle sei bereits »ganzheitlich«.[19] Ebenso teilt er die Meinung Carl-Friedrich von Weizsäckers, der aristotelische Begriff der »Form« sei mit dem Begriff der »Information« identisch.[20] »Form« bei Aristoteles ist jedoch das Prinzip der Zweckeinheit eines Seienden, sein teleologischer Ganzheitscharakter. »Information« ist dagegen eine rein mathematisch definierbare und quantifizierbare Rechengröße, die eng mit dem Begriff der »Wahrscheinlichkeit« zusammenhängt. Von philosophischer Seite wurde aus diesem Grund von Weizsäckers Identifikation der Begriffe »Form« und »Information« heftig und mit Recht kritisiert.

Weil aber Bosshard seine »Philosophie« aus der Physik selber bezieht und weil er keinen eigenen philosophischen

[18] Bosshard, S. 134; 197
[19] Bosshard, S. 89
[20] Bosshard, S. 127

Standpunkt einnimmt, kann er die Extrapolationen der Physiker nicht als solche wahrnehmen: Die Theologie resigniert vor der versteckten Metaphysik der Naturwissenschaft. Weil aber die Physik Natur lediglich unter quantitativer Rücksicht anerkennt und weil sie alle »hermeneutischen« Gehalte ausgeblendet hat, fallen sie bei Bosshard aus der Philosophie heraus und flüchten sich in die Theologie. Nach ihm gilt: Erst die Theologie »öffnet die sprachliche Verschlossenheit der Natur«[21].

Ist dies zutreffend, dann gibt es kein Lesen mehr im »Buche der Natur«. Die Sprachlosigkeit, die durch die Verwissenschaftlichung erzeugt wurde, wird von der Theologie abgesegnet. Um das »Buch der Offenbarung« zu retten, gibt sie das »Buch der Natur« preis. Es ist damit wie mit jenen »politischen« Theologen, die auf sozialethischem Gebiet en bloc den Marxismus übernehmen, in ihrem Herzen aber einen Herrgottswinkel für Jesus und die Gefühle freilassen. Doch wer Marxist ist, muß es ganz sein, und wer immer noch Christ bleiben will, muß die marxistische Ethik substantiell verändern. So kann der Theologe nur Theologe bleiben, wenn er den wissenschaftlichen Positivismus philosophisch begrenzt. Wenn nicht bereits die alltagsweltliche Natur eine hermeneutische Struktur hat, wenn nicht bereits die Natur, die uns alle Tage umgibt, Sinngehalte in sich birgt, dann ist es auch nicht mehr möglich, sie post festum theologisch aufzuladen. Wenn erst die Theologie die »sprachliche Verschlossenheit der Natur« eröffnet, so wird es niemand geben können, der ihr jemals eine Frage stellt.

Als Einstein so berühmt war, daß es sich sogar in der Kirche herumgesprochen hatte, ließen manche Pfarrer in ihre Kirchentüren die Formel $E = mc^2$ eingravieren. Damit glaubten sie, zugleich dem wissenschaftlichen Fortschritt und ihrem eigenen Anliegen gedient zu haben. Inzwischen

---

[21] Bosshard, S. 149

werden keine Formeln mehr in Kirchentüren eingraviert. Der Brauch, wissenschaftliche Ergebnisse als solche zu taufen, hat sich nicht bewährt.

Auch Capra, der die Formel E = mc² mystisch deutet, ist gezwungen, unter der Hand eine philosophische Interpretation einzuschieben, bevor er in dieser Formel den Tanz Shivas erkennen kann. Er muß zuvor E als Dynamik und m als Statik des Universums interpretieren. Auch ihm öffnet also nicht erst die Theologie »die sprachliche Verschlossenheit der Natur«. Theologie kann sich eben niemals direkt auf physikalische Ergebnisse beziehen, wenn diese nicht bereits im Lichte des menschlichen Selbstverständnisses gedeutet wurden, d. h., die philosophische Perspektive ist unverzichtbar.

Eine Theologie, die nicht den Mut hat, sich philosophisch mit der Wissenschaft auseinanderzusetzen, hat nicht nur die Natur, sie hat auch ihre eigene Seele verkauft, denn diese Seele existiert nicht außerhalb der Natur (solange wir keine Engel sind). Die Natur der modernen Physik auf der anderen Seite ist seelenlos. Noch die »Physik« des Aristoteles kannte eine allgemeine Beseeltheit der Natur in verschiedenem Grade bis hin zum Menschen. Lehnt man solche naturphilosophischen Spekulationen ab und anerkennt nur noch die moderne mathematisierte und quantifizierte Weltkonstruktion, so wird die Physik zur Widerlegung der Seele, auch der menschlichen Seele. Eine »christliche Innerlichkeit« hat dann keinen Ort mehr, sie ist anachronistisch geworden, so anachronistisch wie den echten Marxisten der »theistische Restbestand« linker Theologen vorkommen muß.

Der Apostel Paulus behauptet im Römerbrief, daß Gott auch den Heiden erkennbar sei, nicht nur den Juden, denen er sich offenbarte.[22] Die katholische Theologie hat daraus die Lehre von der natürlichen Erkennbarkeit Gottes

---

[22] Röm. 1, 19

abgeleitet, gemäß dem Grundsatz: »gratia natura supponit et perficit«, d. h. die Gnade setzt die Natur voraus und schwebt nicht voraussetzungslos vom Himmel in den Menschen hinein. Vor seiner Begnadigung erfährt also der religiöse Mensch bereits einen Vorgeschmack der Erfüllung durch die ihn umgebende und ihn durchwirkende Natur. Natur ist so, christlich gesehen, niemals Endzweck oder Endziel. Natur ist immer nur Symbol einer Erfüllung, die Natur selbst nicht gewähren kann. Daher die unendliche Sehnsucht, die Natur in uns erweckt, deren Erfüllung sie uns jedoch dauernd schuldig bleibt.

Welche Natur ist es, die von der Gnade vorausgesetzt wird? Sicher nicht die Natur der Naturwissenschaft: Eine Formel oder eine Maschine läßt sich nicht begnadigen. Die von der Gnade vorausgesetzte Natur ist eine solche, in der Gott schon präsent ist, wenn auch auf versteckte Weise. Im Mittelalter begründete der Aristotelismus den Zusammenhang zwischen Offenbarung und empirischer Welterfahrung als ein »Lesen im Buch der Natur«. Jede katholische Theologie, die sich selber ernst nimmt, müsste ein Pendant zu dieser aristotelischen Interpretationsebene vorweisen können. Teilhard de Chardin hat zu diesem Zweck eine Naturphilosophie entwickelt, die ihrer Struktur nach dem Aristotelismus des Mittelalters entspricht, wenn sie auch auf den ersten Blick ganz anders aussieht.

Bei Bosshard gibt es kein Pendant zur mittelalterlichen Naturphilosophie: Er setzt seine Theologie direkt auf die Naturwissenschaft. Aber dann hängt seine Theologie in der Luft; sie erhält gezwungenermaßen den Charakter nachträglicher Versicherungen. In diesem Fall enthält nämlich die Bibel keine Antworten mehr auf Fragen, die uns die Natur vorgibt, sondern die Offenbarung enthält Antworten auf Fragen, die niemand gestellt hat. Die Bibel gerät auf diese Art in dasselbe Licht, in dem die Ungläubigen heute zumeist die Pfarrer oder Priester sehen: Diese haben die Lösung des Lebensrätsels komplett in der Tasche;

schade nur, daß sie nirgends einen Menschen finden können, der sie danach fragt.

Die *Möglichkeit* von Sinn, die die philosophisch interpretierten Gesetze der Physik eröffnen, erfahren bei Bosshard nicht ihre Erfüllung im religiösen Akt, sondern die in sich verschlossene, positivistisch gedeutete Natur steht einer religiösen Welt fremd gegenüber, mit der sie sich nirgends organisch verbinden läßt. Gerade jene Ebene, auf der sich Theologie und Physik überschneiden, fällt aus und somit auch die Möglichkeit, mit »New Age« ins Gespräch zu kommen, denn »New Age« beruht ganz auf der Möglichkeit solcher Überschneidungen. Dann aber wundert es nicht, wenn die »New Age«-Anhänger die Kirchen für überholt erachten. Von ihrem Standpunkt aus haben sie durchaus recht.

Bosshard ersetzt die vermittelnde Ebene philosophischer Reflexion durch die allgemeinsten Theoreme der Naturwissenschaft. Damit vollzieht er jenen Übergang, den die Wissenschaftstheoretiker gefordert haben. Diese anerkennen im allgemeinen keine besondere philosophische Perspektive. Philosophie ist für sie nur noch die allgemeine Zusammenfassung wissenschaftlicher Ergebnisse. Doch dieser Philosophiebegriff ist zu eng. Er gibt noch nicht einmal Mittel an die Hand, um über das Verhältnis des wissenschaftlich tätigen Menschen zu den wissenschaftlichen Objekten und Theorien nachzudenken. Der Mensch selbst ist wissenschaftlich nicht voll objektivierbar, er geht nicht auf in den Formeln, die er geschaffen hat. Dann ist aber auch sein eigenes Verhältnis zu diesen Formeln nicht vollständig objektivierbar. Es ist aber gerade dieses Verhältnis, was den Inhalt wirklicher Naturphilosophie ausmacht. Sie wird deshalb niemals mit Physik, auch nicht mit deren allgemeinsten Theoremen identisch sein. Denn selbst wenn die Physik alle Gesetze der Welt erforscht hätte und selbst wenn es ihr gelungen wäre, diese Gesetze in einer umfassenden Theorie zu vereinen, selbst dann würde sich immer noch die Frage stellen: Wie verhalten wir uns *als Menschen* zu dieser von der Theorie beschriebenen Welt? Die Gesetze der Physik geben uns Rahmenbedingungen vor, sie sind die Spielregeln des Kosmos; über den Inhalt des Spiels ist damit noch nichts entschieden. Der prinzipielle Fehler der Physikalisten ist ihre Identifikation des Inhalts naturwissenschaftlicher Modelle mit dem Sein schlechthin. Sobald man sich für diese Identifikation entschieden hat, wird die Frage nach einer Stellung des Menschen im Kosmos zum unlösbaren Problem, denn der restringierte Seinsbezug wissenschaftlicher Modelle läßt keinen Raum mehr für den Menschen: Entweder wird er physikalistisch wegerklärt oder zur unverständlichen Ausnahme in einer gesetzlich bestimmten Welt.

Es ist traurig zu sehen, wie die Theologen dem verengten Philosophiebegriff der Wissenschaftstheoretiker nachgeben. Es ist aber doppelt traurig zu sehen, daß sie damit die sublime Hinordnung von Offenbarung auf Natur zerstören, die durch Jahrhunderte hindurch gute katholische Tradition gewesen ist. Wir hatten immer wieder gesehen: Glaube kann sich nie direkt auf Formeln oder mathematische Theoreme beziehen. Religiöses Denken braucht die Reichhaltigkeit anthropologischer Kategorien. Folglich gibt es keinen direkten Übergang von physikalischen zu religiösen Vorstellungen. Wenn nun Bosshard die Naturphilosophie aus der anthropologischen Verankerung herausreißt und mit den allgemeinsten Theoremen der Physik identifiziert, so hat er jene Hinordnung von Natur auf Gnade zerstört, die allein eine Synthese von Physik und Theologie möglich machen würde.

In dieser Hinsicht sind evangelische Theologen grundsätzlich anders zu beurteilen. Evangelische Theologie ist traditionell antimetaphysisch; schon Luther sprach von der »Hure Vernunft«. In aller Regel (wovon es Ausnahmen gibt) bringt evangelische Theologie das philosophische Vernunftdenken, Begriffe wie »natürliche Theologie«, »Na-

turphilosophie« usw. gern in die Nähe von Begriffen wie
»Selbstrechtfertigung«, »Pantheismus«, »Heidentum« usw.;
die sogenannten »Gottesbeweise« werden in der Regel als
die Hybris eines Menschen angesehen, der nicht an Gott
glauben will, sondern sich das Dunkel des Glaubens durch
die Klarheit des Denkens ersparen möchte.
Daher wäre es ungerecht, einen evangelischen Theologen
mit demselben Maß zu messen wie einen katholischen.
Wenn in den folgenden Ausführungen ein evangelischer
Theologe wiederum exemplarisch vorgestellt wird, so
macht es also keinen Sinn, den Mangel an naturphilosophischen Reflexionen einzuklagen. Trotzdem sei auf Defizite aufmerksam gemacht, die in dieser protestantischen
Form des Naturbezugs liegen, denn auch hier bleiben
weite Bereiche offen, die dann von »New Age« ideologisch
besetzt werden.

Evangelische Theologie: Claus Westermann

Claus Westermann, der bekannte evangelische Exeget,
schrieb 1971 ein Buch über die Schöpfungsgeschichte. Es
wurde jetzt neu aufgelegt, offenbar im Rahmen der ökologischen Bewegung, die auch der biblischen Schöpfungslehre wieder eine Chance gibt, sich öffentlich einzubrin-
gen. Der Untertitel des genannten Werkes lautet: »Wie
Naturwissenschaft fragt – was uns die Bibel antwortet«.
Die biblische Offenbarung als Antwort auf die Fragen der
Naturwissenschaft? Ist das möglich? Hatten wir nicht gesehen, daß die Naturwissenschaft Sinnperspektiven ausblendet und daß sie gerade dieser Ausblendung ihre Exaktheit
verdankt? Wenn aber Naturwissenschaft sich erst gar nicht
auf der Ebene von Sinnerschließung und Sinnverbergung
bewegt, dann stellt sie auch keine Fragen, die von der Bibel
beantwortet werden könnten. Wie wir gesehen haben,
rückt erst die hermeneutische Interpretation naturwissen-

schaftlicher Theorien die Wissenschaft in ein Licht, in dem die Frage nach Sinn und Zweck vernünftig gestellt werden kann. Von sich aus konstruiert Naturwissenschaft die Welt in wertfreier Neutralität. Erst wenn wir in einem zweiten Anlauf diese Neutralität durch unser praktisches Interesse durchbrochen haben, erst wenn wir von unseren Handlungsperspektiven auf die Ergebnisse der Naturwissenschaft zurückblicken, färbt sich uns das Bild, das die Wissenschaft im Umriß gezeichnet hat, mit den Farben unserer Wertungen ein; erst jetzt gewinnt die Welt für uns an Relief und Bedeutung, erst jetzt kann die Bibel als Antwort auf unsere Fragen in Frage kommen. Vorher fragten wir nicht, wir rechneten.

Wie überspringt Westermann die Kluft zwischen rechnen und fragen? Dadurch, daß er die Wissenschaft unter der Hand aus ihrer Neutralität herausnimmt und sie wiederum unter der Hand mit Philosophie anreichert.

Wir hatten mehrfach gesehen, daß dieses Unter-der-Hand-Philosophieren die gängige Weise ist, wie in einem antimetaphysischen Zeitalter die philosophischen Probleme der Physik übersprungen (nicht gelöst) werden.

Bei Capra und Bohm war es häufig die Doppeldeutigkeit des Ganzheitsbegriffs, die als Brücke zwischen Physik und Theologie dienen mußte. So auch bei Westermann. Die »mathematisch-naturwissenschaftliche Methode« eröffnet uns nach ihm »den Zugang zum Ganzen«[23], ja diese Methode verfügt nach Westermann sogar über einen »empirischen Zugang zum Ganzen«; »aber«, fügt er hinzu, »kein gewissenhafter Naturwissenschaftler kann sagen, daß er etwas vom Ganzen weiß oder den Zugang zu ihm kenne.« In dieser Situation wachse »dem Reden von der Schöpfung zwangsläufig wieder eine Bedeutung zu«, denn in der Schöpfungserzählung lägen »noch Theologie, Wissen und Glauben ungeschieden ineinander«, weil nämlich die

[23] Westermann, S. 59

226

Schöpfungserzählungen »noch jenseits dieser Scheidungen entstanden« seien.[24]

In Wahrheit ist der Naturwissenschaft ein »Zugang zum Ganzen« grundsätzlich verwehrt, denn sie kann immer nur bestimmte Aspekte von Realität untersuchen. Insbesondere existiert kein »empirischer Zugang zum Ganzen« (wie Westermann behauptet). »Das Ganze« ist, mit Kant zu reden, »Idee«, »Totalität« und nicht etwa Objekt wissenschaftlicher Forschung und ihrer begrenzten Kategorien. Also ist es auch wenig erstaunlich, wenn uns »kein gewissenhafter Naturwissenschaftler« sagen kann, »daß er etwas vom Ganzen weiß oder den Zugang zu ihm kenne«. Er kann davon selbstverständlich nichts wissen, weil er prinzipiell keine Mittel in der Hand hat, um sich auf das Ganze zu beziehen.

Dann ist aber auch die Bibel, die sich wirklich auf das Ganze bezieht, keine Antwort auf die Fragen der Naturwissenschaft, sondern die beiden Welten stehen beziehungslos nebeneinander. Die Beziehung wurde ja auch bei Westermann nur notdürftig durch jenen »Ganzheitsbegriff« hergestellt, der in der heutigen Diskussion wie eine Spielmarke verwendet wird, die für alles stehen kann. Nachdem einige Physiker damit anfingen zu behaupten, sie hätten die »Ganzheit« entdeckt, stürzte sich eine gierige Meute von »Intellektuellen« auf diesen Ganzheitsbegriff, um mit seiner Hilfe zu kitten und zu kleben, was die fortschreitende Differenzierung der Wissenschaften auseinandergerissen hatte. Die zweifellos gefährliche Parzellierung und Überspezialisierung der Wissenschaften machte den Durst nach »Einheit« dringlich, und da man der Philosophie, vor allem aber der Metaphysik mißtraute, war man dankbar für jeden Ersatz aus der »strengen« Wissenschaft. Auch die Theologen stürzen sich befriedigt auf solche Surrogate; wie gezeigt, verbinden sowohl Bosshard als auch

---

[24] Westermann, S. 108

Westermann das religiöse mit dem wissenschaftlichen Sprachspiel durch diesen vagen und vieldeutigen Ganzheitsbegriff. Die Flucht vor der Philosophie nützt aber offenbar nicht viel, denn sie führt nicht etwa in exakte, nachprüfbare Wissenschaft, sondern in schlechte, hochspekulative Metaphysik. Wie fremd sich religiöse und wissenschaftliche Weltsicht bei Westermann trotz solcher Vermittlungsversuche gegenüberstehen, sieht man an der Art, wie er den Schöpfungsbegriff aus allen modernen Bezügen herausnimmt. Fragen nach dem Verhältnis von Erst- und Zweitursachen, nach dem Verhältnis von Schöpfung und Evolution usw. sind nach ihm bloße »Denkfragen«. An diesen sei die Bibel »überhaupt nicht interessiert, einfach weil damals niemand so gefragt hat«[25]. Daraus folgt für Westermann ohne weiteres, daß auch *wir* nicht so fragen sollten. Für den biblischen Menschen gilt: »Schöpfung gehört zum Selbstverständlichen.« Deshalb soll auch für uns gelten: »Einen Zugang zum Schöpferglauben der Bibel bekommen wir überhaupt nicht durch denkendes Erschließen, sondern allein aus der einfachen, dankbaren Freude des Geschöpfseins«; denn im Alten Testament ist nach Westermann »eine Alternative zum Schöpfungsglauben oder Glauben an den Schöpfer nicht vorhanden und nicht denkbar«.[26]

Folgt daraus wirklich, daß auch wir den Gedanken an mögliche Alternativen ausblenden müssen, daß auch wir unsere wissenschaftliche Aufklärung verdrängen sollten, um an Gott zu glauben, daß auch wir auf das Denken verzichten müssen?

Nach Westermann zeigt die Schöpfungsdarstellung im ersten Kapitel des Buches Genesis 1 »die ersten Spuren eines wissenschaftlichen Erfassens des Werdens der Welt«[27]. Das heißt: Die Verfasser von Genesis 1 durften ihre wissenschaftlichen Überzeugungen in den religiösen Text ein-

---

[25] Westermann, S. 184
[26] Westermann, S. 168

bringen, während wir unsere heutigen Überzeugungen ausblenden müssen, wenn wir dieselben Texte lesen, obwohl wir doch – rein wissenschaftlich gesehen – viel weiter fortgeschritten sind. Es scheint fast so, als könnte sich die christliche Frömmigkeit nur noch durch abstrakte Negation von Wissenschaft am Leben erhalten: indem wir uns in eine künstlich naive Stimmung versetzen, die Stimmung »der einfachen, dankbaren Freude des Geschöpfseins«, statt jenes von Westermann für schädlich gehaltenen »denkenden Erschließens«. Und dies soll die Antwort der Bibel auf die Fragen der Naturwissenschaft sein, eine religiöse Sonderwelt, abgekoppelt von allen uns heute bedrängenden Fragen?

Dieses Sichzurückziehen in religiöse Sonderwelten hat leider insbesondere in der protestantischen Theologie Tradition. Der berühmte Karl Barth konzipierte seine Schöpfungslehre unter bewußter Absehung von allen naturwissenschaftlichen Bezügen, denn er sei sich, wie er betont, darüber klar geworden, »daß es hinsichtlich dessen, was die Heilige Schrift und die christliche Kirche unter Gottes Schöpfungswerk versteht, schlechterdings keine naturwissenschaftlichen Fragen, Einwände oder Hilfestellungen geben kann.«[28]. Man findet bis in die neueste Zeit solche protestantischen Versuche, die christliche Schöpfungslehre ohne jeden Bezug auf die Theorien der Naturwissenschaft aufzubauen. Der vielleicht radikalste stammt von Hermann Timm. Timm schiebt 400 Jahre wissenschaftliche Erfahrung mit Natur einfach beiseite und stützt sich direkt auf die antike Vierelementenlehre, die er symbolisch auslegt. So verfaßt er »ein Glossar der Licht-, der Luft-, der Wasser- und der Erdsprache«[29]. Keine Rede davon, daß uns die Erde stumm geworden ist durch die fortschreitende Verwissenschaftlichung. Die technische Ver-

[27] Westermann, S. 61
[28] Barth III/2, Vorwort

mittlung unseres Naturwissens schiebt Timm genauso radikal beiseite: »Die Welt der Radioteleskope ist zu groß, die der Elektronenmikroskope zu klein für unseren kognitiven und emotionalen Apparat.«[30] Doch die Verdrängung der wissenschaftlich-technischen Zivilisation und ihrer Wahrnehmung ist keine Lösung für die andrängenden Probleme, denn die Sonnensysteme, die wir durch unsere Radioteleskope entdecken, existieren wirklich, und die Weiten des Weltraums, die im Betrachter ein Gefühl des Schwindels wegen seiner eigenen Kleinheit auslösen, können vom Theologen nicht mit dem Argument wegdiskutiert werden, sie seien »zu groß für unseren kognitiven und emotionalen Apparat«. Der Physiker Niels Bohr betonte öfters, daß die Naturwissenschaft nicht nur die Grundlage zu praktischer Lebensbewältigung geliefert, sondern daß sie auch »wesentlich zur Klärung des Hintergrundes unseres eigenen Daseins beigetragen« habe.[31] Es ist ja in der Tat z. B. nicht gleichgültig, ob wir in einer Welt leben, in der das Entropiegesetz gilt, oder in einer Welt, in der ein »perpetuum mobile« möglich ist. Eine Welt, in der der Entropiesatz gilt, ist nicht nur eine Welt, die schon rein physikalisch das technologische Schlaraffenland ausschließt; eine solche Welt ist zugleich eine Welt des Zerfalls, der Dissipation, eine Welt, die den »entropischen Abhang« hinunterrollt.

Solche Einsichten sollten keine Wirkung auf unser Selbstverständnis haben? Und unser religiöses Empfinden sollte von derart umwälzenden Entdeckungen unberührt bleiben? Theologen wie Westermann, Bosshard oder Barth *müssen* dieser Meinung sein. Wenn sie eine Reflexion auf die Physik vom Standpunkt des menschlichen Selbstverständnisses aus ablehnen; wenn sie die ganze Sphäre von Naturphilosophie ignorieren, jene Sphäre, in der der

[29] Timm, S. 36
[30] Timm, S. 191
[31] Bohr, S. 22

Transfer zwischen Wissenschaft und menschlichem Selbstverständnis abgewickelt wird; wenn sie unseren Naturbezug auf die Objektivität physikalischer Formeln reduzieren, dann kann sich ihre religiöse Welt nicht mehr auf die Inhalte von Wissenschaft beziehen. Sie müssen dann konsequenterweise der Meinung sein, daß unser wissenschaftliches Weltverständnis keinerlei Rückwirkungen auf unser Verständnis der Bibel hat.

So ist es in der Tat bei Westermann: Jene »einfache, dankbare Freude des Geschöpfseins«, die Westermann statt diffiziler und unnützer »Denkfragen« fordert, diese Naivität des religiösen Bezugs hat keinerlei historischen Index mehr. Egal, was die Naturwissenschaft inzwischen zutage fördert, gleichgültig, welche Revolutionen des Weltverständnisses sich inzwischen ereignet haben mögen, die Theologie fordert uns unentwegt auf, zu danken statt zu denken. Dieselbe Religion, die bis in die Wurzeln hinein geschichtlich ist (und hat nicht gerade die evangelische Theologie auf der Geschichtlichkeit der christlich-jüdischen Religion mit aller Macht bestanden?), dieselbe Religion, die außerhalb historischer Bedingungen überhaupt nicht gedacht werden kann, diese Religion soll in einem ihrer wesentlichsten Dokumente nur jene dürre, ungeschichtliche Wahrheit enthalten, daß wir nämlich das wissenschaftliche Denken abzuschalten hätten, und daß wir uns aus unserer Geschichte zu verabschieden hätten, um in jenes immergleiche Gefühl kreatürlicher Dankbarkeit einzutreten, das uns der Tatsache der Schöpfung versichert!

Legt sich hier nicht der Verdacht nahe, daß das Eintreten ins gedankenlose Gefühl ein theologischer Trick ist, um sich die Auseinandersetzung mit der Wissenschaft zu ersparen? Indem sich das religiöse Gefühl von allem absondert, was in der Welt der Wissenschaft geschieht, wird die religiöse Sphäre unangreifbar (folglich unbedeutend). »Danken statt Denken«: Das ist immer wahr, das konnte man zur Zeit Newtons so gut sagen wie zur Zeit Galileis oder Einsteins, das wird man noch in 1000 Jahren sagen können. Aber eine unangreifbare Theologie ist zugleich ungreifbar für die Zeitgenossen. Ihr Rückzug in die Unwiderlegbarkeit bedeutet zugleich einen Rückzug ins religiöse Ghetto. Und dort, wo Theologie einmal ihren eigenen Aspekt in die Diskussion um den Naturbegriff einbrachte, ist jetzt eine Leere entstanden, die durch »New Age« und diejenigen Physiker ausgefüllt wird, die keine Skrupel haben, sich zu allem zu äußern.

Versuch einer Synthese: Teilhard de Chardin

Teilhard de Chardin hat als einer der wenigen (katholischen) Theologen das Problem einer Vermittlung von Naturwissenschaft und Glaube gesehen, und zwar gerade in der Hinsicht, die uns hier interessiert. Man kann nicht sagen, daß die Theologie das problematische Verhältnis von Naturwissenschaft und Glaube überhaupt nicht zur Kenntnis genommen hätte, aber in aller Regel wurde die Angelegenheit auf den Problembereich Schöpfung – Evolution oder in die Frage nach dem Verhältnis theologischer zu wissenschaftlichen Methoden umgedeutet. Dies entspricht einem allgemeinen usus seit Descartes, die *Methoden* der Wissenschaft in den Mittelpunkt des Interesses zu rücken. Die Bedeutung der Methodenfrage ist schwerlich zu überschätzen; die Gefahr dabei ist jedoch, daß über Methodenfragen leicht die Inhalte vergessen werden. Daher kommt es, daß in der Philosophie über Jahrhunderte hinweg die konkreten Inhalte der Wissenschaft überhaupt nicht mehr als Problem empfunden wurden. Als in unserem Jahrhundert die fundamentalen Entdeckungen der Quanten- und Relativitätstheorie stattfanden, war die Philosophie nicht mehr zur Stelle. Die Physiker fingen an, ihre Entdeckungen selber zu deuten, weil, wie Pascual Jordan sagte, »die zeitgenössische Philosophie keine Hilfestellung geboten hat«[32].

Völlig vernachlässigt wurden Fragen nach der Bedeutung wissenschaftlicher Erkenntnisse für das Selbstverständnis des Menschen, also jene Perspektive, die wir hier als »Naturphilosophie« definiert haben. Die Öffentlichkeit hat zwar zu jeder Zeit über die Bedeutung wissenschaftlicher Erkenntnisse diskutiert. Jede neue Entdeckung ändert unser Weltbild und muß in das alte integriert werden oder dazu führen, daß ein neues geschaffen wird. Die akademische Philosophie jedoch hat diesen Prozeß der Integration wissenschaftlicher Ergebnisse ignoriert und ignoriert ihn noch heute. Zum Teil macht sie sich ein gutes Gewissen daraus, daß sie dreist behauptet, Naturwissenschaft sei lediglich Mittel zum Zweck der Lebensbewältigung, kein eigentliches Erkenntnisinstrument.

Natürlich lassen sich naturwissenschaftliche Erkenntnisse zumeist auch technologisch ausbeuten, sie haben aber zugleich jenes kontemplativ-theoretische Moment von Erkenntnis um ihrer selbst willen an sich, das die Naturwissenschaft mit der Kunst verbindet, die ebenfalls außer externen Zwecken ein Moment von Selbstzwecklichkeit an sich hat.

Ist also Naturwissenschaft nicht nur Mittel zu extern vorgegebenen Zwecken, sondern auch Erkenntnis von Realität selbst, so stellen sich Fragen, die man schwerlich auf sich beruhen lassen kann: Was bedeutet es, daß unser Körper aus Atomen zusammengesetzt ist, die bestimmte Bindungen eingehen? Was bedeutet es, daß wir in einer Welt leben, deren »Raum-Zeit-Krümmung« die Gleichzeitigkeit von Ereignissen aufhebt? Was bedeutet es, wenn die Gesetze der Natur lediglich statistischen Charakter haben, so daß das Weltspiel auf Zufall beruht? Solche inhaltlichen Fragen wurden aus der Philosophie verdrängt und der

---

[32] Jordan, S. 32

»Popularwissenschaft« zugeschoben. Weil die Theologie in aller Regel von der Schulphilosophie abhängig ist, hat auch sie jenen Entfremdungsprozeß zu den Naturwissenschaften nolens volens mitvollzogen und sich in den Elfenbeinturm bloßer Methodenfragen zurückgezogen.

Teilhard de Chardin war zugleich Theologe und Naturwissenschaftler. Als Paläontologe ein Gelehrter von anerkanntem Rang, konnte er sich mit dieser aporetischen Ausgangslage nicht zufriedengeben. Hinzu kam, daß er ein Mystiker von hohen Gnaden war, ein religiös empfindsamer Mensch, der den Graben zwischen Naturwissenschaft und Glaube besonders schmerzlich empfinden mußte.

Die Synthese Teilhards hat viele Mängel: Aus Angst, in unkontrollierbare Metaphysik zu verfallen, hat er seine Naturphilosophie als strenge Wissenschaft ausgegeben.[33] Er hat es auf diese Weise seinen Kritikern leicht gemacht, Grenzüberschreitungen zu diagnostizieren. Er hat des weiteren seinen weltanschaulichen Optimismus in die Natur hineinprojiziert und der natürlichen Dynamik der Evolution eine Kraft zugesprochen, die sich in der Geschichte sozusagen automatisch durchsetzen würde. So ist er oft in Gefahr, die menschliche Freiheit zu naturalisieren, wie er auch häufig in Gefahr ist, das spezifisch Christliche in bloße molekulare Dynamik aufzulösen. All dies betrifft die konkrete Durchführung seines Unternehmens, die ihre Mängel hat. Hingegen scheinen mir seine Prinzipien dazu angetan, Ordnung in jene Verwirrung zu bringen, die heute von »New Age« angerichtet wird.

Teilhard hat erkannt, daß eine Vermittlung von Mystik und Naturwissenschaft nur gelingen kann durch eine gänzliche Neuformulierung des Naturbegriffs. Die »Natur« der Naturwissenschaften, diese Mischung aus Gesetzmäßigkeit und Zufall, enthält keine Sinnperspektiven, die sich mit der religiösen Perspektive verbinden ließe. Teil-

---

[33] Teilhard, S. 15

hard hat nun aber nicht, wie Capra und Bohm, die vermittelnde Ebene einer Naturphilosophie bloß ad hoc eingeführt, um sein religiöses Bedürfnis zu befriedigen; Teilhard argumentiert vielmehr, und zwar mit Argumenten, die von seiner religiösen Überzeugung unabhängig sind. Damit stellt er eine vermittelnde Ebene zwischen Glaube und Wissenschaft her, eine Ebene, auf der die beiden Kontrahenten wirklich ins Gespräch kommen können.

Diese Ebene des Gesprächs, die zugleich die Ebene einer »sprechenden«, werte- und sinnbehafteten »Natur« ist, wird von Teilhard auf folgende Weise argumentativ gewonnen[34]: Naturwissenschaft objektiviert Natur und »reinigt« sie von allen subjektiven Konnotationen wie Zielen, Werten, Zwecken. Die »Natur« der Naturwissenschaft ist definierbar durch mathematische Relationen, in denen metrische Größen vorkommen, die durchs Experiment mit Meßverfahren verbunden sind. Wendet man diese Objektivierungsprozesse auf alles in der Natur Vorkommende an, so wird der Mensch zur unverständlichen Ausnahmeerscheinung in einer mathematisierten und funktional zurechtgemachten Welt. Der Mensch, der sich durch Geschichtlichkeit, Freiheit, Zweck- und Wertzusammenhänge definiert, steht dann analogielos in einer Natur, die sein pures Gegenteil ist: »So müssen wir gestehen, daß die Wissenschaft in ihren Vorstellungen vom Universum noch keinen Platz für ihn gefunden hat«, sagt Teilhard über den Menschen.[35] Dann sind aber auch die Tiere nicht mehr »unsere fernen Brüder«[36], sondern bloße Objekte wissenschaftlicher Neugier oder technologischer Ausbeutung und dies, obwohl die Evolutionstheorie täglich deutlicher sehen lehrt, wie sehr wir durch kontinuierliche Übergänge mit der untermenschlichen Natur verbunden sind. Wenn aber für den Menschen Begriffe wie »Geschichtlich-

[34] Teilhard, S. 42ff
[35] Teilhard, S. 163
[36] Teilhard, S. 178

keit«, »Freiheit«, »Ziele«, »Werte«, »Zwecke« konstitutiv
sind, so müssen sie ihre Analoga in der übrigen Natur haben, sonst sind wir gezwungen, eine Zäsur zwischen uns
und der Natur zu setzen, eine Zäsur, die in der Erfahrung
nirgends vorkommt. Daher sagt Teilhard (und dies ist zugleich das »Leitmotiv« seines Hauptwerkes): »Nichts in der
Welt könnte über die verschiedenen Schwellen der Entwicklung hinweg eines Tages als Endzweck in Erscheinung
treten, was nicht schon anfangs dunkel vorhanden gewesen wäre.«[37] Anderswo drückt er denselben Gedanken mit
einem schönen Bild aus: »Wenn das Bewußtsein auf seine
Entwicklungsstufen zurückstrahlt, breiten sich seine Zustände vor ihm aus wie ein Spektrum von ineinander über-
gehenden Farbnuancen, deren tiefere Schattierungen sich
in der Nacht verlieren.«[38] Dies ist die Konzeption der Natur als schlafender Monadenwelt, eine Vorstellung, die
Teilhard mit Leibniz verbindet.

Doch eine solche Interpretation von Natur als Vorform
von »Innerlichkeit«, von »Bewußtsein« oder »Spontaneität«
(Begriffe, die Teilhard synonym verwendet[39]), hat den Rahmen gängiger Naturwissenschaft bereits gesprengt. Sie ist
zwar fähig, »den Menschen in seiner Ganzheit in ein zusammenhängendes Weltbild einzugliedern«[40], die Kategorien ihrer Weltinterpretation sind aber nicht mehr die der
strengen Wissenschaft: Es ist eine neue Perspektive entstanden. Dies ist nur dann kein Widerspruch und kein
Rückfall hinter die wissenschaftliche Aufklärung, wenn
man die mehrfache Perspektivität des Erkennens durch-
schaut und wenn man nicht mehr an der Einheitsperspektive der Naturwissenschaft festhält.

Dementsprechend vertritt auch Teilhard keine Abbildtheorie der Erkenntnis: »Die Welt denken bedeutet tat-

[37] Teilhard, S. 61
[38] Teilhard, S. 49
[39] Teilhard, S. 46
[40] Teilhard, S. 22

sächlich, sie nicht nur zur Kenntnis nehmen, sondern ihr eine Form von Einheit verleihen, die ihr immer fehlen würde, wenn sie nicht gedacht wäre.«[41] Die »Form von Einheit«, die wir der Welt verleihen, kann aber höchst verschieden aussehen: Die physikalische »Form von Einheit« ist nur *eine* unter mehreren möglichen Formen. Teilhard verleiht ihr eine neue Form. Indem er den Menschen zum »Schlüssel des Universums«[42] macht, dechiffriert er Natur als Auszugsgestalt von Freiheit. Dies ist unabdingbar, will man den Menschen nicht in jenem Objektivierungsprozeß untergehen lassen, der die äußere Welt zwar verfügbar, aber nicht verstehbar macht.

Wie wir beim Menschen nicht nur die medizinisch-physiologische Außenseite in Rechnung stellen müssen, sondern auch seine Psyche, so müssen wir also auch bei der Natur mit einer »Innenseite« rechnen: Auch Natur hat ihren »psychosomatischen Zusammenhang«.

In seinem Hauptwerk »Der Mensch im Kosmos« unternimmt es Teilhard, die »Innenseite« der Evolution in ihrer dialektischen Vermittlung mit der »Außenseite« zu rekonstruieren. Dabei geht es ihm niemals darum, einen freischwebenden, ominösen Geist in die Materie zu legen, eine »qualitas occulta« oder, wie man ihm vorgeworfen hat, eine neue Form des Animismus oder Vitalismus zu etablieren; vielmehr will er gerade die »harte Wissenschaft« als Schale eines Gehalts nachzeichnen, der im Menschen zu sich selber kommt. Der Mensch also als »die zum Bewußtsein ihrer selbst gelangte Evolution«[43].

Auf diese Weise ist Teilhard berechtigt, Kategorien wie »Freiheit«, »Geschichtlichkeit«, »Wert«, »Ziel« und »Zweck« in die Natur hineinzulegen. Während die Physikalisten vom Schlage Prigogines, Capras oder Bohms so

[41] Teilhard, S. 256
[42] Teilhard, S. 18
[43] Teilhard, S. 226

tun müssen, als hätten sie diese Kategorien aus der Physik selbst abgeleitet, haften sie bei Teilhard an einem Punkt, der wirklich hält: dem Menschen.

Wie Teilhard die Dialektik zwischen »Innen-« und »Außenseite« der Schöpfung im einzelnen durchkonjugiert, ist hier ohne Belang. Auch wenn er sich in dieser Hinsicht zuweilen geirrt haben sollte, bleibt sein Prinzip von Bedeutung: Die Natur der Naturwissenschaft wird zunächst als gültige Weltinterpretation vorausgesetzt. Teilhard macht aber auf die Grenzen naturwissenschaftlicher Methoden aufmerksam, die es prinzipiell nicht gestatten, den Menschen als Teil der Natur zu begreifen, und die des weiteren an die Grenzen ihrer Objektivierbarkeit dort gelangen, wo Lebensphänomene allzu deutliche Verwandtschaft mit menschlicher Subjektivität aufweisen. Die Materie ist fast vollständig objektivierbar; das Leben sicher nicht. Indem Teilhard den Menschen bewußt in die Natur hineinstellt, deutet er die verwissenschaftlichte Natur als Möglichkeitshorizont von Sinn: Er etabliert eine vermittelnde, philosophische Ebene. Auf diese Weise holt er die Natur aus ihrer Sprachlosigkeit heraus. Charakteristischerweise taucht gerade an dieser Stelle die Metapher von der Natur als einem lesbaren Buch auf.[44]

Doch die Dialektik von »Innen-« und »Außenseite« führt nicht direkt zu Jesus Christus oder zu irgendwelchen Theologoumena im engeren Sinne. Der Sinn- und Zweckzusammenhang von Natur gipfelt zwar bei Teilhard (wie bei Thomas) in einem »höchsten Gut«, aber dieses bleibt unbestimmt. Teilhard nennt es nüchtern »Punkt Omega«[45]. Erst der explizit-christliche Glaube erkennt in »Punkt

---

[44] Teilhard, S. 178
[45] Teilhard, S. 267 ff

Omega« den Gott der Offenbarung wieder. Die religiöse Welt aber ist in keiner Weise aus der Naturphilosophie zu deduzieren. Mit Nachdruck besteht Teilhard in »Der Mensch im Kosmos« auf der Tatsache, daß hier nicht »der überzeugte Gläubige, sondern der Naturforscher« spricht.[46] Dieser Punkt ist wichtig, denn nur so bleibt sowohl die Würde des Evangeliums als auch die Würde des modernen Menschen unangetastet: Die Würde des Evangeliums bleibt bestehen, denn es wird nicht behauptet, daß seine Inhalte beweisbar seien, so wie Capra sein »Tao« aus der Physik »beweist«; die Würde des modernen Menschen bleibt erhalten, denn seine Vernunftautonomie wird nicht mit dem Hinweis auf eine »höhere Erleuchtung« übersprungen wie in der »New Age«-Bewegung. Wer die Teilhardsche Rekonstruktion der verwissenschaftlichten Natur von ihrer »Innenseite« her unplausibel findet, wird a fortiori seine religiösen Deutungen ablehnen. Die Pointe ist aber die: Teilhard möchte dem Außenstehenden diese Möglichkeit ganz bewußt einräumen; die lesbar gemachte Natur soll den religiösen Horizont eröffnen, nicht erfüllen. Natur ist nicht selbst schon das erlösende Wort. Was die christliche Interpretation der Evolution anbetrifft, so setzt sie einen Akt des Glaubens voraus, der jenseits aller Beweisbarkeit liegt. Teilhard hat demgemäß seine »lesbare Natur« in einem zweiten Schritt vom christlichen Glauben her gedeutet. Als einer der wenigen Theologen hat er diese Deutung auf die *Inhalte* der Naturwissenschaft bezogen. Wenn er das Entropiegesetz mit der Erbsünde, die Dynamik physikalischer Energien mit der Nächstenliebe, die Vereinigung von Elementarteilchen mit der Trinität zu-

[46] Teilhard, S. 303

sammenbringt, so ist er sich bewußt, lediglich symbolische Vermittlungen zu leisten, keine wissenschaftlichen Beweise wie im »New Age«. Die Sprachspiele von Religion und der Naturwissenschaft werden nicht vermischt oder identifiziert (diesen Fehler nennt Teilhard »Konkordismus«). Teilhard versucht lediglich, den Glauben in Vorstellungen und Begriffen auszudrücken, die einen wirklichen »Ort« im Leben der verwissenschaftlichten Zivilisation haben, wohingegen die agrarischen Vergleiche der Evangelien auf eine Welt bezogen sind, die inzwischen untergegangen ist. Man kann heute nicht mehr einfach vom »Schatz im Akker« oder vom »Senfkorn« sprechen, um das »Reich Gottes« zu symbolisieren, denn Symbole, die erst lange erklärt werden müssen, haben ihre Wirkkraft verloren.

Symbole sind wie Witze: Sie zünden entweder sofort oder nie. Sie zünden insbesondere dann und gerade dann nicht, wenn sie erklärt werden müssen. Wer über einen erklärten Witz lacht, der ist selber lächerlich, so wie einer, der ein erklärtes Symbol hinterher noch als Symbol »empfinden« würde, z. B. jemand, der ein »sakrales« Gefühl empfinden würde, nachdem ihm der Pfarrer erklärt hat, daß der Fisch ein Symbol für Christus ist. Von dieser Art scheint mir oft die kirchliche Verkündigung: Die Gleichnisse der Evangelien erregen spontan keinen Widerhall mehr. Der Priester erklärt sie zwar mühsam unter besonderer Berücksichtigung der neuesten exegetischen Ergebnisse, er mischt sodann Beispiele »aus dem Leben« hinzu und befleißigt sich einer »engagierten« Redeweise, taucht das Ganze in das Licht »politischer Relevanz« und so weiter und so fort. Aber all diese Krücken und Stützen helfen der Kraftlosigkeit religiöser Symbolik nicht auf. Denn hier wird das religiöse Symbol nicht aus dem Amalgam moderner Wirklichkeitserfahrung neu geschaffen, sondern es wird recht künstlich gestützt durch die Haltestangen sekundärer Überlegungen und »guter« Absichten.

In Venedig gibt es eine alte Barockkirche, auf deren Giebel

vielleicht ein Dutzend Heiligenstatuen angebracht sind. Diese Heiligen stehen dort sehr exponiert, und der fortschreitende Zerfall des Gesteins macht sie zu einer beständigen Gefahr für die Passanten. Um dem abzuhelfen, wurden die Heiligenstatuen von hinten mit Stangen und Drähten, mit Latten und Eisengeflecht gesichert. Auf einer bestimmten Fährverbindung in die Innenstadt bekommt der Venedigreisende diese Kirche zunächst von hinten zu Gesicht. Hat er erst einmal diese Kirche von hinten gesehen, hilft ihm nicht mehr der prachtvolle Anblick von vorn: der Reisende wird immer daran denken müssen, welches elende Flickwerk all diese Pracht am Einsturz hindert und wie so viel Pomp durch nichts zusammengehalten wird außer durch ein paar rostige Drähte.

So ist es mit der religiösen Sprache: Wenn sie durch tausend nachträgliche Versicherungen am Leben erhalten werden muß, dann hat sie ihre Überzeugungskraft längst verloren. Es ist eben nicht so, wie Westermann annimmt, daß die biblische Symbolik aus sich selbst heraus für alle Zeiten verständlich wäre. Ohne Transformation verkommt sie zum herabgesunkenen Kulturgut. Wenn es nicht möglich ist, ihre Wahrheit in die heutige Vorstellungswelt zu übertragen, hilft es auch nicht, »in der Einfalt des Herzens« zu danken, statt mit dem Gehirn zu denken. Dieser Gegensatz von Herz und Hirn ist zu abstrakt und ganz nebenbei auch unbiblisch.

Teilhard unternimmt ein Zweifaches: Zum einen sieht er die Welt naturwissenschaftlicher Konstrukte und ist sowohl von ihrer Wirksamkeit als auch von ihrer Begrenztheit überzeugt. Er ist von ihrer Wirksamkeit dort überzeugt, wo im anorganischen Bereich Innerlichkeit, Finalität, Bewußtsein, Streben, kurz »das Geistige« keine allzu große Rolle spielen. Dies ist seiner Meinung nach mindestens bis zu den Makromolekülen der Fall. Zum anderen ist er von der Begrenztheit naturwissenschaftlicher Modelle überzeugt, und zwar dort, wo bei Lebensphänomenen, insbesondere bei Tieren mit Bewußtsein, die Analogien zum menschlichen Verhalten derart evident ins Auge springen, daß man sofort sieht, wie die ausschließliche Anwendung quantifizierender Methoden gerade dieses Spezifikum zum Verschwinden bringen würde.[47]

Von da her fordert Teilhard eine doppelte Betrachtungsweise. Anstatt mit Capra oder Prigogine so zu tun, als sei die Innerlichkeit bereits in den Elementarprozessen enthalten, spricht er der herkömmlichen Physik jeden Zugang zur geistigen Sphäre ab, weil er wohl sieht, daß strenge Objektivierung zum prinzipiellen Ausschluß von Wertgesichtspunkten und Subjektanalogien führen muß. Es geht ihm also nicht darum, die Physik als solche zu kritisieren oder zu verändern. Er ist auch nicht der Meinung, daß etwa im menschlichen Gehirn ihre Gesetze aufgehoben wären, wie das die Vitalisten geglaubt haben. Teilhard ist nur der Meinung, daß bei höheren Bewußtseinsphänomenen die Kategorien der Physik nicht hinreichend sind, das zu erfassen, was das Spezifische an Bewußtsein und Leben ausmacht. Es ist nach ihm zwar legitim, diese Phänomene den Methoden der Physik zu unterwerfen, man muß sich aber dann im klaren sein, daß durch solche Verfahren essentielle Qualitäten ausgeblendet werden.

Daher muß es nach Teilhard umgekehrt möglich sein, anorganische Prozesse als Vorformen von Lebens- und Bewußtseinprozessen zu interpretieren. Die Legitimation zu dieser Interpretation leitet der Mensch aus der Tatsache seiner Verwurzelung in der Evolution ab, eine Verwurzelung, die schlechterdings nicht zu bestreiten ist. Jede Anthropologie muß also falsch sein, die den Menschen einfach jenseits der Natur ansiedelt. Dann muß aber auch jede Naturwissenschaft falsch sein, die die Natur vollständig vom Menschen abschneidet, was allerdings die Physik tun muß, wenn sie ihre Modelle etablieren will.

[47] Teilhard, S. 44

Es ist also nötig, die herkömmliche Physik in den größeren Rahmen einer qualitativen Naturphilosophie hineinzustellen. Dieser Rahmen wird von Teilhard durch Reinterpretation der naturwissenschaftlichen Ergebnisse im Lichte des menschlichen Selbstverständnisses gewonnen. Dies ist der spezifische und oft mißverstandene Inhalt seines Hauptwerkes »der Mensch im Kosmos«. Die positivistische Kritik an diesem Werk pflegt immer von einer simplen Abbildtheorie der Erkenntnis und von der Annahme auszugehen, Naturwissenschaft sei fähig, ihren Gegenstand bis zum Grunde auszuschöpfen. Setzt man dies voraus, so ist Teilhards Werk ein einziges Nest von Widersprüchen und ein beständiger Rückfall hinter die wissenschaftliche Aufklärung. Diejenigen, die solche Vorwürfe machen, sollten sich aber einmal überlegen, ob sie ihre eigenen erkenntnistheoretischen und ontologischen Grundannahmen rechtfertigen können und ob es nicht die Naivität ihres Weltbezugs ist, die die Widersprüche in Teilhards Werk hineinträgt.

Mit seiner Reinterpretation naturwissenschaftlicher Ergebnisse gewinnt Teilhard eine Ebene, die nicht die der Religion ist, aber auch nicht mehr die der quantifizierenden Naturwissenschaften. Jetzt ist Natur erneut, was sie für Aristoteles war, nämlich finale, strebende Kraft, Ganzheit, Qualität, Wertzuwachs. Was die Physikalisten nur durch versteckte Winkelzüge, begriffliche Äquivokationen und windige Analogien zustande bringen, das Aufladen der Natur mit Subjektanalogien, hat bei Teilhard einen echten Grund, weil es an jenen Punkt geheftet ist, der wirklich hält: den Menschen, diesen »Schlüssel des Universums«. Vom Menschen, nicht von der Physik her ist die Natur lesbare Natur, werthafter Zusammenhang; von ihm aus, nicht vom quantenphysikalischen Meßprozeß her läßt sich Natur als übergreifende Ganzheit bestimmen.

Religiöse Deutungen andererseits sind für Teilhard immer an spezielle Glaubensvoraussetzungen gebunden, die sich strikter Beweisbarkeit entziehen. Obwohl er Mystiker von hohen Gnaden war, hat er doch nie den gnostischen Wahn geteilt, der Mensch könne mit Gott identisch werden und in einem großen Aufschwung seine Endlichkeit hinter sich lassen wie ein schmutziges Kleid. Dazu liebte er die Erde zu sehr. Die Erde war für Teilhard nicht, wie für Trevelyan, das »Grab der Seele«[48]; die Erde war für ihn begabt mit keimender, schöpferischer Kraft, kein Gott, aber ein leuchtender Kristall.

Weil er die Erde ernst nahm, nahm er auch seine eigene Kreatürlichkeit ernst. Er glaubte nicht, daß wir das Recht haben, das Konkrete, Schmerzhafte in gnostische Nebel aufzulösen, um uns im Nirwana der Erleuchtung den Druck unserer Endlichkeit zu ersparen. Selbst das Häßliche, Sinnlose, Widersprüchliche, Ekelhafte, das Widerwärtige, ja (was schmerzhafter ist) das Banale war ihm der Stoff, aus dem sich das Reich Gottes zusammensetzt. Er glaubte, er könne sich dem Endlichen nicht entziehen, weil sich diesen Luxus nicht einmal Gott selbst erlaubte, als er in Jesus Christus Mensch wurde. Mit seiner Endlichkeit nahm Teilhard die Dunkelheit der Materie und die Finsternis seiner unbewußten Strebungen an. Die Hölle, die im »New Age«-System mit »keep smiling« übergangen wird, die Hölle, dieser Bodensatz der Seele, hinderte ihn, in gnostischer Manier die Klarheit der Mystik mit der Klarheit der Wissenschaft zu identifizieren, wie es Capra und Bohm getan haben.

So ist ihm die Identität von Mystik und Physik gebrochen. »Wir sehen«, sagt Paulus, »wie in einem Spiegel.«[49] Daher sind die Spiegelungen der religiösen Welt in den Elementen des Kosmos keine Gottesbeweise, und wenn Teilhard von den Kräften der Atome bis zur trinitarischen Einheit eine einzige Liebesenergie wahrnimmt (wie Dante am

---

[48] Trevelyan, S. 22
[49] 1 Kor 13, 12

Schluß seiner »Göttlichen Komödie«), dann zerstört diese Wahrnehmung nicht etwa das Risiko des Glaubens oder die unaufhebbare Dunkelheit des Vertrauens.

Teilhard bezieht seine religiöse Erfahrung auf die philosophisch gedeutete Naturwissenschaft, aber er rechnet sie nicht miteinander auf. Die Einheit aller Dinge ist nicht beweisbar: Sie steht noch aus. Zwar kann die Vernunft den engen Rahmen naturwissenschaftlicher Kategorien übersteigen, aber ihre Transzendenz wird niemals zur religiösen Immanenz. Auch hier ist ein Bruch, über den Teilhard sein Leben lang nicht hinwegkam und nicht hinwegkommen wollte: Die Vernunft reißt sich von den beschränkten Modellen der Naturwissenschaft los und will das Ganze. Sie entwirft den Rahmen einer kosmischen Gesamtevolution, in der auch Innerlichkeit einen Platz hat; aber indem sie Geist und Materie in einem unbekannten X zur Dekkung zu bringen sucht, wird sie sich jäh bewußt, daß ihr das Eigentliche entglitten ist. Es verhält sich damit wie mit jener Taube, die Immanuel Kant als das Symbol des metaphysischen Strebens beschrieb: Die Taube, die herrlich hoch in die Luft steigt, schmeichelt sich, sie könne sich desto besser bewegen, je höher sie flöge. Aber dort angelangt, wo keine Luft mehr ist, hören auch ihre Flügel auf zu tragen, und sie stürzt zur Erde.

Teilhard kannte das Scheitern der Vernunft. Nur kommt das Irrationale bei ihm nicht so verdächtig früh wie bei den »New Age«-Anhängern oder bei den Lebensphilosophen. Gott ist der Logos: Vernunft hat in ihm ihr Ziel. Auch wissenschaftliche Modelle streben letztlich diesen Logos an, ansonsten könnten wir nicht davon reden, daß wissenschaftliche Modelle sich der Wahrheit nähern. Indem wir das sagen, sind wir keine Naturwissenschaftler mehr, sondern Metaphysiker: Wir betrachten die wissenschaftlichen Modelle aus der Vogelschau und sehen ihre Ausrichtung auf Wahrheit. Wenn wir aber die Vogelschau zum spekulativen Flug verlängern, um jenen Horizont zu erreichen, der uns ständig entweicht, dann erleiden wir das Schicksal der kantischen Taube: Wir scheitern an unserem eigenen Anspruch. Teilhard hat dieses Scheitern sehr schmerzhaft empfunden. Sein Leben lang klagte er, daß es ihm niemals gelungen sei, das zu sagen, was er eigentlich sagen wollte, und daß die Vernunft im Grunde das ungeeignetste Vehikel sei, das zu sagen, was er zu sagen hatte. Und trotzdem ersparte er sich weder die Vernunft noch das Dunkel des Glaubens, weder die Abgründe seiner Seele noch das Risiko der Freundschaft.

Teilhard hat die Einheit von Religion und Wissenschaft, von Mensch und Natur, Einzelnem und Gesellschaft anvisiert. Aber er zahlt sie nicht bar auf die Hand wie Capra oder Bohm. Er mutet sich die unaufhebbaren Spannungen und Brüche zu, weil er weiß, daß er sie nur um den Preis der Trivialität wieder loswerden könnte.

Literatur

Aurobindo, Sri: Der integrale Yoga, Hamburg 1957

Aristoteles: Werke, Berlin 1984

Auer, Alfons: Umweltethik, Düsseldorf 1984

Barth, Karl: Kirchliche Dogmatik, Zürich 1955

Birnbacher, Dieter: Sind wir für die Natur verantwortlich? In: D. Birnbacher (Hrsg.), Ökologie und Ethik, Stuttgart 1986

Bloch, Ernst (1): Das Materialismusproblem, seine Geschichte und Substanz, Frankfurt 1985

Bloch, Ernst (2): Prinzip Hoffnung, Frankfurt 1985

Bohm, David (1): Die implizite Ordnung. Grundlagen eines dynamischen Holismus, München 1985

Bohr, Niels: Atomphysik und menschliche Erkenntnis, Braunschweig 1985

Bosshard, Stefan N.: Erschafft die Welt sich selbst?, Freiburg 1985

Brunton, Paul (1): Der Weg nach innen, München 1976

Brunton, Paul (2): Die Philosophie der Wahrheit, Zürich 1968

Capra, Fritjof (1): Das Tao der Physik, München 1987

Capra, Fritjof (2): Wendezeit, München 1986

Capra, Fritjof (3): Das neue Denken, München 1987

Cassirer, Ernst: Das Erkenntnisproblem in der Philosophie und Wissenschaft der neueren Zeit (Bd. I–III), Berlin 1911 ff

Charon, J. E.: Der Geist der Materie, Frankfurt 1988

Davies, Paul: GOTT und die moderne Physik, München 1986

Drewermann, Eugen: Psychoanalyse und Moraltheologie, Bd. 1, Mainz 1988

Dürr, Hans-Peter (1): Das Netz des Physikers, München 1988

Dürr, Hans-Peter (2): Physik und Transzendenz, München 1989

Einstein, Albert: Mein Weltbild, Stuttgart 1953

d'Espagnat, Bernard: Auf der Suche nach dem Wirklichen, Berlin 1983

Essler, W. K.: Wissenschaftstheorie (Bd. I–IV), München 1971 ff

Ferguson, Marilyn: Die sanfte Verschwörung. Persönliche und gesellschaftliche Transformation im Zeitalter des Wassermanns, München 1982

Ganoczy, Alexandre: Schöpfungslehre, Düsseldorf 1983

Gierer, Alfred: Die Physik, das Leben und die Seele, München 1988

Haken, Hermann: Erfolgsgeheimnisse der Natur, Frankfurt 1984

Hawking, Stephen W.: Eine kurze Geschichte der Zeit, Hamburg 1988

Hegel, G. F. W: Werke in 20 Bänden, Frankfurt 1971

Heisenberg, Werner (1): Die Ordnung der Wirklichkeit, München 1989

Heisenberg, Werner (2): Der Teil und das Ganze, München 1973

Jordan, Pascual: Die Physik und das Geheimnis des organischen Lebens, Braunschweig 1948

Kant, Immanuel: Werke, hrsg. v. W. Weischedel, Frankfurt 1982

Kolakowski, Leszek: Die Gegenwärtigkeit des Mythos. München 1984

Krings, Hermann: Kann man die Natur verstehen? In: Kommunikation und Reflexion, Frankfurt 1982

Krishnamurti, Jiddu: Ausgewählte Texte, (hrsg. von H. C. Meiser) München 1988

Küppers, B.-O. (Hrsg.): Ordnung aus dem Chaos. Prinzipien der Selbstorganisation und Evolution des Lebens, München 1987

Leibniz, G.W.: Monadologie, Hamburg 1956

Lüscher, Edgar: Physik und Wirklichkeit. In: Bürkle, Horst (Hrsg.), New-Age, Düsseldorf 1988

Marcuse, Herbert: Der eindimensionale Mensch, Darmstadt 1967

Mayer-Kuckuk, Theo: Der gebrochene Spiegel. Symmetrie, Symmetriebrechung und Ordnung in der Natur. Basel 1989

Moltmann, Jürgen: Gott in der Schöpfung. München 1985

Monod, Jacques: Zufall und Notwendigkeit, München 1979

Mutschler, H.-D.: Spekulative und empirische Physik. Aktualität und Grenzen der Naturphilosophie Schellings, Stuttgart 1990

Müller-Markus, Siegfried: Physik, Glaube, Gott, Einsiedeln 1970

Pannenberg, Wolfhart: Kontingenz und Naturgesetz. In: A. M. K. Müller, Erwägungen zu einer Theologie der Natur, Gütersloh 1970

Planck, Max: Vorträge und Erinnerungen, Stuttgart 1949

Popper, Karl: Logik der Forschung, Tübingen 1976

Prigogine, Ilya: Vom Sein zum Werden, München 1979

Prigogine, J./Stengers, J.: Dialog mit der Natur, München 1981

Richter, H. E.: Der Gotteskomplex. Die Geburt und die Krise des Glaubens an die Allmacht des Menschen, Hamburg 1979

Schaafs, Werner: Theologie und Physik vor dem Wunder, Wuppertal 1973

Scheffczyk, Leo: Einführung in die Schöpfungslehre, Darmstadt 1987

Schelling, F.W. von: Werke, München 1927–1954

Schopenhauer, Arthur: Metaphysik der Natur, München 1984

Schrödinger, Erwin: Meine Weltansicht, Frankfurt 1961

Sudbrack, Josef: Mystik. Selbsterfahrung – kosmische Erfahrung – Gotteserfahrung, Mainz 1988

Steiner, Rudolf: Die Rätsel der Philosophie in ihrer Geschichte als Umriß dargestellt, Dornach 1974

Suzuki, D. T.: Der westliche und der östliche Weg, Berlin 1960

Teilhard de Chardin, Pierre: Der Mensch im Kosmos, München 1969

Thomas von Aquin: Summa theologica, Rom 1939

Tillich, Paul: Systematische Theologie, (Bd. I–III), Stuttgart 1956 ff

Timm, Hermann: Das Weltquadrat. Eine religiöse Kosmologie, Gütersloh 1985

Trevelyan, George: Eine Vision des Wassermann-Zeitalters. Gesetze und Hintergründe des »NEW AGE«, München 1980

Weizsäcker, Carl-F. von (1): Die Einheit der Natur, München 1984

Weizsäcker, Carl-F. von (2): Aufbau der Physik, München 1988

Weizsäcker, Carl-F. von (3): Tragweite der Wissenschaft, Stuttgart 1964

Weizsäcker, Carl-F. von (4): Zum Weltbild der Physik, Stuttgart 1958

Weizsäcker, Carl-F. von (5): Aufbau der Physik, Stuttgart 1988

Weizsäcker, Carl-F. von (6): Die Geschichte der Natur, Göttingen 1962

Weizsäcker, Carl-F. von (7): Wahrnehmung der Neuzeit, München 1988

Westermann, Claus: Schöpfung. Wie die Naturwissenschaft fragt – was die Bibel antwortet, Freiburg 1989

Zimmer, Ernst: Umsturz im Weltbild der Physik, München 1964

Aus anderer Sicht

Josef Sudbrack: Die vergessene Mystik und die Herausforderung des Christentums durch New Age
3. Auflage 1990.
124 Seiten. DM 14,80. ISBN 3-429-01146-9.

„In dem vorliegenden Buch gelingt Sudbrack auf engem Raum eine kundige und differenzierte Darstellung christlicher Mystik, die er mit den New-Age-Rezeptionen konfrontiert... Eine ausgezeichnete Literaturübersicht beschließt das Buch... Insgesamt ein lesenswertes Buch, das auch über das Abebben der New-Age-Welle hinaus bedeutsame Impulse für eine zeitgemäße Spiritualität der Christen zu geben vermag."
H. Niederschlag, in: Lebendiges Zeugnis

Josef Sudbrack (Texte) / Wulf Ligges (Bilder): Das wahre Wort der Ewigkeit wird in der Einsamkeit gesprochen
Meister Eckharts Seinsmystik und die Erfahrung der Wüste.
1989.
92 Seiten, 30 Farbbilder. 24 × 32 cm. DM 58,–.
ISBN 3-429-1239-2.

„Josef Sudbrack ist eine großartige Einführung, Textauswahl und -kommentierung der Erfahrung von der Gottesgeburt in der Seele durch Eckhart gelungen, und Wulf Ligges hat dazu passend 30 ganzseitige Farbbilder der Wüste geliefert."
Publik Forum

Zur Problemvertiefung

Medard Kehl: Eschatologie
2. Auflage 1988.
370 Seiten
Zwei Ausgaben:
Broschur DM 34,–
ISBN 3-429-01020-9
Gebunden DM 46,–
ISBN 3-429-01033-0

„Dem Frankfurter Dogmatiker Medard Kehl geht es darum, die Verheißungen der christlichen Botschaft unverkürzt und unangepaßt gegen Hoffnungs- und Perspektivenlosigkeit zu bezeugen... In Frontstellung zu allen spiritualisierenden und dualistischen Versuchungen ist Kehl bemüht, die innerweltliche Zukunft der Menschheit als ein entscheidendes Moment der christlichen Hoffnung auf eine Vollendung der Geschichte aufzuzeigen... Das Programm der christlichen Hoffnung besteht nach Kehl darin, daß in Jesus Christus der Sinn des Menschseins offenbar und verwirklicht wurde und daß von ihm her der geschaffenen Welt ein neuer Möglichkeitshorizont eröffnet wurde... Das primäre Interesse gilt der Gegenwart und Begründung gelebter christlicher Hoffnung auf das Reich Gottes... Die jeweiligen Gründe und Gegengründe gewinnen ihre Überzeugungskraft nur auf dem Boden einer Lebenspraxis, die Rechenschaft geben kann von einer Hoffnung auf die unabgegoltenen Verheißungen des Evangeliums. Eine solche Rechenschaft leistet zu einem guten Teil bereits Kehls Buch, das Ansätze und Anstöße zu einer praktischen Eschatologie in einer stimmigen Synthese vorträgt. Wie nur wenige Theologen, versteht es Kehl, systematische Argumentation, historische Information und handlungsrelevante Inspiration zu vereinen. Die Eschatologie wird hier vom Stigma der reinen, weltlosen Spekulation befreit und als lebensnaher Zweig der Theologie rehabilitiert. Und auch der skeptischen Vernunft werden Richtwerte vernunftgemäßen Handelns vorgestellt, denen sie am Ende der Moderne auch dort noch folgen kann, wo die Vergeblichkeit rationalen Handelns unleugbar ist und das Insistieren auf Humanität als vernunftbestimmte Verzweiflungstat erscheinen müßte."

Hans-Joachim Höhn, in: Stimmen der Zeit, Freiburg